LA EXPERIENCIA EN GESTALT

LA EXPERIENCIA EN GESTALT

LA EXPERIENCIA EN GESTALT

JEAN-MARIE DELACROIX
CARMEN VÁZQUEZ
JEAN-MARIE ROBINE
RUELLA FRANK

Elba Flores Núñez

EL LIBRO MUERE CUANDO LO FOTOCOPIAN

Título de la obra:
La experiencia en Gestalt
  Jean-Marie Delacroix
  Carmen Vázquez
  Jean-Marie Robine
  Ruella Frank

COORDINACIÓN EDITORIAL: Gilda Moreno Manzur
FORMACIÓN: Abigail Velasco y Rocío Hernández
PORTADA: Julieta Bracho

© 2018 Editorial Pax México, Librería Carlos Cesarman, S.A.
        Av. Cuauhtémoc 1430
        Col. Santa Cruz Atoyac
        México DF 03310
        Tel. 5605 7677
        Fax 5605 7600
        www.editorialpax.com

Primera edición
ISBN 978-607-9472-49-8
Reservados todos los derechos
Impreso en México / *Printed in Mexico*

ÍNDICE

AGRADECIMIENTOS

Mi vida es una pizca de levadura
que abrazada a la harina quiere ser pan
que fermenta en el silencio,
que crece muy despacito
y abrigada de esperanza se quiere dar.
Mi vida es una leñita encendida
que se suma a la fogata de este lugar,
que añora ese calorcito
que tiene gusto a cariño,
que te invita en las noches largas a descansar.
Mi vida es un mate bien cebadito
que sorbo a sorbo busca lo esencial
de los gestos cotidianos,
de los espacios cercanos
que nutren mis huecos locos de humanidad.

(Fragmento de canto del folklore argentino)

A mis padres, por tanto.

A mis hermanas, que amo.

A mis queridas sobrinas y sobrinos, y a quienes van llegando y vendrán.

A Lizy, mi pequeña, y a Luna, que estará.

AGRADEZCO a Dios.

A Eréndira Campos, la primera persona que confió en mí y en la importancia de este trabajo expresando que estaría conmigo hasta el final.

A Anita Duckles y Yaqui Andrés Martínez, quienes escucharon y animaron mis compartires de lo que iba implicándome esta elaboración.

A Mónica Margain y Jorge Nila, por su disponibilidad y apertura para realizarles las primeras dos entrevistas que me ayudaron a afinar las preguntas que formularía a mis entrevistados y a ubicar los recursos personales que requeriría para ello.

A Jean-Marie Delacroix, Carmen Vázquez, Ruella Frank y Jean-Marie Robine, por aceptar formar parte de esta investigación, por la manera como aceptaron, por su apertura durante cada entrevista, por revisarla y revisar el capítulo correspondiente, por sus comentarios y por todo lo que todo esto significó para mí.

A todas las personas del Instituto Humanista de Psicoterapia Gestalt: trabajadores, secretarias y docentes, que con sus aportes diferenciados colaboraron para que amara la Gestalt y me comprometiera eligiendo trabajar con perspectiva de campo.

PRÓLOGO

¿Cuál es la pregunta cuya respuesta
es la invocación de la experiencia?

Martin Jay

Todo estudio serio sobre la experiencia es una labor valiente, digna de un investigador dedicado y comprometido con su labor. Esto es lo que logra Elba Flores Núñez en su libro *La experiencia en Gestalt. Jean-Marie Delacroix, Carmen Vázquez, Jean-Marie Robine, Ruella Frank,* ya que, como advierte Michael Oakeshott: "De todas las palabras del vocabulario filosófico, 'experiencia' es, sin lugar a dudas, la más difícil de manejar."[1]

La autora, quien es terapeuta Gestalt, nos lleva de la mano a conocer la perspectiva de algunos de los principales autores y teóricos actuales de este campo de la terapia. En concreto, se revisan las opiniones/experiencias de Jean-Marie Delacroix (Francia), Carmen Vázquez (España), Jean-Marie Robine (Francia), y Ruella Frank (Estados Unidos); todos ellos considerados referencias importantes o incluso "vacas sagradas" para un enorme número de institutos de formación y terapeutas Gestalt en el mundo.

Lo que más llama mi atención es que a lo largo del texto —que se apoya en entrevistas que realizó la autora con cada uno de los teóricos mencionados—

---

[1]   Oakeshott, M. (2015), *Experience and its Modes,* Cambridge Philosophy Classics, Reino Unido, p. 9..

podemos encontrar no sólo las semejanzas entre los puntos de vista teóricos de estos pensadores, sino también sus diferencias. Celebro que vivimos en una época en la que podemos reconocer la riqueza de diferentes ópticas con respecto a los mismos asuntos. Y más tratándose de asuntos que tienen que ver con la naturaleza subjetiva y en movimiento de la experiencia humana, campo sobre el que se enfoca y desarrolla la Terapia Gestalt.

La elección de estos teóricos es arbitraria, lo cual nos deja ver parte de la experiencia de la autora en su propia formación como terapeuta, y los referentes que le han parecido enriquecedores. Esto, lejos de ser una limitación, me parece una invitación a seguir aprendiendo y reconociendo a las figuras que han servido no sólo para nuestra inspiración y aprendizaje, sino también como referencias de contraste hacia el desarrollo de nuestros propios puntos de vista y posturas teóricas.

En congruencia con los fundamentos teóricos de la Terapia Gestalt, necesitamos desarrollar conocimientos que se encuentren directamente apoyados en la experiencia, para no quedar ajenos al *mundo vivo* y vibrante que experimentan nuestros consultantes —e incluso nosotros mismos— en su vida cotidiana y en el consultorio durante las sesiones de terapia. Es por ello que en el texto conoceremos algunas experiencias que facilitaron el desarrollo de ciertos planteamientos teóricos que nos han regalado los pensadores entrevistados. Y es posible que a través de la narración de sus experiencias, adquiramos también algo de esa sabiduría que permite que sean considerados entre los grandes teóricos de la actualidad.

> La experiencia también puede ser asequible a los demás mediante el relato post facto, un proceso de elaboración secundaria en el sentido freudiano que la convierte en una narrativa dotada de significación. Cuando estas reconstrucciones y relatos de la experiencia se comparten, suelen transformarse en la materia de las identidades grupales.[2]

Como bien expresa Jay (2009) en la cita anterior, la identidad grupal se construye también por compartir la narración de experiencias de aquellos a quienes consideramos nuestros guías y maestros. Así ha ocurrido con la

---

[2] Jay, M. (2009), *Cantos de Experiencia. Variaciones modernas sobre un tema universal*, Paidós, Buenos Aires, p. 20.

experiencia de personajes como Freud, Perls, Yalom, entre muchos otros grandes que nos han regalado parte de su sabiduría y sí, su experiencia, en el trabajo tratando de acompañar a otros seres humanos en la exploración de sus propias experiencias.

Despues de todo, *"reflexionar" es un verbo en pasado*. En el sentido de que implica siempre volver a mirar una experiencia que ya no está ocurriendo, que ya ha pasado —incluso si acaba de ocurrir hace apenas un instante—, con la esperanza de aprender de ella para estar mejor preparados hacia las nuevas experiencias que están por venir. Esta es parte de la magia de la reflexión sobre la experiencia. Que por medio de ella unificamos, en un solo acto, pasado, presente, y futuro, en un flujo continuo que es la vida humana.

Una ventaja extra es que, al desarrollarse mediante entrevistas, el libro nos invita a sumergirnos, al menos un poco, en la intimidad de estos pensadores. De tal manera que si alguno de los lectores los conoce personalmente —como es el caso del autor del presente prólogo—, podrá experimentar también un cierto sentido de homenaje respetuoso hacia estos grandes maestros; y si no conocen a alguno de ellos, sirva este texto a manera de presentación no sólo formal, sino personal y cercana, de estos líderes teóricos de la Terapia Gestalt, y como invitación a profundizar en sus propuestas y pensamientos.

Estoy convencido de que este libro se convertirá en una lectura y referencia importante para los terapeutas gestálticos que quieran comprender las diferencias y similitudes al interior de su marco teórico, y para todos aquellos interesados en la manera como la experiencia personal influye en el desarrollo de un marco teórico conceptual y lo enriquece.

Yaqui Andrés Martínez Robles
Círculo de Estudios en Terapia Existencial
Ciudad de México
www.yaquiandresmartinez.org

PRESENTACIÓN

El propósito de esta investigación es comprender la relación de la experiencia de teóricos actuales de la Gestalt con la elaboración teórica que realizan y con su práctica terapéutica, incluyendo los cambios que han tenido en cada uno de estos aspectos.

Por medio de entrevistas a profundidad se documentaron algunas de las experiencias significativas de Jean-Marie Delacroix, Carmen Vázquez Bardín, Jean-Marie Robine y Ruella Frank. Se recuperó la manera como estos teóricos de la Gestalt significan los hechos de vida mencionados y la posible relación con la elaboración teórica que realizan y con su aporte a la práctica terapéutica.

Si bien existen coincidencias, especialmente en cuanto a trabajar con el paradigma de campo en la Terapia Gestalt, cada uno pone énfasis en temas concretos de su interés, y en ocasiones, los cuatro toman direcciones distintas en un mismo aspecto; con ello muestran que existen diversas formas de ser psicoterapeuta Gestalt.

En los capítulos dedicados a cada teórico entrevistado, se considera como hilo conductor una *secuencia* más o menos *cronológica* de los hechos de vida mencionados en la entrevista o encontrados en los textos de su autoría consultados, y se les entrelaza con el desarrollo de algunos conceptos que han privilegiado en su elaboración teórica.

INTRODUCCIÓN

Desde el inicio de mi formación profesional aprendí la importancia de tener como base de la acción y de la elaboración teórica, la experiencia reflexionada. Y esto, junto con la relevancia y la centralidad que la experiencia tiene en psicoterapia Gestalt, constatada en mi propia vida y en mi práctica terapéutica, fue esbozando el tema de la presente investigación.

Además, a lo largo de mi entrenamiento como terapeuta Gestalt, he sentido que mucho de lo que escuchaba tenía que ver conmigo, con lo vivido. De hecho, estoy convencida de que mi manera concreta de ser terapeuta tiene que ver con lo que he experimentado, con mis temores... riesgos... preguntas... búsquedas. Como psicoterapeuta Gestalt preciso reconocer que, dentro de los límites de mi habilidad personal, sólo puedo acercarme a la experiencia de mi cliente a través de mi propia experiencia (PHG, 2006, p. 333) y, más veces de las que desearía reconocer, me encuentro coartada en este acercamiento, justamente en términos de esa experiencia (PHG, 2006, p. 465).

Por otra parte, en los últimos años he tenido oportunidad de atestiguar la forma como practican la Gestalt Carmen Vázquez, Jean-Marie Robine, Jean-Marie Delacroix y Ruella Frank, e intuyo que su peculiaridad y eficacia se relaciona con lo que —en palabras de Carmen Vázquez— han experienciado.[3]

---

[3] Utilizaré este término a lo largo del texto considerando la explicación de Vázquez, C. (2009, comunicación personal): "El término que se utiliza en inglés tanto para "vivenciación" como para "experiencia" es "experience" y el verbo es "to experience". Esto significaría "experiencia o vivencia" como sinónimos y la traducción del verbo como "experienciar". Como en español no se utiliza el verbo "experienciar", la traducción ha sido "experimentar" (¡que en inglés es "to experiment", con lo que la traducción no es muy adecuada!) y "vivenciar" (que sí correspondería con el verbo en inglés, pero nos complica cada vez que queremos equiparar el sustantivo "experiencia" con el verbo).

Con estas inquietudes de fondo, me propuse indagar sobre la forma como se relaciona la experiencia —vivencia— de los cuatro teóricos actuales de la Gestalt mencionados, con la elaboración teórica que realizan y con su práctica terapéutica, incluyendo los cambios que han sufrido en cada uno de estos aspectos. Quería conocer algunas de las experiencias personales que reconocen en su peculiar aporte a la Gestalt y cómo las significan.

Justo el propósito de esta investigación es acercarme más a esta intuición, aunque también sospecho que pudiera ser una manera de "confirmar" la validez de mi propia experiencia y, simultáneamente, afirmar que la experiencia de cada persona incide en su práctica terapéutica.

Dando razón de la elección

Nombrar la relación entre la experiencia de teóricos actuales de la Gestalt con la elaboración teórica que realizan y con su práctica terapéutica, tiene que ver con un profundo convencimiento personal. Tal vez para algunas personas sea más fácil aceptar la influencia de la experiencia en la práctica terapéutica de los teóricos de la Gestalt, que el hecho de que su elaboración teórica sea afectada por su experiencia. Sin embargo, su labor teórica no podría no ser afectada si consideramos que se trata de un quehacer experiencial. Mi pregunta es cómo la *experiencia* (entendida esta como *sucesión de situaciones* y considerando que *cada situación procede de una anterior* (Robine, 2008), influye en la práctica psicoterapéutica y en la elaboración teórica de mis entrevistados.

Considero que entrevistar a teóricos de la Gestalt contemporáneos es especialmente significativo en el tiempo actual en el que varios de ellos y ellas, quienes han sido discípulos de los fundadores, se están dando a la tarea de consolidar, escudriñar, explicitar, clarificar y quizá reelaborar o recuperar en su intuición más honda la teoría que respalda la Terapia Gestalt. Por cierto, una terapia centrada en la experiencia (PHG, 2006, p. 13), en la que precisamente "se trata de teorizar correctamente lo que ocurre en la experiencia" (PHG, 2006, p. 272).

Puesto que la Terapia Gestalt se centra en la experiencia y que somos "creadores de experiencia" (Vázquez, 2008), es posible suponer que los fundadores partieron de su propia experiencia para ofrecernos esta teoría y práctica terapéutica, pero puede ser pretencioso afirmar esto pues no tenemos forma de demostrarlo. Justo por eso me interesó recoger la visión subjetiva de teóricos contemporáneos que, si bien coinciden en aspectos fundamentales, pueden considerarse como "representantes" de diferentes énfasis en sus prácticas (Blasco y Otero, 2008). Es, en otras palabras, una manera de acercarnos, indirectamente, por medio de ellos, a la génesis de la Terapia Gestalt.

Mi primera intención fue ir *a las fuentes* de primera mano, es decir a la experiencia de los fundadores, ya que me parecía que consolidaba la investigación. Sin embargo, a medida que avanzaba en la lectura de los textos de las y los teóricos actuales que seleccioné, descubrí que no tenía necesidad de buscar más: lo que estos últimos referían sobre los fundadores bastaba. Esta certeza aumentó a partir de la lectura de uno de los libros de J. M. Delacroix, el cual comentaré en el capítulo correspondiente.

Pensar en recoger *todas* las experienciaciones de Delacroix, Vázquez, Robine y Frank es prácticamente imposible. Con todo, consideré suficiente documentar y relacionar con su teoría, algunas de las experiencias que ellos y ellas consideran significativas.

Además de lo dicho arriba, tengo presente algunos comentarios entre pasillos o comentarios en algún curso sobre una cierta percepción de que en Gestalt *cada quien hace lo que quiere y con poca seriedad*. El aporte de esta investigación seguramente es limitado de cara a cambiar dicha percepción, pero pienso que puede abonar a un reconocimiento de su fortaleza ubicándola justo donde está, en la centralidad de la experiencia. Y esto al mostrar cómo la experiencia de unas personas las ha llevado a determinada práctica terapéutica, influyendo esta en su elaboración teórica, todo lo cual incide en la forma como cada uno vive su vida (Parlett, 1991).

Considerando que la teoría recogida puede revisarse en los textos referidos de los capítulos siguientes, la subjetividad de la información personal de mis entrevistados es el verdadero aporte del presente trabajo, precisamente por la disponibilidad, sinceridad y profundidad de las personas implicadas.

Aproveché las diferentes oportunidades que tuve para solicitarles la entrevista deseada. Cada una ocurrió en diferentes momentos de su historia y de la mía. Entre la primera y la segunda transcurrieron 12 meses; entre la segunda y la tercera, siete; y entre la tercera y la cuarta, seis. Entrevisté a Delacroix después de un primer y breve acercamiento a su teoría. A Carmen Vázquez, tras compartir algunos talleres, sostener breves diálogos personales y realizar varias lecturas de sus textos. Con Ruella me encontré en medio de un proceso de formación de dos años sobre su teoría y técnica. Y con Robine, a partir de varios talleres y de la lectura, estudio y profundización de diversos artículos y libros escritos por él.

También, y casi desde el inicio de la investigación, me di cuenta de que realizar este trabajo con uno solo de los teóricos que elegí, sería suficiente para realizar un estudio amplio e interesante. Sin embargo, tuve la fortuna de contar con la disponibilidad de los cuatro y esto me permitió acercarme más a las peculiaridades de su experiencia, su pensamiento y su aporte a la Gestalt. Este no es más que un primer acercamiento en donde muestro ciertos aspectos de la manera en que la experiencia de cada uno de estos cuatro teóricos Gestaltistas afecta su práctica terapéutica y su teoría. Estos son el límite y el aporte que me interesa ofrecer.

Según Merleau-Ponty (1945), la fenomenología tiene como objetivo fundamental la descripción del hombre en el mundo, no su análisis o explicación. Por tanto, la psicoterapia que adopta esta misma base metodológica parte también de la descripción, a la vez que el análisis o la explicación pueden aparecer como consecuencia de la misma. La utilización del potencial metodológico de la fenomenología puede aplicarse también en beneficio del desarrollo técnico de la investigación. Por otra parte, una metodología fenomenológica en la investigación no sólo es posible, sino también necesaria para la elaboración teórica más consistente de una terapia de base fenomenológico-existencial.

BUSCANDO Y CONSTRUYENDO LOS INSTRUMENTOS Y LAS FORMAS

Planteé este trabajo desde el *paradigma cualitativo-interpretativo*, ya que me baso en que existen múltiples realidades que sólo pueden estudiarse de manera holística, como el hecho de la experiencia que implica el encuentro terapéutico, así como de la riqueza experiencial y teórica en el proceso histórico de la Terapia Gestalt.

Por las características propias de la investigación, el instrumento metodológico principal fue la realización de *entrevistas cualitativas a profundidad* a fin de recuperar parte de la experiencia directamente relacionada con la elaboración y transmisión de la teoría y práctica Gestalt; recoger la visión subjetiva de mis entrevistados con el deseo de explorar diversos puntos de vista, y ver hasta dónde puedo acercarme a la experiencia de estos teóricos dedicados a abonar y enriquecer la teoría que respalda la Terapia Gestalt y que tienen sus propios matices teóricos y técnicos, aun cuando coincidan —unos más que otros— en aspectos fundamentales (Blasco y Otero, 2008). Y también por el deseo de acercarme a su experiencia humana subjetiva (Díaz y Ortiz, 2005) buscando adquirir información acerca de las percepciones, creencias, sentimientos, motivaciones, opiniones, valores e información sobre la conducta pasada o privada de mis entrevistados; por ello, cada dato obtenido, por común o sencillo que pudiera parecer, me resultó muy significativo.

Por tanto, consideré que la entrevista a profundidad era el mejor instrumento para aproximarme a los acontecimientos del pasado, que cada entrevistado creyera significativos en su experiencia, y en la incidencia de esta en su elaboración teórica. Y así sucedió. Fueron los mismos teóricos de la Gestalt (Carmen Vázquez, Jean-Marie Robine, Jean-Marie Delacroix y Ruella Frank) quienes me proporcionaron los datos relativos a sus conductas, opiniones, deseos, vivencias y expectativas.

Por mi parte, busqué posibilitar en cada entrevista un diálogo profundo y rico que me ayudara a acercarme un poco más a algunos acontecimientos personales y captar no sólo las respuestas a los temas elegidos, sino también las actitudes, los valores y las formas de pensar de mis entrevistados (Blasco y Otero, 2008).

Me ha resultado fácil dar especial importancia a las explicaciones, comentarios y narraciones que ellas y ellos me compartieron, incluyendo procesos como la descripción, la crítica y la idealización de las situaciones que eligieron. Pude recibir todo ello con apertura, interés, respeto, admiración y entusiasmo, sintiéndome protagonista de un momento privilegiado en el que recibía la experiencia elaborada, reflexionada, nombrada de esa manera, de cuatro personas que actualmente iluminan la teoría que conforma la base de la práctica terapéutica en Terapia Gestalt.

En cada actividad (entrevista, lectura de textos, reflexión, análisis…), una y otra vez se fueron haciendo presentes mis propias experienciaciones, obligándome en no pocos momentos, a soltar el libro o abandonar la computadora por unos instantes —a veces más cortos pero en ocasiones prolongados— para quedarme con lo que iba sintiendo, pensando, recordando o preguntándome, y disponerme a dar los pasos siguientes. Confirmo así las palabras de Robine: "El investigador y su objeto constituyen a su vez un campo, y como tal, sometido al principio de influencia recíproca" (Robine, 2005, p. 174).

Sé que el investigador y el objeto de investigación interactúan y se influyen mutuamente y, en efecto, mi propia experiencia y recurso teórico resultaron afectados a medida que avanzaba en la investigación. En coherencia con mi planteamiento, utilicé métodos cualitativos, a partir de los cuales los resultados emergieron de los datos (*grounded theory*) que encontraba (Cfr. Briones, 2002, pp. 87-89).

Me detengo un poco para decir que, si bien el proceso seguido desencadenaba preguntas en torno a la práctica terapéutica y a la teoría Gestalt que no me había formulado, encontrar formulaciones que me ayudaron a nombrar aspectos experienciados personalmente que hasta el momento no había ubicado en la formalidad de la teoría Gestalt con la que tenía contacto, fue de lo más *disfrutable*. Mediante la entrevista ubiqué algunos contenidos de la Gestalt desde la perspectiva de mis entrevistados al acercarme a los significados de sus experiencias (Reyes, 2009) y sentirme en coincidencia con algunas.

Con todo esto he confirmado, una vez más, que no es posible separar los valores del investigador, de los hechos o fenómenos sociales que estudia (Briones, 2002, p. 48).

Las entrevistas a los teóricos mencionados no fueron las únicas que realicé. Cuando me planteé esta investigación, y ante el temor de su inviabilidad—por lo difícil que podría resultar acceder a las personas de mi interés—, me propuse entrevistar también a dos personas de mi entorno formativo. El primer aporte fue de una de mis maestras y el segundo, de quien fuera uno de mis terapeutas más queridos. Ambos significaron un gran apoyo para afinar la metodología que utilizaría después y como ensayo de las entrevistas que realizaría.

Herramientas adecuadas y flexibles

Previo a la realización de la entrevista diseñé un cuestionario breve y flexible. Se trató de una lista de tópicos temáticos y áreas generales, objeto necesario de interacción verbal que como entrevistadora sistematicé a fin de organizar los temas sobre los cuales haría las preguntas. Este cuestionario únicamente fue un apoyo, un recordatorio de los principales asuntos que deseaba tener en cuenta (Sierra, 1998 citado por Díaz y Ortiz, 2005).

A medida que hice las entrevistas, me percaté de la necesidad de hacer pequeños ajustes o cambios en relación con la persona que entrevistaba, considerando la experiencia de encuentros previos, la lectura de los textos que de cada una/o había estudiado y lo que de ellos me resultó significativo, así como el momento de reflexión en que me encontraba. La necesidad de estas diferenciaciones se dio desde el comienzo, al diseñar la guía de preguntas flexibles para los encuentros, teniendo en mente el carácter biográfico de las entrevistas. Apenas tres o cuatro preguntas fueron las mismas para cada teórico.

Muy pronto, durante el encuentro con cada una de las personas entrevistadas, me encontré haciendo de lado mi *guía* para adentrarme en el curso que marcaban sus respuestas, aun cuando nunca abandoné mi tema de interés, que permaneció de fondo durante todo nuestro encuentro. Preciso reconocer también que por algunos instantes durante la entrevista salían a flote mi actitud, experiencia e inquietudes como terapeuta más que como investigadora.

Hoy puedo decir que, si bien hubo aspectos comunes, también existió una *peculiaridad metodológica* en relación con cada teórico y que la construí a medida que desarrollaba el proceso de investigación.

En cuanto a los registros empleados para la recopilación de datos, no tuve problema ni inconveniente alguno al informar a mis entrevistados sobre mi deseo de grabar en audio y video. Por el contrario, me encontré con una absoluta disposición a ello, seguramente porque son profesionales y saben de las implicaciones de una investigación de este tipo. Aun así, agradezco inmensamente su actitud y su generosidad, las cuales me han permitido captar mucho más que si confiara únicamente en mi memoria o apuntes. El video me sirvió como registro de acciones y reacciones y, con frecuencia, al mirarlo de nuevo, me ha llevado a evocar los sentimientos experimentados y me ha permitido poner atención en algunos detalles corporales, y tonalidades, entre otros detalles.

Creo que, en medio de la incertidumbre constante sobre la posibilidad de acceder al encuentro con cada persona elegida y los límites del tiempo con que contaba por mi demandante realidad laboral, realicé buenas entrevistas de investigación, de las que dejo constancia (Reyes, 2009) para mí y para quien puedan ser de interés.

Uno de mis sueños al realizar este trabajo, y concretamente las entrevistas, era constituir una experiencia única y enriquecedora, pensando que quizás ambos implicados en cada ocasión podríamos obtener visiones nuevas acerca de la propia situación de vida (Reyes, 2009). No puedo hacer esta afirmación, pero sí compartir que, al reenviarles la transcripción de la entrevista y después —sobre todo al poner a la consideración de cada persona el capítulo elaborado con ella y entrelazado con aspectos significativos de su teoría—, sus comentarios fueron muy motivadores y gratificantes. Además, expresaron su gran interés en leer el texto completo. Todo esto confirmó que los procedimientos metodológicos empleados para la recolección de datos fueron cuidadosos y serios, y condujeron al objetivo planteado al coincidir en los resultados con mis entrevistados.

Como parte de la metodología, me aseguré de enviar a cada persona elegida lo que iba escribiendo en relación con ella o él. Corregí algún aspecto que, tras su revisión, consideraron que no expresaba claramente su sentir, su vivencia o su pensar —apenas el detalle en un párrafo—, priorizando en todo momento sus propias expresiones. Yo no podría haberlo hecho de otra manera.

Finalmente, sé que "el instrumento" fundamental he sido yo como entrevistadora, con las herramientas aprendidas en mi entrenamiento como psicoterapeuta Gestalt y mi experiencia vital, la cual es importante en la selección, la forma y la implicación de cada encuentro, así como en lo que atañe a metodología porque, como dice Dilthey, la experiencia vivida es la que brinda los datos (Paloma, 2003).

O también, siguiendo al mismo Dilthey, "los fenómenos objeto de su estudio […] deben partir siempre de la realidad histórica en que tienen lugar, e implica inevitablemente la propia experiencia personal del investigador" (*Biografías y vidas*, 2010).

Hallazgos antiguos

Si bien es cierto que a lo largo de las lecturas realizadas y de los diferentes encuentros fui ubicando aspectos comunes entre las y los teóricos que elegí, también lo es que no había una coincidencia exacta en sus conceptualizaciones relacionadas con la experiencia en Gestalt, e, incluso, en algunos casos se contradecían o simplemente tomaban direcciones diferentes. Sin embargo, dado que la finalidad inicial no fue una comparación ni un listado de convergencias y divergencias, lo menciono para prevenir al lector sobre algo que se encontrará por el solo hecho de leer los siguientes capítulos.

C. Vázquez, J. M. Delacroix y J. M. Robine se ubican en una perspectiva de campo y en un trabajo en la frontera-contacto, mientras que Ruella Frank lo hace desde una perspectiva de los sistemas.

Delacroix se refiere continuamente, en sus textos y en la entrevista, a su experiencia familiar, formativa y profesional. Yendo y viniendo de una a otra, entrelazándolas entre sí y con la Teoría Gestalt que va explicando con base en sus experiencias de vida, como él les llama.

Me resultó significativa la forma como introduce su experiencia chamánica a la Gestalt. Me emocionó de manera especial la explicación que da sobre *el tiempo enfermo* y su aplicación de este a las interrupciones en el contacto. A lo largo de los encuentros con Delacroix, a través de sus textos o personalmente, me preguntaba si estaba ante un Gestaltista o ante el fundador de una nueva terapia, tal vez de la etno-Gestalt, como él la nombra en la introducción de su último libro (Delacroix, 2008). Esta fue una de las preguntas que le hice al enviarle la transcripción de nuestra entrevista. De su respuesta doy cuenta en el primer capítulo, así como de la relevancia que para él tiene el grupo y su sentido de *campo* a partir de su experiencia familiar y de infancia.

Carmen Vázquez, cercana, sencilla y accesible, explicita claramente sus dos aportes a la Gestalt que al mismo tiempo son su diferenciación de otros Gestaltistas: el apoyo y las relaciones igualitarias. No es que otros Gestaltistas no apoyen, considerando que la frustración en Gestalt es tenida como una forma de apoyo. Carmen deja explícitamente la tarea de frustrar, a la vida, que como ella dice, lo hace muy bien por lo que elige no frustrar terapéuticamente. Sabe apoyar a su estilo y para ello tuvo un buen aprendizaje con su madre a lo largo de su vida.

Si tuviera que elegir una sola característica, diría que Carmen se interesa mucho en las relaciones igualitarias, atenta siempre a no ponerse *arriba* ni *debajo de* la persona con quien está. De lo que para ella significa esta actitud y cómo la vive doy cuenta en el capítulo 3, así como de lo que le ha implicado rescatar en ella los valores de la infancia y su creatividad en el encuentro con cada persona.

El capítulo 4 lo dedico a J. M. Robine, de quien había escuchado "es más complicado de leer que el PHG". Lo cierto es que leerlo después de escucharlo ha sido para mí un camino de acceso a su teoría. Deseaba entrevistar a Robine de manera particular. La forma como elaboraba y presentaba su teoría me entusiasmaba. En muchos casos sentí que describía mi propia experiencia como terapeuta. En otros requería *masticar* lo que le escuchaba. Mucho antes de la entrevista tenía un largo listado de preguntas y el temor de no saber si tendría oportunidad de obtener la respuesta. El resultado se presenta en las páginas siguientes.

En el capítulo 5 menciono mi experiencia al acercarme a Ruella Frank, así como el impacto potente de su terapia y el proceso personal que la llevó a ser una experta fenomenóloga que observa minuciosamente el movimiento en el aspecto físico y psicológico. Mis recursos para acercarme a su riqueza experiencial han sido limitados, posiblemente por nuestros distintos contextos culturales, incluido el idioma.

En cada capítulo comparto mi experiencia en los diferentes encuentros con cada uno de los teóricos y teóricas elegidas, como preámbulo para presentar la posible relación que existe entre sus experiencias vitales y la teoría que elaboran, basándome en la propia interpretación o significación que cada uno hace.

Ahora, algunas puntualizaciones...

Desde que conocí a Carmen Vázquez me decidí a participar en los talleres impartidos por teóricas y teóricos de la Gestalt, especialmente por quienes después colaboraron en este trabajo. Unas cosas entendía y otras no, pero ahora tengo la sensación de que cada uno de ellos fue permeando y afectando —de algún modo— mi forma de ser terapeuta y mis elaboraciones teóricas.

A lo largo del proceso de esta investigación sentí que leer, procesar y escribir sobre uno de ellos me preparaba para leer a otro, e incluso que cada teórico "completaba" o "iluminaba" lo leído del anterior. Me experiencié como discípula puesta a la escucha de sus maestros, controlando el impulso de transcribir hojas completas de sus artículos o de los capítulos de sus libros.

Al finalizar cada capítulo, después de leer suficientemente la producción teórica del Gestaltista implicado, ubicaba los temas que me parecía priorizaba preguntándome sobre la importancia que estos tienen en su vida, lo que le ha llevado a elegirlos y la manera de abordarlos. Mi experiencia fue que en cada párrafo, por muy teórico que pareciera, me hablaban de ellos. Muchas veces he creído, mientas leo y escribo, que lo que dicen de la Terapia Gestalt lo dicen de sí mismos como Gestaltistas.

Ha habido momentos de mucho consuelo; por ejemplo, al recoger sus historias, sentir placer al ver que "no nacieron sabiendo hacer Gestalt", también tuvieron que formarse y aprender, también sintieron deseos de abandonarlo todo porque no estaban de acuerdo con lo que veían o percibían. Hoy cada uno hace su propia Gestalt. Carmen Vázquez no quiere oír hablar de frustración en terapia, Robine no está de acuerdo con que existen interrupciones en el contacto, ni Ruella con el contacto mismo. Además, cada quien hace su síntesis/selección teórica para la aplicación en y desde su práctica terapéutica. Robine se muestra interesado en la supervisión que evidencia sensibilidad al tema desde su quehacer profesional y formativo. Carmen y Robine, además de terapeutas y teóricos, son traductores y esto genera un acercamiento a los textos con concreciones significativas. Todo ello provoca en mí un sentido de libertad, ya que nos permite contextualizar la teoría y la práctica ofreciéndonos dimensiones nuevas a partir del impacto de la experiencia en ambas. Por consiguiente, si sólo replico una "técnica" aprendida, no soy terapeuta.

Los siguientes capítulos no constituyen una síntesis de toda la teoría de cada uno de los gestaltistas a quienes me refiero. A ratos he experimentado temor al darme cuenta de que, de alguna manera, los manipulé, ya que he sido yo quien eligió qué frases, conceptos y párrafos cortar, pegar, armar… Si otra persona hubiera hecho el trabajo seguramente habría elegido, tal vez algo de lo seleccionado por mí, pero muy posiblemente otras frases que no elegí y que, aunque estaban ahí, no me importaron.

Me preocupa un poco pensar que todo el trabajo que me he tomado es para justificar los contenidos clave de la Terapia Gestalt que a mí me interesan, que lo más significativo de la elaboración de los teóricos que elegí no es precisamente lo que pudiera ser más significativo de sus teorías para ellos mismos sino para mí. Que mi selección y reelaboración pueda ser tan arbitraria que profane el pensamiento de quienes cito. Pero ¿podría ser de otra manera? ¿Cómo podrían mi interés y mi vivencia no afectar la búsqueda y el proceso realizados y, más aún, las temerosas conclusiones propuestas? Sí, la entrevista cualitativa es una conversación provocada por el entrevistador… guiada por el entrevistador y con un esquema flexible no estándar (Corbetta, citado por Alvira s/f).

Mi preocupación se mantiene al pensar que, al ser yo quien escogió sus palabras, comentarios o elaboraciones, con la selección realizada pongo en evidencia lo que considero importante y significativo de las cosas con las que resueno y aquellas que me cuestionan. A fin de cuentas, también estoy hablando de mí, de la persona que soy, descubriéndome, evidenciándome, revelándome con ocasión de otros. Cuento su historia y su teoría y, a la vez, cuento mi historia y mi teoría, y la influencia de una sobre otra muestra mi propia subjetividad; y quizá lo justifico con mi derecho a pensar y sentir mi propia historia como la experimento cada día.

En cada texto, en cada párrafo leído, en cada renglón escrito, se hizo presente el placer de manipular, gozar, cuestionar, asimilar, interpretar, conforme a mi propia experiencia e incluso referirme a mi vivencia. Me pregunté continuamente por lo que llevó al autor a escribir eso, deseando con enorme curiosidad, entrar a lo desconocido por la *ventana* que me mostraba. Sin embargo, en no pocas ocasiones me percibía "demasiado respetuosa", teniendo el extremo cuidado de no distorsionar sus expresiones.

Al hacer la elección de temas fui espontánea e intuitiva, como lo fui al seleccionar a mis entrevistados, lo que con seguridad está ligado a mi experiencia personal y Gestaltista. Elegir implicó excluir y esto tiene que ver con mi campo. Consciente de esta situación, fue importante buscar su retroalimentación y resultó un alivio recibir en todos los casos su confirmación de lo escrito.

Nos guste o no, con nuestra sola existencia los seres humanos afectamos la experiencia de lo/el otro y por su existencia, el/lo otro nos afecta. No sólo las y los terapeutas sino en cualquier espacio y sea cual sea nuestra actividad, lo que hoy somos tiene como condición previa lo que hemos sido. Con todo, es frecuente la incongruencia entre valores-acciones-actividades-creencias… (el consultorio da cuenta de eso).

Deseo sinceramente que el presente trabajo anime a las personas y profesionales de diferentes disciplinas, a reconocer la importancia de percatarse y responsabilizarse de la forma como la propia experienciación se reelabora y afecta todos los ámbitos de nuestra vida.

I. EN EL LÍMITE DE LA EXPERIENCIA

CUATRO CONCEPTOS FUNDAMENTALES: CAMPO, FRONTERA-CONTACTO, EXPERIENCIA, TEMPORALIDAD

El propósito del presente trabajo es presentar un acercamiento a la relación de la experiencia —vivencia— de pensadores actuales de la Gestalt con la elaboración teórica que realizan y con su práctica terapéutica, al documentar algunas de sus experiencias significativas. Para ello se toma en cuenta que, sea cual sea la situación en que se encuentre la persona, no puede deshacerse de lo experienciado y actualizado dinámicamente en el presente, aun sin la consciencia y/o lenguaje de esto (Robine, 1998).

Cuando elegimos trabajar con la Gestalt, experimentamos formas de pensar y de percibir que se filtran a través la propia vida y relaciones, y en ellas. Por eso es importante reconocer que la forma como somos y como vivimos no podría estar separada de nuestro quehacer como terapeutas Gestalt (Parlett, 1991).

Parto de una escena común: terapeuta y paciente frente a frente. El terapeuta "llega" al encuentro con un bagaje de conocimientos y experiencias, ni lo sabe todo ni lo ha experienciado todo. Hay experiencias previas al conocimiento adquirido, las cuales afectarán los encuentros con la persona que busca su ayuda. Al mismo tiempo, las experiencias que se tienen en los encuentros con esa persona afectarán su vida y su teoría (PHG, 2006, p. 78). Justo por eso es a partir del concepto de experiencia como se puede elaborar el pensamiento clínico del terapeuta Gestaltista: implica la experiencia del individuo en contacto con el mundo y la del psicoterapeuta frente al cliente (Robine, 1998).

En relación con esta escena, me importa referirme a la *experiencia* en la terapia, en la que influyen las experienciaciones previas del terapeuta y del cliente que, por alguna razón, se hacen presentes en el espacio/tiempo terapéutico. De ahí el motivo de abordar la *temporalidad*. No obstante, me propongo primero abordar el concepto de *campo*, dado que la Terapia Gestalt es un método contextual (Robine, 1998) y, en seguida, referirme a la *frontera-contacto* pues es en el "entre" de la relación organismo/entorno donde acontece la experiencia. Hago esta acotación porque tal vez algunas personas prefieran ubicar en principio a qué me refiero cuando hablo de experiencia.

Recupero a continuación lo expresado en especial, aunque no únicamente, en los textos de los teóricos que entrevisté, también en relación con los conceptos fundamentales que elegí. Procuro presentar sus coincidencias, complementos o diferencias, arriesgándome a que pueda parecer, o de hecho sea, repetitivo, pero considerando que son aportes a una visión más amplia sobre la discusión del concepto en cuestión.

CAMPO

Pese a que, como afirma Robine, la teoría de campo y sus implicaciones no han sido motivo de muchos estudios profundos ni de parte de los terapeutas Gestaltistas ni de los investigadores en Ciencias Humanas, desde Kurt Lewin (Robine, 2005, p. 168) sabemos que el modelo del Instituto de Nueva York[4] se basa en la perspectiva de campo (Vázquez, 2010, p. 38), la cual nos invita a considerar el comportamiento y la experiencia humanos en un contexto mucho más amplio (Woldt, 2007, p. 49).

> Como una perspectiva general, una forma de hablar de la experiencia humana y dotarla de sentido, la teoría de campo intenta captar el flujo interrelacionado de la realidad humana sin desplegar,

---

[4] Formado por fundadores de la Terapia Gestalt como Laura Perls, Paul Goodman e Isadore From.

impregnada como está con nuestros significados e importancias personales. (Parlett, 1991)

El sello distintivo esencial de la teoría de campo, en palabras de Lewin, es que "hay que mirar la situación total" (Lewin, 1952, citado en Parlett, 1991, p. 288) y a nosotros nos importa no perder de vista la unidad del campo (Robine, 1998).

Para Jean-Marie Robine existe una reciprocidad entre la función de totalidad y la función de elemento en el interior del campo, además de procesos refinados de interacción entre las partes (Robine, 2005, p. 172). Habría que considerar entonces que las consecuencias para la práctica de la inscripción de la Terapia Gestalt en un paradigma de campo son inmensas ya que, si el campo no es una entidad fija, esto significa que sólo existe en tanto que presente en incesante cambio, es decir, en una situación. (Robine, 2008-a)

Por su parte, Jean-Marie Delacroix considera que el concepto de campo organismo/entorno nos coloca muy cerca de los interaccionistas,[5] pues nos pone en una perspectiva de INTER: intersubjetividad e intercorporalidad. (Apuntes personales 2)

Diferentes aproximaciones al Campo

Si bien Lewin, miembro del Instituto de Psicología,[6] definió el campo como "una totalidad de hechos coexistentes que son concebidos como mutuamente *dependientes*" (Lewin, 1951); su concepto de campo equivale a un "espacio de vida", tal y como es vivido fenomenológicamente por algún sujeto dado.

Y ese espacio vital es fundamentalmente emocional, a pesar de toda la ambigüedad introducida por la idea de espacio, y con ella.

De tal manera, todo lo que se produce en este espacio vital inmediatamente se percibe como deseable o no deseable (Robine, 2008-a). En otras

---

[5] Sin tener más referencia al respecto, he sabido por comentarios personales con mi asesora que puede referirse a los interaccionistas simbólicos.

[6] Ver la biografía de Lewin por Marrow (1969), Kurt Lewin, su vida y su obra, traducción del francés ESF, París, 1972.

palabras, el campo está constituido por todo lo que es pertinente para un sujeto en cierto momento. Dicho por Lewin (1936), "Lo que es real es lo que tiene efectos".

Por su parte, Malcom Parlett,[7] en su reflexión sobre el campo, llega a la conclusión de un campo compartido:

> [...] ¿Qué pasa cuando hay dos personas, relacionándose juntas y ambas configurando sus campos al mismo tiempo? En lugar de pensar solamente en dos campos fenomenológicos separados, vamos a admitir que cuando dos personas conversan o se relacionan con otra de alguna forma, algo pasa a formar parte de la experiencia que no es producto exclusivo de ninguna de ellas. Lo que ocurre entre ellos es una función de ambos juntos. Es una realidad co-creada (Beaumont, 1990) que potencialmente incluye todo lo que está en el campo de la experiencia o espacio-vital de cada uno de los dos participantes pero no son, simplemente, dos conjuntos de experiencias añadidos juntos. Más bien hay un campo compartido, una tierra común de comunicación que es mutuamente construida. (Parlett, 1991)

Sin embargo, Jean-Marie Robine, para quien todo campo es el campo "de…", es decir, de un organismo dado y de su entorno, afirma que "el campo", como tal, no es un concepto operativo, y es necesario precisar el campo de qué o de quién. Esto en vista de que su concepto de campo parece recuperar el sentido que le dan los fundadores en cuanto a que, aunque es posible compartir una experiencia con una persona —en el sentido de que ambos viven de manera similar alguna situación que tienen en común—, lo que el otro "experimenta es *suyo* y lo que tú experimentas es *tuyo*" (PHG, 2006, p. 347).

> [...] si el campo siempre debe ser considerado como "el campo de…", se hace impensable considerar que el campo de uno puede ser común con el campo de otro. En el campo perceptual de cada uno, por ejemplo, o en su campo de consciencia, puede notarse la presencia de elementos comunes, pero si aceptamos la definición

---

[7] El doctor Malcolm Parlett, terapeuta Gestalt, cofundó el Instituto de Formación de Psicoterapia Gestalt, en el Reino Unido, y es editor del *British Gestalt Journal*.

de campo tal y como ha sido propuesta, bien por los psicólogos de la Gestalt, como hemos evocado antes ("Toda percepción tiene sentido sólo en relación con los demás, el campo de percepción debe ser considerado como un todo"), bien por Lewin o por la Terapia Gestalt, estos elementos llamados comunes, extraídos de un todo unificado y unificador, no pueden ser por sí suficientes para constituir un campo bipersonal, salvo para pasar de un nivel psicológico a un nivel sociológico en la definición misma de campo. (Robine, 2008-a)

Más cercano a Parlett, Jean-Marie Delacroix afirma que el terapeuta y el paciente constituyen una sola entidad, un campo único en donde la función Ello se traslada del uno al otro y viceversa, y comunica información sobre uno, sobre otro, y sobre las características del campo que en su conjunto han creado (Delacroix, 2004, p. 11). En este contexto la palabra repentina es una transgresión, un ir más lejos. Un ir más allá hasta el contacto pleno.

La Terapia Gestalt se refiere al campo organismo-entorno y desde esta perspectiva cada elemento del campo está en una doble posición, ya que recibe las fuerzas y la influencia del campo y, a la vez, contribuye a hacer del campo lo que es, lo influye. Es así como se instala un sistema de interinfluencia (Delacroix, 2008, p. 342). Por tanto, la teoría de campo nos lleva a considerar que lo que ocurre en el inter desata algo más, algo diferente, que a veces es difícil identificar y describir, y que forma parte de la globalidad del fenómeno relacional. Además, el alrededor, el contexto, influye al inter (Delacroix, 2008, p. 424).

También Carmen Vázquez expresa que nuestra teoría engloba los dos polos en una teoría de campo en donde son inseparables Yo y Tú porque el binomio organismo-entorno es inseparable. Para ella, la concepción del individuo-sujeto de la Terapia Gestalt supera la alternativa entre la visión egocentrista sostenida por Descartes y Husserl, y enriquece la visión que lo define en la relación con el otro como lo hace Levinas (Vázquez, 2010, p. 339).

Posiblemente, la diferencia entre el planteamiento de Robine y Parlett no lo es tanto, tomando en cuenta lo que este último expresa en su artículo "El campo unificado en la práctica", posterior al ya citado.

> [...] la teoría de campo invita al profesional Gestalt a un pensamiento no lineal (saboteando nociones simples de causa-efecto). Honra la naturaleza específica de las situaciones y de la gente (ningún campo experiencial de un individuo es igual al de otro). Es partidaria del relativismo y es no-dicotómica (por el contrario, los campos se interconectan, se superponen y se co-influyen unos a otros). (Parlett, 1997)

Organismo/entorno

Jean-Marie Robine considera que la teoría de la Terapia Gestalt es apropiada para abordar, por su referencia a la teoría del campo, lo que se despliega entre un organismo y lo que no es él en referencia a sí mismo como sujeto de la experiencia. Se trata de comprender cómo el organismo intervendrá en y sobre su entorno, y cómo el entorno intervendrá en y sobre el organismo, el todo considerado con referencia al organismo constitutivo de ese campo (Robine, 2005, p. 175).

Pero es importante tomar en cuenta que decir "campo organismo/entorno" no equivale a decir "sí mismo/mundo", sino a reconocer que ningún organismo puede estar separado de su contexto (Robine, 2008-a). Por consiguiente, inmersos en un campo organismo-entorno, de ninguna manera podemos ser meros observadores, sino que somos parte integrante del proceso-de-contacto y, en consecuencia, afectamos y somos afectados (Vázquez, 2010, p. 245).

Dicho de otra manera, ya que el campo está compuesto de un organismo (permanentemente en movimiento) y un entorno (cuya percepción es también dinámica), el campo está animado por un proceso en constante cambio. A su vez, este cambio está conformado por los movimientos que el organismo ocasiona en las variaciones del entorno y la evolución de las situaciones. De ahí que el comportamiento debe entenderse no como el producto directo del pasado sino como la totalidad de la situación en curso (Robine, 2008-a).

Para Carmen Vázquez, cada individuo surge en un campo social; por ejemplo, en términos de desarrollo, una experiencia de un bebé es una función del campo cuidador-bebé (Vázquez, 2010, p. 339). En este sentido, el individuo vive para sí y para el otro en forma de "latido" y, según el momento y las circunstancias, cambia la referencia figura/fondo: Yo, Tú, Nosotros (Vázquez, 2010, p. 338).

Puedo imaginar que el otro es un organismo y que dispone de un entorno; sin embargo, en mi experiencia, él es y sólo puede ser entorno, parte de mi entorno —insiste Robine— (Robine, 2008-a). La particularidad de la perspectiva de campo de la Terapia Gestalt está en considerar este como organismo/entorno, nunca como dos organismos. Un entorno que en ocasiones afecta mi integridad corporal con sus reacciones hasta ya no poder soportarlas, pero, con frecuencia, sin tener consciencia de que eso penetra el cuerpo e incluso puede aliviar o destruir (Delacroix, 2008, p. 144).

Para Robine, la Terapia Gestalt se distingue de la teoría general de los campos pues se limita a los movimientos de un organismo específico respecto a un entorno propio, y viceversa, en donde el significado de un simple hecho depende de su posición en el campo y simultáneamente las diferentes partes del campo están en interdependencia recíproca (Robine, 2005, pp. 172 y 175). Y, desde la teoría Gestalt, explica los cinco principios de la Teoría de Campo:

1. Principio de Organización: El organismo se encuentra establecido como principio organizador o elemento referente; el entorno es la otra parte del campo y en el campo está incluido también el organismo. Este principio organizador pertenece al campo que define y él mismo está sometido a las fuerzas de este campo.

2. Principio de Contemporaneidad: Es en el campo presente donde se ejercita la constelación de influencias que "explican" el comportamiento presente.

3. Principio de Singularidad: El campo de cada persona en situación, es único; los significados deben construirse de manera individualizada y las conclusiones por sacar no son idénticas.

4. Principio de Proceso cambiante: La experiencia es provisional, nada permanece siempre fijo, estático, de manera absoluta.

5. Principio de una posible relación pertinente (posible relevancia): Cada elemento del campo forma parte de la organización total y es potencialmente significativo (Cfr. Robine, 2005, pp. 170-174).

No podemos considerar el campo como una entidad por sí sola, como si pudiera existir independientemente de quien lo constituyera, pero decir que el campo es el campo de alguien no equivale a considerar que su campo es sólo su campo de consciencia.[8] De hecho, Lewin tuvo que admitir que el campo podría incluir elementos que estuvieran fuera de la psique de la persona. Es fácil darnos cuenta de que, en ocasiones, los efectos en el "campo vital" de numerosas personas permanecen largo tiempo completamente ignorados y no conscientes, lo cual no impide que eso forme parte de su campo. Por tanto, el campo de un sujeto dado no se limita a su campo de consciencia, sino que hay que extenderlo a su campo de experiencia: "El campo tiene que ser pensado como una experiencia" (Robine, 2008-a). En palabras de Carmen Vázquez: "la vida es un flujo de experiencia [...] no existimos si no existe otro al que influimos y que, recíprocamente nos influye" (Vázquez, 2010, p. 354).

La Psicoterapia en Perspectiva de Campo

En la práctica Gestalt se encuentra el paradigma individualista (e intrapsíquico), trabajando con lo que le pasa al otro, a una cierta "sana distancia", y el paradigma de campo, que nos invita a considerar el comportamiento y la experiencia humanos en un contexto mucho más amplio que el de sólo un encuentro dialogal: terapeuta-paciente (Woldt, 2007, p. 49). De manera que no solamente afecta la presencia del terapeuta al cliente y viceversa, sino que, en realidad, el espacio terapéutico es significativo por la forma, los objetos, los ruidos, la hora y el ambiente (Parlett, 1991). No es lo mismo hablar de lo que me sucede en un contexto que en otro.

Si bien el campo organismo-entorno del terapeuta es fondo en relación con el campo organismo-entorno del paciente (Schoch, 1996), lo que nos ocurre es una función de ambos juntos. Es una realidad co-creeada, en la que

---

8   Posiblemente nuestros autores, al mencionar la consciencia, se refieren a lo que Carmen Vázquez llama consciousness o consciencia reflexiva, como un quehacer eminentemente humano por el que hacemos explícito lo implícito para compartir con otro. Implica la capacidad de hacer introspección, reflexión (Apuntes personales 5).

terapeuta y paciente no son simplemente dos conjuntos de experiencias añadidas (Parlett, 1991), sino que puede resultar una situación de *acomodamiento creativo* (creador) del organismo en el entorno, o una aparente repetición de una experiencia precedente (Robine, 1998). Sea como sea, se trata de una co-construcción y es la primera vez que la construimos de esta manera, en este contexto. Por tanto, aunque para algunos se tratara de una repetición, tiene definitivamente la "novedad" de que acontece *entre* nosotros.

Como ya he plasmado, mientras que Malcom Parlett habla y fundamenta la posibilidad de un campo compartido, y tanto Carmen Vázquez como Jean-Marie Delacroix coinciden en este planteamiento, Robine mantiene la diferenciación establecida por los fundadores sobre el campo experiencial único para cada sujeto en contacto con el/lo otro. Dado que en el capítulo 4 abordaremos la psicoterapia desde el aporte propio de Robine, dedico en este momento unas líneas más abundantes a Parlett, cuyos artículos sobre el campo abonan significativamente en la reflexión. Por mi parte, mantengo como una posibilidad la pregunta: ¿En qué medida lo que Partlett menciona como "campo compartido" tiene que ver con la situación terapéutica co-creada que menciona Robine? No me interesa forzar la semejanza; por el contrario, me agrada mantener la pregunta sin apresurar respuesta alguna.

Como individuos (que) estamos [...] inevitablemente en relaciones y comunidades de un tipo u otro, experimentamos un doble proceso: tenemos efectos sobre nuestras relaciones y comunidades y somos también afectados por ellas. Ayudamos a crear u organizar la realidad mutua o el campo compartido y a su vez somos creados y organizados por él. La influencia recíproca de este tipo, como hemos visto, tiene importantes implicaciones para la práctica profesional. Si dos individuos se sientan calladamente mirando uno al otro, como pasa en muchas salas de espera del dentista, el espacio entre ellos va a permanecer indiferenciado y sin forma y habrá muy poca realidad compartida. Como mucho, el espacio se llenará con mezclas de proyecciones y adivinaciones, prejuicios sin comprobar y estereotipos no reconocidos. Si hay un poco de contacto visual, si hay intercambios de palabras o expresiones faciales hechas uno al otro, si se da un esbozo de comunicación y de conexión, el espacio entre ellos empieza a volverse vivo. Citando a Perls:

"cuando van de repente del Yo y Tú al Nosotros. Así hay un nuevo fenómeno en desarrollo, el Nosotros que es diferente del Yo y del Tú. El 'Nosotros' […] es una frontera siempre cambiante donde dos personas se encuentran. Y cuando nos encontramos ahí, entonces yo cambio y tú cambias, a través del proceso de encuentro mutuo". (Parlett, 1991)

Tocará entonces reconocer lo maravilloso cuando llega, hablarlo, apreciarlo y honrarlo. Sería esta una manera de aportar novedad en el campo y posiblemente volver a conectar con un aspecto del mundo de la infancia (Cfr. Delacroix, 2008, p. 129).

Coincido con Parlett en que la función más importante que podemos tener como terapeutas es estar plenamente presentes, es decir, estar "todo ahí", estar presente totalmente. Incluso si el cliente no está en contacto conmigo ni con su propio proceso, siempre será posible, al menos, permanecer con esa persona y con mis necesidades, sentimientos y pensamientos. Y, en coherencia con su planteamiento afirma: "Podría decirse que, simplemente por estar plenamente presente, ya estamos ayudando a conformar el campo mutuo de una forma más vital. Y estando 'plenamente presente' es, desde luego, otra forma de hablar de 'presencia'" (Parlett, 1991).[9]

En palabras de Delacroix:

Estamos en el paradigma de la subjetividad, de la intersubjetividad, de la búsqueda en conjunto, del co-pensamiento, de la co-creación; esto nos hace comprometernos en la relación y estar dispuestos a acoger lo que viene sin que se lo haya premeditado o previsto, para dejarse sorprender, despistar, aceptar perderse algunas veces, y a no comprender nada, estar en la divagación, para ir mejor hacia, mejor al encuentro de. (Delacroix, 2008, p. 424)

Esta intersubjetividad está construida por la influencia mutua, por co-influencia. Y la influencia puede ser un factor terapéutico según Staemmler, para quien, si no hay posibilidad de influir al otro de una manera o de otra, no se podrá concebir eficacia terapéutica alguna (Delacroix, 2008, p. 425).

---

9 Quizá se refiera aquí a la diferencia con sólo la presencia física.

Ciertamente, lo que decimos al paciente influye, de un modo u otro, en crear la atmósfera de la terapia (Apuntes personales 8) y a nosotros nos interesa el proceso en que el paciente afronta las diferencias en el campo (Margherita Spagnuolo-Lobb, en Vázquez, 2008, p. 17). Se "vive" en la realidad de la frontera de contacto entre un terapeuta interesado en el proceso espontáneo del paciente y un paciente interesado en *revelarse* al terapeuta en la relación.

De esta manera, cualquier sugerencia de que el terapeuta puede actuar más o menos como si él fuera un observador objetivo, "meramente" un intérprete de lo que está ocurriendo en la terapia, sin ser un participante completo, se vuelve muy sospechosa (Parlett, 1991).

> Para los terapeutas se deduce una idea especialmente provocativa de la noción de influencia recíproca, es decir, que el cambio en el cliente se puede conseguir por el cambio del terapeuta. Dado que es un campo co-creado, una función de lo que el terapeuta trae a él, así como de lo que el cliente trae, un cambio en la forma en la que el terapeuta actúa o siente hacia su cliente y se interrelaciona con él afectará al campo mutuo y tendrá consecuencias para el cliente. El alcance de lo que es posible a través de esta ruta es obviamente difícil de medir. (Parlett, 1991)

Como terapeutas, ayudamos a crear u organizar la realidad mutua o el campo compartido y, de nueva cuenta, somos creados y organizados por él. Esta influencia tiene implicaciones significativas para la práctica profesional y también para nosotros como personas (Vázquez, 2010, p. 354).

La relación es una creación del campo —en palabras de Delacroix— tal como la historia es la sucesión de esos momentos presentes con los sucesos que la constituyen (Delacroix, 2008, p. 435).

La co-creación de un vínculo mutuo conmueve profundamente y transforma, aunque haya que pasar por el conflicto y, no pocas veces, gracias a él (Delacroix, 2008, p. 425).

En una perspectiva INTER (relacional, subjetiva...), es decir, de campo, cuando el terapeuta nombra sus sensaciones, lo que revela no es sólo su experiencia; devela lo que está en el campo y pasa a través de él. Si volvemos a situarlo en la teoría de campo: todo lo que sucede tiene un sentido y llega justo cuando se necesita.

Hablamos entonces de la autorregulación organísmica —concepto fundamental en Terapia Gestalt— del paciente, del terapeuta y del proceso terapéutico (Apuntes personales 2).

> [...] la energía implicada en la formación de la figura proviene de los dos polos del campo: el organismo y el entorno,[10] cuando la figura es apagada, confusa, desprovista de gracia y de energía (una 'Gestalt débil'), podemos estar seguros de que hay falta de contacto, que algo del entorno no está siendo tenido en cuenta, que una necesidad orgánica vital no está siendo expresada. La persona no está "totalmente aquí", es decir, que la totalidad de su campo no puede prestar sus exigencias y recursos para completar la figura. (Robine, 2008)

De acuerdo con cada cultura, contexto o situación relacional, lo vivido "emocional" puede tomar distintas *formas*, si tomamos en cuenta que la emoción es una *forma* producida por el contacto y la situación, y no la producción propia de un sujeto dado.

La emoción, así enfocada, es un indicativo de la situación: es fenómeno de campo. La emoción brinda información sobre el *estado* del organismo (Robine, 2009) y de su entorno. Se trata de la restauración del vínculo[11] entre el organismo y el entorno de ese vínculo básico que reposa sobre esa atracción mutua que crea la emocionalidad en el campo, la emoción en la relación. Jean-Marie Delacroix añade, refiriéndose a la psicoterapia: "A través de este vínculo arcaico, en lo preverbal, se establece el fundamento de la certidumbre. La certidumbre de ser acogido, aceptado, de ser importante para el otro, reside primero en la función ello vinculada al otro. La certidumbre de ser" (Delacroix, 2008, p. 223).

> La continuación es diferente. La F. Ello ya no ocurre como antes, ni para usted ni para el otro. La continuación es el tiempo, el tiempo que pasa, que adquiere sentido, que construye un sentido. El sentido nace de este sobresalto común, se desprende de repente de su espacio compartido [...] que es mucho más amplio que la suma de sus dos espacios privados, y que conocemos como campo.

---

10 Véase también PHG II, 12, 3, 1.
11 Posiblemente Delacroix se refiere a un vínculo relacional consciente.

> Este sobresalto común que modifica la historia es una creación del campo. (Delacroix, 2004, p. 9)

De hecho, si decidimos cultivar la perspectiva de campo unificado, tenemos una mayor sensibilización a la red de interconexión y de interrelación, tomando en cuenta las diferenciaciones que ocurren dentro del campo (Parlett, 1997).

> La teoría de campo, solía enfatizar Lewin, es más que una teoría en el sentido convencional. Nos da una forma holística de considerar la experiencia humana. La perspectiva es crítica para nuestro proceso de convertirnos en profesionales competentes y sensibles… En su trabajo (los profesionales de la Gestalt) pueden recordar, una y otra vez, que lo que se están encontrando es […] la persona-en-la-situación, la familia-en-la-sociedad, (de lo contrario) problemas, síntomas, y todas las temáticas pueden ser consideradas demasiado fácilmente como si existieran aisladamente… Así, una cosa práctica que se puede hacer es, volverse, de forma selectiva, más sensible al campo, utilizando un rango de relevancias más amplio, en lugar de focalizarse exclusivamente en una parte o una configuración del campo. (Parlett, 1997)

FRONTERA-CONTACTO

Para Heidegger, la existencia no consiste solamente en estar en el mundo, sino en estar con otros, considerando que nunca es dado un sujeto sin mundo (Spagnuolo, 2002, p. 57).

Este aspecto es retomado por Lewin, quien, sin embargo, al referirse a la teoría de campo, nunca utiliza la palabra *frontera*, lo cual marca la gran diferencia entre esta teoría y la perspectiva de campo de la Gestalt (Cavaleri, 2002, p. 69). Ser-en-medio, ubicar lo que pasa *entre* el individuo y lo otro, pertenece por completo al concepto Gestalt de *frontera*. La experiencia es la función de esta frontera (PHG, 2006). Justo lo que se experimenta en la frontera (las relaciones vivas) da significado a lo que acontece en el campo (Cavaleri, 2002, p. 75). Y es precisamente en el contacto con lo otro, en la frontera, donde me doy cuenta de quién soy y qué (quién) no soy. Donde se da la diferencia de un Yo y un no-Yo (Robine, 2009).

El lugar de la experiencia

De acuerdo con Robine, decir "campo organismo/entorno" es resaltar que existe una articulación entre el organismo y su entorno, lo cual está indicado por la barra inclinada. En la Terapia Gestalt se forjó la palabra "frontera-contacto" para designar la experiencia (Robine, 2006, p. 254) y se refiere al lugar de esta experiencia entre los dos polos del campo. La *frontera-contacto* es "la sede del movimiento de diferenciación y de integración que animan el campo, y a la vez lo unifican en una totalidad y lo limitan al trazar sus contornos propios" (Robine, 2008-a).

Frontera-Contacto es, entonces, el "lugar" donde se desenvuelve toda forma de experiencia. Es la operación del contacto la que crea la frontera-contacto. Contactar y ser contactado son las acciones que se llevan a cabo en esta frontera, gracias a las cuales el campo se va a diferenciar en un Yo y en un no-Yo (Robine, 2012, p. 71). Por tanto, en cada instante creo el mundo y me creo, nunca soy el mismo. Cada persona se transforma incesantemente por el contacto. En realidad, nos gusta tener una percepción estable de nosotros mismos, pero la operación de frontera-contacto nos lleva a ver que todo es cambiable (Apuntes personales 8).

El "lugar" de surgimiento del fenómeno que asocia el elemento y su contexto es una frontera que limita y une a la vez. Robine pone "lugar" entre comillas porque, según las modalidades de la experiencia, este lugar puede no tener nada de espacial. La Terapia Gestalt llama "frontera-contacto" a este lugar-experiencia con dos caras: la Frontera-Contacto "no separa al organismo de su entorno; más bien, limita al organismo, lo contiene y protege y *al mismo tiempo* toca al entorno".[12] El paradigma de la frontera-contacto no es un paradigma del "entre", sino del "y", un paradigma del guión que a la vez une y diferencia las palabras "frontera" y "contacto" (Robine, 2005, pp. 176 y 234).

Entonces, la experiencia se desarrolla íntegramente a lo largo de la *línea de frontera* que separa al organismo de su entorno y, al mismo tiempo, lo une a él; por consiguiente, en la teoría de campo no hay un confín, sino muchos confines (Spagnuolo, 2002, p. 56). Aun cuando en Lewin no hay indicios de

---

[12] PHG, II, 1, 3.

ninguna referencia a la palabra *frontera* (Spagnuolo, 2002, p. 69), Delacroix lo cita al referirse a la piel como la superficie inmediata que separa el mundo exterior del mundo interior y, como tal, es sensible a las excitaciones del exterior y a los impulsos del interior (Delacroix, 2006, p. 27).

Llamamos contacto a todo movimiento entre un sujeto y su entorno, es decir, a todo movimiento del campo. Cómo el organismo contacta el entorno y cómo el entorno contacta el organismo. Por tanto, cómo contacta el organismo y cómo es contactado.

Cuando hablamos de contacto, debemos agregar dos precisiones:

- Contacto con qué (calle, reloj…)

- Qué modalidad (con la vista, sentidos, tacto, pensamiento…)

De hecho, siempre estoy en contacto con algo y siempre es cambiante. Además, puedo estar en contacto con alguien sin que esta persona esté en lo más mínimo en contacto conmigo (Robine, 2009). En el contacto siempre hay un componente motriz, uno sensorial, uno corporal y nos referimos a contacto psicológico cuando, a partir del contacto fisiológico, emerge una figura (Apuntes personales 9).

Es justamente la barra oblicua que une organismo y entorno lo que llamamos "frontera-contacto", lo cual es un espacio intermedio que, como todo espacio intermedio, no pertenece ni a uno ni a otro pero simultáneamente atañe a los dos, al organismo y al entorno, sin que ninguno pueda atribuirse el título de propiedad (Robine, 2008-a) y cada experiencia humana puede concebirse como "funcionamiento de la frontera entre organismo y entorno" (Spagnuolo, 2002, p. 68).

Es en este *entre*, este espacio-frontera, en el que se despliegan las operaciones de contacto: consciencia, respuesta motora, actos, sensaciones y emociones, pensamientos y diálogos (Robine, 2012, p. 177).

De tal forma, la frontera de contacto, considerada en su función concreta de "órgano" del darse cuenta, está estrechamente unida al aquí y ahora de la piel, de los órganos del sentido, de la interacción "concreta" entre el organismo y su entorno (Spagnuolo, 2002, p. 64).

En la Psicoterapia

Si afirmamos que la frontera-contacto es el órgano específico de la consciencia inmediata, entonces, la frontera-contacto, como experiencia, es el "lugar" fundamental en el que terapeuta y cliente se reúnen para trabajar (Robine, 2012, p. 80). El significado narrativo que le interesa al terapeuta Gestalt es el que se desarrolla en la frontera-contacto entre él y su cliente, lo cual —en palabras de Margherita Spagnuolo— es un acto creativo y activo, correalizado por la persona-terapeuta y la persona-paciente. Por consiguiente, el relato es un fenómeno de campo, en el que el otro al que se relata no es marginal sino que constituye un elemento determinante del mismo (Margherita Spagnuolo-Lobb en Vázquez, 2008, p. 13).

> Cuando hacemos Terapia Gestalt, ya sea teórica o prácticamente, nuestra atención va dirigida a la actividad de la frontera-contacto, al proceso-de-contacto entre un individuo y su entorno; y es lo que ocurre y cómo ocurre entre ambos, y las reacciones que experimentan ambos lo que observamos fenomenológicamente y lo que despierta nuestra curiosidad y nuestro interés, y es de esto de lo que podemos teorizar. (Vázquez, 2010, p. 245)

En palabras de Robine, "la frontera-contacto es, por decirlo así, el *órgano* de la toma de consciencia de la situación nueva"[13] (Robine, 2005, p. 65), la cual permite estar fluidamente aquí y ahora en la relación. Es, en otras palabras, la interacción terapeuta-paciente afectándose mutuamente con su ansiedad, realizando ajustes… danzando… (Apuntes personales 2).

Por su parte, Delacroix habla de la construcción del proceso relacional como aquel que se da a partir de todo el mundo relacional del paciente y del terapeuta; se trabaja en el espacio vibratorio común y a partir de este concepto de frontera-contacto (Delacroix, 2009). Delacroix cita a Marquelier para hacer hincapié en que la dificultad de la postura del Gestaltista es estar implicado en la relación y, al mismo tiempo, mantener la distancia terapéutica necesaria; es decir, estar plenamente allí, en el contacto con el cliente, sin perder el distanciamiento suficiente para preguntarse "qué sucede entre nosotros". Lo que se intercambia en la frontera-contacto es a un tiempo una

---

[13] PHG, III, 4.

relación actual y la reproducción de una situación antigua del cliente (transferencia) y del terapeuta (contratransferencia). Es, por tanto, una historia de intimidad, con su *continuum* de sucesos y emoción (Delacroix, 2008, p. 431).

Margherita Spagnuolo-Lobb coincide también en que la dimensión de *entre* pertenece por completo al concepto Gestalt de *frontera*. Para ella, ser-en-medio implica lo que pasa *entre* individuo y la comunidad (Spagnuolo, 2002, p. 60).

Vale la pena recuperar brevemente que Delacroix resalta también la importancia del cuerpo en el trabajo en la frontera[14] (Cfr. Apuntes personales 2) y se refiere al sueño como la traducción metafórica del suceso de frontera-contacto no consciado y guardado en el interior, o retenido cuando fue consciado (Delacroix, 2005, p. 19). El sueño, para él, es el evento de frontera-contacto que propulsa decírselo a alguien, para expresar la retroflexión y la angustia de fondo (Delacroix, 2005, p. 10).

EXPERIENCIA

La experiencia tiene que ver con el hecho mismo de experienciar, vivenciar. Sin embargo, con frecuencia se habla de experiencia como el resultado de la vivencia, esto es, lo que queda, la asimilación de la experiencia. En el lenguaje común se utilizan frases como: "es una persona de experiencia", cuando se trata de alguien con muchos años de edad; "tiene vasta experiencia en…", cuando alguien ha realizado muchas veces o por varios años alguna acción, o "te hablo desde mi experiencia", tratándose de alguien que ha vivido algo y ha aprendido de ello.

Entonces surge la pregunta ¿en qué medida la experiencia implica al mismo tiempo el hecho de estar viviendo algo, el proceso de asimilación y elaboración que se da en la persona —no necesariamente de manera consciente pero sí real— y la actualización, reelaboración y transformación de "esa" experiencia por medio de otras experiencias- vivencias? Llegamos a la terapia (psicoterapeuta y paciente) con las experiencias de vida que tenemos (PHG, 2006, p. 194), y ahí mismo acontece experiencia (Apuntes personales

---

[14] Varios de sus talleres incluyen o abordan con centralidad este aspecto y él mismo menciona la importancia que le da.

4) que afecta la experiencia anterior y que gradualmente se procesa, reelabora, modifica, enriquece, de diversas formas. Esta experiencia en cierto modo actualizada, es con la que llegamos a la siguiente vivencia-experiencia.

Laura Perls daba mucha importancia a echar mano de "cualquier experiencia de vida o habilidad profesional" que los terapeutas hubieran asimilado o integrado en su ser (Parlett, 1991), puesto que colocar ante el otro la propia vida afecta la profundidad —y riesgo— del encuentro. Si bien en otros enfoques psicológicos, e incluso en algunas aplicaciones de la Gestalt, se considera que el asunto del cliente es suyo y nada más, y que es preciso que el terapeuta esté consciente de que lo que ocurre en terapia no tiene que ver con él sino solamente con su cliente, eso es imposible. Más bien, parece cierto que "todo" afecta en terapia: si toco o no a mi cliente (Schoch, 1996), si digo o no algo y cómo lo hago.

En la frontera

Toda experiencia podría ser pensada como intrapsíquica, pero los fundadores de la Gestalt desubicaron la experiencia para decir que "la experiencia se da en la Frontera-Contacto entre el organismo y su entorno"[15] (Robine, 2009). En palabras de F. Perls: "Donde yo me encuentro con el otro está la frontera; está la consciencia inmediata; está la experiencia" (Vázquez, 2010, p. 179).

> El entorno no es un espacio circular cerrado, sino el lugar de. Es el econicho donde vive y se reproduce una sola especie, aunque parezca atestado por muchas otras especies. La experiencia es anterior a "Organismo" y "Entorno", que son abstracciones de la experiencia. No existe ninguna función de ningún organismo que no implique de manera esencial su entorno. Recíprocamente, el entorno real, el lugar, es el que es elegido, estructurado y apropiado por el organismo. (Paul Goodman, 1972. Extraído de Robine, 1997)

De acuerdo con Robine, en Gestalt es más importante el concepto de *experiencia* que el de *consciencia*, por lo que la pregunta oportuna en cada momento sería: "¿De qué estoy teniendo experiencia ahora?". Haciendo una pequeña comparación con el psicoanálisis, expresa que las palabras cons-

---

[15] PHG, p. 5.

ciente–inconsciente separan, en tanto que la experiencia no lo hace (Apuntes personales 8). La experiencia es, finalmente, contacto, funcionamiento de la frontera entre el organismo y su entorno. Por ende, cualquier función humana es una interacción en el campo organismo-entorno, sociocultural, animal y físico; y el contacto es la toma de consciencia del campo o la respuesta motriz en el campo. El contacto en acción sería el funcionamiento de la simple frontera del organismo[16] (Robine, 2005, p. 45).

Gadamer ha escrito: "Lo que se llama un 'hombre de experiencia' no es solamente el que se ha vuelto así gracias a las experiencias sino el que está abierto a las experiencias" (Robine, 2012, p. 205). También en este sentido, lo esencial del enfoque de la experiencia en los autores del PHG se centra en la experiencia actual, la que se está viviendo. Ellos citan con poca fuerza, la experiencia adquirida, la acumulada e integrada (Robine, 2012, p. 202), lo cual implica que "no existe un sentimiento de uno mismo o de otras cosas fuera de la propia experiencia que tenemos de la situación" (PHG, 2006, p. 194).

Experienciar implica el/lo otro

Considerando la hipótesis lewiniana de que el campo es un proceso en constante cambio, la experiencia en sí, que siempre es experiencia en la frontera-contacto, sólo puede estar en constante cambio (Robine, 2008-a). De hecho, el terapeuta Gestalt, como bien lo expresara Laura Perls, se interesa más por la Gestaltung que por la Gestalt, ya que la palabra Gestaltung está íntimamente relacionada con el concepto de una cierta movilidad (Robine, 2008).

Según Robine, es la vida misma la que superpone espontáneamente nuestra experiencia del espacio con nuestra experiencia de campo (Robine, 2008-a), aquí tiene lugar una emergencia progresiva de sentido que muestra más de *creación* que de *descubrimiento* de alguna verdad preexistente (Robine, 2012, p. 208). En palabras de nuestros autores: "El presente es la experiencia de los detalles que se pueden disolver en múltiples posibilidades significativas, y el replanteamiento de estas posibilidades hasta llegar a un nuevo detalle concreto y específico" (PHG, 2006, p. 104). He aquí dos aspectos significativos de la experiencia: la implicación de el/lo otro y la multiplicidad

---

[16] PHG, II, I, 3-4.

de posibilidades de la experiencia en curso. En cuanto a lo primero, Mead escribía: "Ninguna frontera definitiva se puede trazar entre nuestro self y el de los otros, porque nuestro self no existe ni entra como tal en nuestra experiencia salvo en la medida en la que el self de los otros existe y entra como tal en nuestra experiencia" (Robine, 2012, p. 194). Y en cuanto a lo segundo, nuestro texto fundador explica: "Una experiencia sana de las más comunes, sin embargo, es la siguiente: se está en estado de relajación y hay muchos intereses posibles, todos aceptados y todos ligeramente vagos. El self es una 'gestalt débil'. Entonces, un interés se hace dominante, y las fuerzas se movilizan espontáneamente, algunas imágenes se intensifican y las respuestas motoras se inician" (PHG, 2006, p. 196).

Como ya se ha expresado, hablar de experiencia implica hablar de contacto, el cual fue definido por Perls y Goodman como "la realidad primera, la más simple". El contacto tiene propiedades observables, propiedades que nos llegan por nuestros sentidos. Por consiguiente, no son criterios clínicos, sociales o culturales los que sirven de referencia al contacto, sino la experiencia directa, sensible (Robine, 2008). "Los conceptos de Cuerpo, Mente, Mundo, Voluntad, Ideas… son datos que se dan en una experiencia inmediata de un cierto tipo y que pueden perder su carácter de urgencia y su peso de evidencia sólo si las condiciones de esta experiencia cambian" (PHG, 2006, p. 53).

No es posible entonces inmovilizar la experiencia en una forma definitiva, ya que toda nuestra teoría converge en una estética de lo efímero. Podemos afirmar que la Terapia Gestalt incita a una dinámica de lo provisional (Robine, 2008).

Cuando ponemos la atención en el sí mismo implicado en la experiencia, nos volvemos conscientes de las manifestaciones corporales y de las propiocepciones hasta entonces no-conscientes (Delacroix, 2008, p. 213). El sí mismo es espontáneo, de modalidad media y lo espontáneo es a la vez activo y pasivo, a la vez voluntad y sumisión; es de vía media y es, por tanto, una imparcialidad creadora. El movimiento muscular es de predominio activo y la percepción de predominio pasivo, pero el movimiento y la percepción también pueden ser igualmente espontáneos y de vía media, como sucede en la danza o en la percepción estética.

Experiencia en psicoterapia

La centralidad de la experiencia en la Terapia Gestalt la encontramos referida de múltiples maneras en el texto fundador. Según Goodman: "Las diferentes escuelas de psicoterapia atraen diferentes estilos de pacientes (¡y de terapeutas!) que aportan la verificación empírica de sus teorías y nutren la base de otras hipótesis de la misma orientación…(ya que) en cada escuela hay una cierta coherencia entre la tendencia, el tipo de pacientes, el método y la teoría" (PHG, 2006, p. 71).

Por ejemplo, Laura Perls utiliza el trabajo con el cuerpo y el tocar, para desarrollar en sus pacientes el sistema de apoyo, teniendo en cuenta su propia experiencia y su recorrido (Schoch, 1996). Por eso, aunque a veces entusiasme y en ocasiones resulte incómodo, no es de sorprender que el "permiso" otorgado a los teóricos y terapeutas Gestalt para buscar su propio camino haya dado como resultado una gran diversidad de enfoques teóricos (Woldt y Toman, 2007, p. 41).

Adentrémonos en el encuentro terapéutico. Con frecuencia, cuando el cliente llega por primera vez, expresa relaciones problemáticas peculiares por el sentimiento de desconexión, de "no ser uno mismo", que trae como dato en la experiencia misma del cuerpo y del mundo (Cfr. PHG, 2006, p. 43). Además, la noción de "mente" como entidad única aislada *sui generis* es, en un sentido, una ilusión inevitable, *empíricamente dada en la experiencia promedio* (PHG, 2006, p. 50). Así, requerimos trabajar con la experiencia puesto que si los "daños" se dan en la experiencia, parece obvio que sea en la experiencia donde se "sanen". En palabras de PHG: "La *única* solución a un problema humano es un descubrimiento experiencial" (PHG, 2006, p. 13).

Precisamos partir de una premisa, la unidad de la experiencia humana, donde los diferentes niveles de la experiencia —esfera intelectual, emocional, corporal, psicológica, etcétera— están unificados en sus procesos; por ejemplo, si desarrollo un cáncer, puedo estar siendo "cancerígeno" en todos los aspectos de mi experiencia (Apuntes personales 7). Recordemos que Paul Goodman escribió que: "el hecho de que la Gestalt posea propiedades psicológicas específicas observables es de una importancia capital en psicoterapia, porque es lo que nos da un criterio autónomo de la profundidad y realidad de la experiencia" (Robine, 2008).

Sabemos que en la situación terapéutica la implicación del terapeuta supone su propio crecimiento dentro de la situación, arriesgando sus presuposiciones (PHG, 2006, p. 78). Como psicoterapeutas, la mayoría de las veces nos limitamos a lo que cada uno puede en términos de la propia experiencia (PHG, 2006, p. 465). "Dentro de los límites de su habilidad (el terapeuta) siente la experiencia del sujeto a través de su propia experiencia. También *él* es un ser humano que está viviendo una vida" (PHG, 2006, p. 333).

Goodman y Perls nos recuerdan que Freud insistió en el hecho de que no son los médicos, sino —con una colaboración médica— los hombres de letras, los profesores, los abogados, los trabajadores sociales, quienes llegan a ser los mejores terapeutas, ya que comprenden la naturaleza humana, pues están en contacto con las ideas y con la gente (PHG, 2006, p. 107). Por eso, cuando decimos que el terapeuta Gestalt ha de estar "comprometido en la situación", afirmamos que no existe un sentimiento de uno mismo o de otras cosas fuera de la propia experiencia que tenemos de la situación (PHG, 2006, p. 194). En otras palabras, en Terapia Gestalt la palabra experiencia incluye lo que pasa para mí en el momento. Este es un sentido fenomenológico de la experiencia (Delacroix, 2008).

Para Goodman, la "integración viva" de la experiencia era el corazón del ideal de la salud (PHG, 2006, p. 590). Por eso, cuando hablamos del criterio de salud mental propuesto en Terapia Gestalt, nos referimos a una consciencia viva, una figura brillante que surge espontáneamente del campo de la experiencia (PHG, 2006, p. 589).

Personalmente, me parece muy fuerte la expresión de Delacroix cuando menciona que el objetivo de la psicoterapia Gestalt es restaurar la experiencia en su globalidad; lo que él llama "campo libre", que implica que el campo interno está libre, vacante, vaciado de lo superfluo. De esta manera, únicamente la experiencia va a marcar al organismo, modificando las representaciones, y de este modo la función ego encontrará su capacidad para elegir (Delacroix, 1991).

En la Terapia Gestalt lo que intentamos alcanzar, gracias al proceso terapéutico, es la experiencia del sujeto (Robine, 1998), pero elaborar una práctica fundada en la experiencia no es precisamente tranquilizador, ya que la experiencia es, según la expresión de Tatossian, "una conquista que ha de renovarse siempre", pues, si bien representa el punto de partida, es también una búsqueda práctica y punto de llegada. Robine comenta que durante un tiempo pensó que la Terapia Gestalt tenía como finalidad la reconstrucción de sentido, y que esto implicaba, por tanto, la deconstrucción porque el sentido es uno de los aspectos de la experiencia. Sin embargo, ahora sabe que el paciente debe poder regresar a la experiencia, y cada vez que se vuelve a ella, descubrir nuevas cosas y nuevos sentidos. Por ejemplo, cada vez que volvemos a la experiencia infantil, le damos un nuevo sentido (Apuntes personales 8).

El componente estético de la Terapia Gestalt postula el origen de la experiencia en el dominio de los sentidos: sentimientos, sensaciones, percepciones. Aquí, lo que se vuelve fundamental es la intencionalidad que estará en el origen de estas formas efímeras de la experiencia. La terapia podrá así volver a ser, según su proyecto inicial, "Terapia Gestalt", es decir, terapia de las formas dadas a la experiencia (Robine, 2008).

TEMPORALIDAD

La experiencia se vive en una temporalidad, con una duración. Pinol Douriez dice que "la experiencia es la historia del sujeto, conservada por *él*, representada gracias a diversos sistemas de intervención y disponible para nuevos compromisos" (Robine, 1998). Por ello, hacer énfasis en el aquí y ahora negando cualquier ligera referencia al pasado es una mala interpretación de la Terapia Gestalt. No puedo estar en el aquí y ahora sino con todo lo que estoy siendo, lo que he sido, con todo lo experienciado continuamente afectado, reelaborado. Si acudimos a la posición fenomenológica, esta nos exige la referencia paradigmática a la *experiencia* como sucesión de situaciones y no podemos negar que cada situación procede de una anterior (Robine, 2009). Por tanto, en el presente de la experiencia se encuentran la historicidad de la persona y su génesis personal e interactiva. El aquí y ahora es una experiencia completa que mira al organismo en su totalidad también desde el conjunto de su tiempo. La historia y el futuro se depositan en el instante presente y por eso es importante la focalización del terapeuta —y no necesariamente del paciente— hacia el momento presente sin tener que acudir a una indagación de tiempos pasados.

Piaget cuestionaba que las etapas iniciales determinen todo lo que vendría. Parece más bien que el pasado construye el presente, pero el presente influye en nuestras interpretaciones del pasado, de modo que siempre se interpreta en función de la situación (Perrés, 2010). Si, de acuerdo con la temporalidad en Gestalt propuesta por Goodman, somos y estamos siendo de 3, 10, 15, 20, 30, 40... años simultáneamente, la experiencia descrita por nuestros teóricos está siendo hoy, como base de la experiencia actual, la asimilación consciente y (quizá, más aún, no consciente) de la vivencia de otro tiempo.

Seres temporales

Carmen Vázquez afirma categóricamente que, por encima de cualquier otra definición, somos seres temporales. El rasgo primario del humano se funda en su "temporalidad" (Vázquez, 2010, p. 201). Estamos inequívocamente inscritos en el tiempo y, apenas nacemos, vivir es un camino hacia la muerte (Vázquez, 2010, p. 366).

Sin embargo, Robine (Apuntes personales 9) nos recuerda que la espacialización de la experiencia ha tomado más espacio que la temporalidad. Y así solemos decir que "hacemos trabajo profundo", nos referimos al pasado como un atrás y al futuro como algo que está adelante; si nombramos la autoridad, nos imaginamos a alguien arriba y si mencionamos a los subordinados los ubicamos abajo, y así es como generalmente teorizamos como lugares de la experiencia.

Pero la Gestalt pone énfasis en la importancia de la temporalidad. Si queremos teorizar tomando como referencia el tiempo, podemos decir que la Función Ello, es *un* momento de la experiencia, la Función Personalidad es otro momento de la experiencia y la Función Ego es otro momento de la experiencia.

Sucede que todo lo que es material y espacial nos aporta una sensación de seguridad y, cuando caemos en cuenta de que somos seres temporales y que todo lo que existe está sujeto a la temporalidad, podemos llenarnos de vértigo (Vázquez, 2010, p. 97). Sabiéndonos seres finitos y temporales, y no sabiendo cómo resolverlo encontrando la inmortalidad, hemos intentado salvar nuestra angustia buscando formas materiales de llenar ese "espacio" entre el cielo y la tierra, creando continuamente modos de perdurar por medio del arte, la religión u otras formas (Vázquez, 2010, p. 367). Aun así, si aceptamos que los seres humanos estamos más enmarcados en el tiempo que en un espacio concreto, recuperamos la libertad de construir la propia existencia y la vida.

Fueron justamente los fundadores de la Terapia Gestalt quienes introdujeron el concepto de temporalidad de manera más potente de lo que se hiciera antes de ellos (Apuntes personales 9), dándole un lugar esencial en la aproximación a la experiencia (Robine, 2009). En la actualidad, los científicos dicen que toda nuestra historia está inscrita en nosotros, en nuestro cuerpo, en nuestras células, en el ADN (Delacroix, 2008, p. 104). De hecho, toda relación se inscribe y se despliega en un proceso temporal; uno habla y el otro escucha, interactuando en ocasiones (Delacroix, 2008, p. 426).

> El chronos [...] tiempo objetivamente medido [...] de los relojes [...] kairós tiempo medido subjetivamente, el tiempo de nuestra experiencia, el tiempo co-creado junto con nuestro entorno [...] como seres vivos, respondemos inevitablemente a cuanto ocurre a nuestro alrededor, y entrelazamos con el entorno un presente único, espontáneo e imprevisible [...] El kairós es el momento adecuado en el que sucede algo, pero la oportunidad no se vislumbra por anticipado, simplemente ocurre, tiene lugar. Cada cosa ocurre en su momento y lugar [...] bailamos constantemente multitud de bailes con multitud de seres vivos co-creando la realidad a la que conocemos con el nombre de "experiencia". Y es esta experiencia improvisadamente co-creeada la que nos da la sensación de tener un pasado y una historia personal inscrita en ese pasado. (Vázquez, 2010, pp. 97 y 98)

El punto de partida de la terapia es articular el presente con el pasado, para lo cual, "Aquí y Ahora" describe la postura del terapeuta. Es el terapeuta a quien toca arraigarse en el aquí y ahora para articularlo con el contenido que trae el paciente, para entender mejor lo que está pasando entre ambos. Es importante también recordar que los momentos que podemos considerar como fecundos en la terapia son un momento y un contexto temporal (Apuntes personales 9).

Temporalidad y experiencia

La Terapia Gestalt hace hincapié en la dimensión temporal de la experiencia con el concepto de *ahora*, y también, y sobre todo, con el concepto de *secuencia* o de *proceso*. Con el *ahora*, es también la experiencia de "al mismo tiempo que…" la que cobra importancia, en la superposición de las líneas del tiempo vivido, a decir de San Agustín 16 siglos atrás: "Hay tres tiempos: el presente del pasado, el presente del presente y el presente del futuro" (Robine, 2009).

Es justo a este presente con toda su densidad al que se refiere la Terapia Gestalt, pues sostenemos que en el presente está disponible la historia de nuestra vida, nuestro pasado (Vázquez, 2010, p. 110), y sabemos que los recuerdos y las anticipaciones son la imaginación en el presente, ya que acordarse y anticipar son actos que tienen lugar en el presente (Vázquez, 2010, p. 121).

Lo único que existe es el presente conteniendo el pasado y el futuro. Al analizar los esquemas relacionales que tengo ahora, puedo comprender lo que pesó en mi historia y cómo, en cierta forma, transfiero en situaciones actuales algo de lo que pasaba en mi entorno infantil (Apuntes personales 10).

Una de las mayores contribuciones de los fundadores de la Terapia Gestalt, ha consistido en dar un lugar privilegiado a la temporalidad junto a la espacialidad. La temporalidad, será «el aquí y ahora» ("Lo que existe, existe aquí y ahora. El pasado existe en este momento como recuerdo, nostalgia, pesar, resentimiento, fantasía, leyenda, historia o cualquier otra cosa. El futuro existe ahora como anticipación, planificación, repetición, espera, esperanza, o como amenaza y desesperación"). En otras palabras, la temporalidad es la secuencia de construcción-destrucción de las gestalts, es la gestaltung, formación de formas, es la dinámica figura-fondo, es la frontera contacto cambiante sin cesar, son las emociones, lo efímero por excelencia, son las modalidades de interrupción de la construcción de la figura, la referencia a la experiencia de campo, a la situación, etc. (Robine, 2008)

Justamente es esta apreciación de la *temporalidad* de la experiencia la que genera problemas en lo que se refiere al diagnóstico de la psicopatología, el cual tiende a fijar la experiencia (Apuntes personales 7).

Una psicoterapia temporal

Si, como dice Jean-Marie Delacroix, debemos entender el término cura en el sentido de transformación, dicha transformación afecta al terapeuta y a quien acude a él. El terapeuta es para el paciente la ocasión de resurgimiento de elementos de su historia pasada, resurgimiento que afecta al terapeuta, en quien la función Ello reaccionará en el nivel de su afecto y a veces hasta en elementos de su propia historia; elementos que se da por hecho que conoce al haberlos trabajado en su propia terapia, pero en ocasiones también elementos de los cuales aún no es consciente y que deberá observar en supervisión o en un nuevo periodo de terapia personal (Delacroix, 2008, p. 430).

> Por el afecto de uno, que despierta el del otro, uno se hunde a veces como en una especie de regresión común o de universo común y paradójico porque inscrito en la temporalidad inmediata y al mismo tiempo fuera de la temporalidad; como si el terapeuta se tornara momentáneamente el paciente que sufre a partir de su dolor propio y prestara así compañía allí donde duele la función ello, en lo más íntimo de ese dolor y en un contexto vivido como seguro. (Delacroix, 2008, p. 426)

La construcción del proceso relacional se hace en la temporalidad, marcada esta por lo que sucede entre el paciente y el terapeuta (Apuntes personales 1).

Con mucha frecuencia los terapeutas olvidamos que trabajamos en el presente, con el aquí y ahora fenomenológico, y que en este presente están inscritas nuestras experiencias pasadas en su totalidad (Vázquez, 2008, p. 173). Para la Terapia Gestalt todo está en el presente, el cual es resultado de nuestras experiencias, y en él está toda nuestra historia; por tanto, si, por ejemplo, no hemos construido una buena autoestima en el pasado, esto ciertamente se reflejará en el presente y también podemos hacer algo en el aquí-y-ahora para construirla (Vázquez, 2008, p. 342).

En la atención a nuestros pacientes, no es que nos interese su pasado, pero sí, ver qué de su pasado está hoy. Lo que recordamos del pasado es la narración del pasado, no la realidad del pasado (Apuntes personales 3). Y, cuando hablamos de temporalidad, también nos referimos al futuro y en Terapia Gestalt nos referimos al futuro inmediato, a ese "*next*", a lo inmediatamente siguiente en el tiempo (Vázquez, 2010, p. 110).

Por otra parte, también nos toca mirar los síntomas como una creación del organismo vinculado al entorno, percibirlos en cuanto acontecimiento de frontera de contacto y, por ende, como un momento en la temporalidad del proceso de contacto (Delacroix, 2006, p. 17).

Ahora, con estos conceptos de fondo, es momento de dar la palabra a la experiencia, la teoría y la práctica de cada uno de mis entrevistados.

2. JEAN-MARIE DELACROIX

VIVIR CON OTRO EN MÍ

EXPERIENCIA INICIAL CON JEAN-MARIE

Mi primer encuentro personal con Jean-Marie ocurrió durante el fin de semana del 13 al 15 de marzo de 2009, durante el taller *Paciente-terapeuta: la co-construcción de una relación que cura*, que impartió en la sede central del Instituto Humanista de Psicoterapia Gestalt. Antes de este encuentro había leído algunos de sus artículos en diferentes cursos, comentando o discutiendo sus aportes.

El taller fue una experiencia importante para mí. Me llamó la atención su mirada, su sencillez, su presencia y su acogida. Disfruté la manera representativa como nos mostró diferentes aspectos de la relación terapeuta-paciente y la forma como continuamente nos llevaba —según yo— más a la experiencia que a la teoría. Este aspecto resultó agradable para mí, aunque no para los demás participantes.

Al hablar de esta percepción con Jean-Marie, me dijo que ese es su estilo, su manera pedagógica de trabajar los conceptos gestálticos. Considera que, al hacerlo así, se ubica en la filosofía de la Terapia Gestalt, que es una terapia de la experiencia y de la experimentación. Por tanto, es su forma de ser congruente con la teoría (Entrevista 2).

En este sentido, vi a Jean-Marie *ponerse completamente en la relación*; lo percibí auténtico, profundamente sencillo, dando-se y recibiendo… completamente vulnerable y sólido… permitiendo-provocando que la *tercera historia* aconteciera. Lo disfruté mucho y sentí que atestiguaba algo grande que no comprendía del todo. Sentí deseos de aprender de él, de lo que le vi hacer. Quería verlo *en acción*, aplicando lo que nos propuso en los ejercicios, e insistí en que realizara el modelaje prometido.

Durante el trabajo en grupos, escuché la inconformidad de algunas personas por la falta de más teorización… o por el ritmo del taller, que les parecía lento. Mi experiencia era diferente, me sentía involucrada con lo que iba sucediendo… tenía que ver conmigo. Lo sabía por la tranquilidad que experimentaba al terminar cada día, aun cuando estuviera muy cansada. Descansé bien cada noche y tuve sueños placenteros… relajados. Muy pronto, después del taller, me di cuenta de que la actitud terapéutica de Jean-Marie requiere mucho trabajo personal.

Al respecto, Jean-Marie considera que la comprensión que podemos tener de una teoría, así como "la elaboración que de ella hacemos y el desarrollo y expansión que le damos no sólo se apoya en el intelecto y el pensamiento. También se apoya, y quizá mucho, en el afecto, en nuestra historia personal, en nuestros orígenes y en el tejido que se produce entre nuestra historia personal y nuestro descubrimiento de esa teoría y de su práctica" (Delacroix, 2008, p. 29).

En esa ocasión, dos cosas resonaron de manera especial en mi corazón, en mi mente y en mi cuerpo: la *presencia* de Jean-Marie que parecía revelarme que la gente más grande del mundo es también la más sencilla; y la frase que usaba cada vez que se expresaba algún desacuerdo o diferencia con lo que él decía o hacía: "Dices esto y así está bien para mí". Sentí el deseo de poder llegar a decir un día, cada vez que no encuentre en mi entorno la respuesta que deseo: "Sucede esto y así está bien para mí".

Tuve esta experiencia justo apenas iniciada la maestría y fue a partir del taller con Jean-Marie que, al elegir el tema de investigación, pensé en la importancia de realizar entrevistas a teóricos actuales de Gestalt para ubicar la relación entre su teoría, su práctica y su experiencia vital. Tiempo después me percaté de cuán acertada fue mi intuición, pues descubrí que para Jean-

Marie el concepto de experimentación en la Terapia Gestalt es fundamental, ya que implica la articulación entre una teoría y una práctica, así como el vínculo o la ausencia de relación entre lo que se dice en las sesudas reuniones de teóricos y docentes y lo que se practica en la intimidad del consultorio del terapeuta o en las sesiones grupales (Delacroix, 1990).

Pensar y hacer. Le escribí y le hice la petición que conscientemente sabía que era muy pretenciosa. Le expresé *grosso modo* mis inquietudes sobre la tesis y su respuesta fue inmediata: una total disponibilidad. Me comunicó que su siguiente viaje a México sería en octubre y que reservaría un tiempo para trabajar conmigo. Me sorprendió mi atrevimiento y más aún su generosa respuesta.

Así es como inicié este capítulo en el que todas las fuentes son de la autoría de Jean-Marie Delacroix, así como dos entrevistas que me concedió para hablar sobre aspectos que me han parecido significativos —por mi historia y situación presente— y que son recurrentes en sus diferentes artículos y especialmente en su libro *Encuentro con la Psicoterapia* (Delacroix, 2008),[17] en el que expresa que su objetivo es darse "el tiempo para contemplar y reconocer lo que soy, darme el tiempo para ser lo que soy como ser humano y como terapeuta gestáltico, darme el tiempo para mirar aquello en lo que me he convertido durante… treinta años y aquello en que me estoy convirtiendo hoy… así como el deseo de transmitir una experiencia" (Delacroix, 2008, p. 24).

En este libro se refleja el entrelazamiento de varias historias: una historia personal, una historia profesional con la Terapia Gestalt, y una historia con distintos planteamientos y corrientes de pensamiento (Delacroix, 2008, p. 31). Por ello me parece una fuente privilegiada.

LA INFANCIA, PERSPECTIVA DE CAMPO Y SER EN GRUPO

Durante el taller *La Respuesta Corporal del Terapeuta y su Influencia en la Relación* (Apuntes personales 2), Jean-Marie hizo referencia a la escuela de Palo Alto, comentando que algunos de sus miembros se interesaron en la

---

[17] Título original en francés: *La Troisième Histoire. Patient-psychothérapeute: Fonds et formes du Processus Relationnet.*

"interacción precoz" y filmaron a niños para estudiar la forma como interactuaban. Estas observaciones mostraron que desde el principio de la vida del bebé este ya tiene reacciones de diferenciación; por consiguiente, no es totalmente pasivo, sino que, desde esa *simbiosis* con su mamá, es capaz de mandar señales que muestran reacciones. En un sentido semejante, Daniel Stern, con su libro *El mundo subjetivo del bebé*, perturbó la visión de muchos psicólogos y psicoanalistas.

Delacroix, refiriéndose al capítulo VI del Volumen II de *Terapia Gestalt*, titulado "Antropología de la neurosis", afirma que siempre le ha incomodado y hecho reflexionar, además de parecerle un misterio (Delacroix, 2008, p. 233). En él se hace referencia a los "poderes perdidos" de la infancia. Según los autores, lo que se ha perdido son las funciones animales, es decir, la capacidad de experimentar (Delacroix, 2008, p. 99). De ahí que el neurótico sería aquel que ha perdido su capacidad de ser en la experiencia inmediata (Delacroix, 2008, p. 100).

Ciertamente el ser humano pierde su animalidad a medida que evoluciona, así como su capacidad de sentir y orientarse en el espacio y en la vida a partir de su instinto. PHG (2006) asocia esto con el "mundo perdido de la infancia". Sin embargo, también es verdad que, en el curso de la evolución, hace adquisiciones notables, entre ellas las que se dan en el plano del sentimiento y del vínculo con el otro, las cuales incluyen la experiencia de desamparo y la angustia ante la muerte. Esa evolución promueve el despliegue de una gran expansión (Delacroix, 2008, p. 234).

Un aspecto importante en la construcción de la persona es la espontaneidad, considerada como la sensación de vivir, de actuar. El organismo-entorno presente no es ni su artesano ni su obra. La espontaneidad crece con y en él. Esencialmente no comprometida, se le halla y se le inventa en el curso de las situaciones en las cuales se está comprometido y las cuales se han aceptado (Delacroix, 2008, p. 118-119).

Para Jean-Marie es preciso tomar en cuenta que la evolución y el crecimiento del ser humano no pueden darse sin referencia al otro, a su mirada y a su presencia. Y, como si hablara de su propia experiencia, añade: "sin referencia a la mirada envolvente y cálida de la madre sobre el niño pequeño" (Delacroix, 2008, p. 273). Sin embargo, la infancia trae consigo también humillaciones que a lo largo de la vida continúan alimentando viejas heridas. Y, a veces, parece necesario agarrarse al sufrimiento y al desconsuelo para encontrar el sentido de la existencia y darle sentido a la vida (Delacroix, 1991).

A lo largo de su vida Jean-Marie, y muchos más, hemos aprendido que para sobrevivir y crecer no se puede ignorar al otro, y que ese paso por el otro puede ser una fuente de dolor (Delacroix, 2008, p. 310). Hemos comprobado que la verdadera confrontación consiste en encontrar al otro a partir de un espacio interior de sombra o de dolor, y en empezar con él una búsqueda de ajuste creativo antes que la expresión narcisista o egotista de una emocionalidad superficial, que a veces se traduce en una catarsis espectacular (Delacroix, 2008, p. 316).

Por último, llega el momento en que nos damos cuenta de que es preciso perdonarse uno mismo por ser así y seguirlo siendo. Perdonar al papá, a la mamá y a los demás por no haber sido lo suficientemente buenos y por haber contribuido con ello a lastimar nuestra existencia (Delacroix, 1991). Ir realizando este proceso nos lleva también a una ruptura de confluencia, lo cual es violencia. Esta ruptura nos arrastra hacia la diferenciación y hacia las crisis inevitables pero también indispensables, puesto que movilizan y vuelven a movilizar la fuerza en acción–violencia (Delacroix, 2008, p. 234).

El proceso terapéutico —según Jean-Marie— es una ocasión para que el terapeuta continúe actualizando lo que recuperó de su propia historia: "Puedo estar aquí contigo, puedo ser tu terapeuta a partir de mi sistema neurótico o puedo ser terapeuta a partir de una nueva forma con lo que recuperé y reelaboré de mi infancia" (Entrevista 2).

En su propia vida, Jean-Marie ha comprobado que la experiencia de vida personal es una fuente de riqueza. En la vida de las personas hay cosas que nos influencian: "Yo estoy influenciado por la historia de la familia, estoy influenciado por la escuela, por el tiempo y el lugar donde estudié, por la Universidad. Y en cada situación aprendí muchas cosas pero, sobre todo, se construyó mi personalidad y mi madurez" (Entrevista 1).

Un aspecto que valora mucho Delacroix es el trabajo con grupos de terapia, un espacio que le resulta cómodo. Hace muchos, muchos años que le gusta el grupo, y que practica esta forma de terapia. Él tiene una teoría: considera que ser terapeuta comienza tiempo atrás:

> Si somos terapeutas, es que ya fuimos los terapeutas de nuestra familia, de una persona u otra persona de la familia. Mi trabajo con el grupo y mi interés en el grupo, quizá me viene de mi historia familiar y de mi función en el sistema familiar. Fuimos cinco niños y dos niñas, siete personas, con dos padres. En esa época, yo formaba parte de una familia de campo normal. Pienso que el sentido del grupo proviene de este momento. (Entrevista 1)

> Es la idea de diferentes terapeutas psicoanalistas que escribieron sobre eso, que hace muchos años que somos terapeutas y comenzamos de manera no consciente en la familia (Entrevista 2).

Cuando trabajamos en grupo podemos encontrar situaciones de profunda ansiedad, ya que preferimos lo familiar-conocido, aunque sea conflictivo pero conocido, en vez de lo extraño o lo desconocido, que nos resulta intolerable. Podemos llegar a experimentar miedo, sobre todo a que la consciencia de lo experimentado ante el otro nos revele más de lo que quisiéramos conocer y desvelar de nosotros mismos. En ese momento se vuelve posible la terrible iniciativa de ir hacia el otro con toda consciencia (Delacroix, 2008, p. 311). Entonces, cuando:

> [...] las Gestalts inacabadas y fijadas son puestas en evidencia, y el mecanismo que las mantenía se recrea en el aquí y ahora en la interacción con el terapeuta y/o los compañeros terapéuticos..., una ola de energía es liberada suscitando el final real o simbólico de lo inacabado y afirmando el fracaso de un proceso repetitivo que se había convertido en una segunda naturaleza. (Delacroix, 1991)

Tal vez, más que hablar de psicoterapia de grupo, sería preferible hablar de psicoterapia en situación grupal (Delacroix, 2008, p. 325).

El objetivo de cada forma de terapia es ayudar al paciente a encontrar o reencontrar su potencial personal y cada forma de terapia sabe ayudar al paciente a recuperar lo que perdió durante su vida a través de diferentes eventos (Entrevista 2).

Me resulta sencillo y alentador imaginar a Jean-Marie como terapeuta y más aún como paciente al referirse a que en este proceso podemos ubicar una forma de *violencia terapéutica*. Lo que nos violenta es darnos cuenta de que algunos aspectos de nuestro documento de identidad han caducado y que nos importa separarnos de ellos para continuar nuestra evolución como seres humanos capaces de recrear nuestras relaciones a fin de que sean más sanas y nutricias. Nos violenta que haya una ruptura anunciada (Delacroix, 2008, p. 243). Requerimos caer en el vacío, relativizar la creencia de pensar que el otro ha influido demasiado en nuestro destino (Delacroix, 1991). Entonces encontramos que hay que llevar un duelo, a veces una serie de duelos. Es difícil poner distancia, soltar algo que nos ha sido útil y sobre lo cual nos hemos sostenido durante bastantes años de nuestra vida. Lo vivimos como violencia porque este duelo necesita que nos distanciemos del pasado para poder encontrar la capacidad de introducir algo nuevo en nuestra relación con el otro y con el mundo (Delacroix, 2008, p. 245).

EL TERAPEUTA

Una profesión en la vida

Jean-Marie se refiere a su profesión como psicoterapeuta con sencillez y claridad (Entrevista 1). Un día sintió, en el interior de sí mismo, una especie de deseo. El deseo de ser psicólogo y psicoterapeuta. Fue una sensación muy fuerte y, a partir de ese momento, su orientación quedó clara. Nunca le asaltaron dudas, estaba en esa dirección. Estudió psicología con una perspectiva psicoanalítica, porque en esa época en Francia no existía la Terapia Gestalt. Al mismo tiempo que estudiaba en la Universidad, siendo muy joven, hizo una terapia y otra terapia, aprendiendo diferentes formas de psicoterapia. Su deseo era practicar esta, y sabía cuán importante es para un terapeuta comenzar con su propio trabajo. Y así empezó una terapia personal cuando tenía cerca de 22 años de edad.

Para Delacroix la terapia es un lugar en el que no sólo se habla de la vida personal, también representa un espacio para comprender y para hacer una integración e incluso una limpieza de lo que no está bien. Por eso considera que su formación como terapeuta implicó mucho tiempo en su propia terapia durante la época en que estaba estudiando (Entrevista 1).

Si bien es psicólogo clínico, en su formación hay una parte de psicopatología, lo cual le brindó la oportunidad de trabajar en un hospital psiquiátrico y le permitió conocer bien, en un momento de su vida, el mundo del hospital con los psicóticos. Hoy, con una larga trayectoria como psicoterapeuta, Jean-Marie considera que para ser *terapeuta* hay que ser un poco o, más bien, muy loco, para así tomar riesgos y co-crear con los pacientes (Apuntes personales 2).

Hace más de treinta años, cuando descubrió la Terapia Gestalt, lo que más le gustó fue la consideración que esta hace del cuerpo, de la respiración y de la consciencia enfocada sobre la experiencia que se va dando (Delacroix, 2008, p. 393). De igual forma, rápidamente tuvo la impresión de que la Gestalt podría ser una terapia muy interesante con los psicóticos, justo porque toma en cuenta la parte corporal, la parte relacional y la parte práctica. Percibió que la Gestalt es una terapia muy dinámica y creativa que podría darle muchas más posibilidades terapéuticas que el psicoanálisis. De tal forma, como parte de su proceso personal tuvo que salir de Francia, porque en esa época en su país sólo existía el psicoanálisis y él quería aprender algo diferente, como la Terapia Gestalt y la terapia corporal e incluso una técnica más emocional. A partir de estos diversos aprendizajes, Delacroix comenzó a utilizar la Terapia Gestalt y la terapia corporal en el hospital psiquiátrico donde trabajaba con los psicóticos (Entrevista 1).

Para Jean-Marie el objetivo de la psicoterapia gestáltica es restaurar la experiencia en su globalidad (Delacroix, 1991). Su especificidad es crear un contexto en que se nos conduce a mirar de frente y a ser conscientes de cómo nuestro ser es movilizado por nuestro entorno, cómo vamos hacia él (Delacroix, 2008, p. 413).

La Terapia Gestalt nos invita a ser activos en la búsqueda de nuevas formas de ajuste que requieren una negociación con nosotros mismos y con el entorno. Ello precisa mucha consciencia, humildad y motivación para la transformación. Implica, entonces, un ajuste consensuado (Delacroix, 2008, p. 409).

Decir que la Terapia Gestalt es una terapia de transformación es significativo, pues conlleva la idea de ir más allá de, más allá de la forma, de la compulsión a la repetición (Delacroix, 2008, p. 246).

Delacroix ubica una nueva organización en su vida como resultado de un proceso largo, a partir del cual pudo comenzar a practicar la terapia. Fue la experiencia personal de terapia lo que le dio más confianza, más fuerza, y también un sentimiento de seguridad, para poder escuchar a la persona que tenía frente a sí, prestar atención a su historia y a su sufrimiento, pero sin confundirse en el sufrimiento del paciente. Para Jean-Marie, la experiencia de terapia personal es algo muy importante, pues ayuda al terapeuta a quedarse en un lugar, justo frente al paciente.

Puede suceder que el paciente cuente algo que se parece a la historia del terapeuta (dificultades en el pasado, con la familia o en la escuela; si no se está bien en este momento de la vida). Se tiene una persona al frente que sufre más o menos los mismos problemas y si el terapeuta no está claro con eso, puede, de manera inconsciente, hacer proyecciones sobre el paciente. Pudiera darse una actitud de demasiada empatía por parte del terapeuta, ya que el problema o sufrimiento del paciente se parece al propio. Puede el terapeuta sentirse confundido si no es adecuada la distancia entre ambos. Pero también puede suceder que el paciente cuente algo que tiene resonancia en el terapeuta y este opte por alejarse.

Definitivamente, la experiencia de estar en terapia es muy importante para el terapeuta, entre otras cosas, para intentar estar en el lugar adecuado y en la distancia afectiva precisa ante su paciente. Es una postura significativa, como terapeuta es necesario un trabajo personal, un microfondo para conocerse mejor y para evitar enviar proyecciones sobre los pacientes. Por esta razón, los formadores piden a los terapeutas procesos largos, de fondo (Entrevista 1).

Cada encuentro, una revelación

Jean-Marie Delacroix reconoce la centralidad de la experiencia en la Terapia Gestalt, ubica su trabajo en la frontera contacto desde una perspectiva de campo y, desde ahí, elabora una teoría sustentada en la multiplicidad de experiencias vividas a partir de su proceso personal y de su práctica como terapeuta. En su opinión, el paciente llega a terapia para aprender a estar en relación y tomar consciencia de las mil y una maneras de estar en relación. El trabajo del terapeuta es ayudarlo en esto (Apuntes personales 2).

Es fundamental que el terapeuta no se interese demasiado en el contenido, sino que se ocupe de ponerse en estado de apertura y receptividad, tratando de identificar su experiencia corporal y emocional, usando lo que siente dentro del proceso terapéutico.

El hecho de reconocer lo que le sucede e intentar decirlo le ayuda a acomodarlo. Es necesario que no se impaciente ni se anticipe al paciente; más bien, que se deje impactar por él, lo cual sólo puede suceder si se está abierto, disponible y sensible. Es a partir de sentirse en la propia experiencia como se elabora la intervención.

En sus diferentes modelajes Jean-Marie ha mostrado cómo dejar que su cuerpo de terapeuta comprenda algo de su paciente. Porque pasa algo que está escrito en el cuerpo del paciente y, de forma invisible pero perceptible, pasa al cuerpo del terapeuta. A menudo *ello* sucede de manera no consciente, voluntaria o decidida. Sin embargo, cuanto más se encuentre el terapeuta en estado de recepción y apertura, más pasará dentro de sí. "Lo que yo siento con mi paciente NOS pertenece." Pertenece al *ello* de la situación (Apuntes personales 2).

Jean-Marie sostiene que el proceso terapéutico incita a maravillarse y nos invita a ver lo que seguramente forma parte también de su experiencia. Cómo hemos podido sentir, en el transcurso de una sesión de terapia, un estremecimiento interior, un algo que se mueve dentro, en el cuerpo. Es una sensación física apenas percibida y, en un inicio, difícil de describir. Pero no podemos negar que existe porque está presente en nosotros y se despliega por todo el cuerpo, convirtiéndose en un escalofrío que sube hasta la columna vertebral o en una especie de ondulación discreta que… agita hasta las lágrimas (Delacroix, 2004, p. 7)

Esta experiencia implica que el terapeuta Gestalt trabaje para ponerse en esta postura interior que consiste en soltar, quedarse en momentos de silencio, para sentir lo que se está destrabando en el espacio terapéutico aquí y ahora (Apuntes personales 2).

De ese trabajo personal da cuenta Delacroix, cuando expresa que a lo largo de su carrera ha experimentado ese temblor en la espalda seguido de una sensación de calor en los ojos y lágrimas que le confunden la mirada; lágrimas muchas veces contenidas, a partir de la anticuada enseñanza de que "un terapeuta no debe llorar frente a su paciente". Él ha notado, desde la primera vez, que esas manifestaciones aparecen cuando sus intervenciones ocurren "en el momento adecuado, con la fórmula exacta, el tono apropiado de voz y con esa forma de presencia que puede captar un fragmento de lo invisible del aquí y ahora" (Delacroix, 2008, p. 122).

Invariablemente ese temblor interior ha estado acompañado por la experiencia interior de admiración ante lo que ocurría, de curiosidad por lo imprevisto que estaba por emerger, de sobrecogimiento por lo inesperado y maravilloso presente (Delacroix, 2008, p. 123).

Es un fenómeno de campo que crean juntos terapeuta y paciente y que envuelve a ambos, haciendo que se viva algo que pertenece al orden de la transgresión (entendida la transgresión como *ir más allá de*) (Delacroix, 2008, p. 127).

Por nuestra escasa, o vasta, práctica como terapeutas, sabemos que el elemento detonador de esa experiencia puede ser una palabra que instantáneamente se percibe como la palabra exacta, el gesto exacto, lo que había que decir, lo que se tenía que hacer, y que afecta al paciente en el instante preciso en que estaba listo para dejarse afectar por esa palabra o por ese gesto (Delacroix, 2004, p. 7). Aquella palabra repentina es una transgresión, es un ir más lejos. Un ir más allá hasta el contacto pleno (Delacroix, 2004, p. 12).

Y, de nuevo, la explicitación de la experiencia de Jean-Marie recupera la propia experiencia. Al recordar cómo a veces nos escuchamos pronunciar palabras siendo quienes primero nos sorprendemos de lo dicho, casi simultáneamente se siente en el cuerpo una especie de movimiento interior, de escalofrío que recorre la espalda y sube hasta alcanzar el interior de los ojos que se llenan de lágrimas, y la respiración se vuelve más profunda.

Al mismo tiempo se percibe un alivio acompañado de una agradable sorpresa ante lo que sucede y ante esa espontaneidad creadora que se desarrolla por sí misma y de la que somos testigos: contemplación, admiración, fascinación (Delacroix, 2004, p. 6).

Y ahora necesitamos el silencio, es la única manera de estar implicado en la situación (Apuntes personales 2).

El crecimiento personal del terapeuta
(y del paciente)

Cuando Jean-Marie habla del proceso que ha seguido hasta el momento presente, se refiere a él más que como la forma de ir gozando la vida, como el trayecto hacia una comprensión diferente de sí. Una mejor comprensión que le ha implicado tomar cierta distancia de la vida pasada, de la vida de niño. Es la experiencia de tratar de salir de los comportamientos neuróticos que vienen de la infancia, como un trabajo de limpieza de la vida pasada y, sobre todo, de la infancia; y es también un proceso que le ha ayudado a preparar una nueva organización de su personalidad, una nueva organización de vivir, de comunicar, de estar presente (Entrevista 1).

Para Delacroix la novedad no es situar al otro en nosotros por medio de una introyección patológica, sino situarlo enfrente para que exista, para hacernos existir a ambos y buscar lo que tenemos que hacer juntos a fin de continuar nuestro camino de crecimiento, participar en la evolución de nuestro entorno y, seguramente, sin darnos cuenta, participar en la evolución de nuestro entorno más lejano (Delacroix, 2008, p. 95).

Reconocer la presencia de la otra persona implica reconocer que somos afectados por ella, también y primero de una forma corporal-sensitiva. Durante el taller "La respuesta corporal del terapeuta", Delacroix mencionó que dos terapeutas canadienses estudiaron a Rogers y aportaron al concepto de empatía, el sentido de un intercambio corporal entre terapeuta y paciente, con lo que desarrollaron el concepto de intercorporalidad (Apuntes personales 2). Por ende, la empatía sería la capacidad que el terapeuta desarrolla de sentir una parte del mundo interior del paciente sin confundirla con él, conociendo así una parte del paciente.

Durante un instante, terapeuta y paciente están unidos por una afectación común, por esa onda, escalofrío y sobresalto, que se ha convertido en emoción, complicidad, unión, palabra y sentido. El tiempo se detiene y durante una fracción de segundo, ambos sienten temblar en su interior la eternidad. Una eternidad compartida (Delacroix, 2004, p. 8). Estamos en un ámbito intersubjetivo: dos sujetos juntos que se comunican el uno con el otro y, desde un punto de vista fenomenológico, dos personas en diálogo, acción y tal vez contradicción, pero que, por el hecho de estar juntas en un cierto estado-acción, se dan la oportunidad de descubrirse mutuamente (Apuntes personales 2). Esta afectación común es el resultado de la fractura o división provocada por el *ello* de la situación que irrumpe repentinamente en el campo, y que el terapeuta puede poner en palabras de manera también repentina (Delacroix, 2004, p. 8). Cuando hablamos, nos confrontamos, o rompemos algo entre nosotros, dándonos con ello la posibilidad de existir. El sujeto que soy y que eres está emergiendo. Somos dos personas buscando juntas nuestro propio sentido de existencia.

Delacroix teoriza al respecto diciendo que la función Ello se mira, la función Ello se habla, la función Ello crece en excitación mutua y, por consiguiente, la historia cambia. Esa historia que se desarrolla en el momento presente entre el paciente y el terapeuta y, a través de ella, la pasada que se encontraba atorada, al punto de crear una patología. A partir de ese momento la continuación es diferente. La función Ello ya no ocurre como antes, ni para el terapeuta ni para el paciente. La continuación es el tiempo que pasa, que adquiere y construye sentido. El sentido nace de este sobresalto común, se desprende de repente de su espacio compartido que conocemos como campo (Delacroix, 2004, p. 9).

Es difícil hablar de esta emoción porque es un estado interior que nos habita bajo circunstancias particulares. Un ingrediente clave es lo inesperado del proceso mediante el cual se detona, así como la relación entre lo que causa maravilla y la persona maravillada (Delacroix, 2004, p. 6). Pero sucede que también hay personas, cada vez más numerosas en psicoterapia, para quienes la cuestión del vacío es el centro de su existencia. Son quienes sufren eternamente porque sienten una sensibilidad extrema respecto del abandono y la intromisión. Jean-Marie cita a André Green (Delacroix, 1991) para añadir que esta actitud les lleva a desear lo que tienen miedo de perder y a rechazar lo que está en su poder porque temen su invasión. Entre los objetos codiciados se puede incluir al terapeuta.

Con la sencillez y autenticidad que lo caracterizan, Jean-Marie expresa lo que otras personas apenas nos atrevemos a confesar: que hay momentos en el proceso de terapia en los que ya no sabe dónde está ni dónde está el paciente. Todo es confuso. En ese momento, se deja sentir su corporalidad, su confusión; se toma el tiempo para experienciar esta zona de dificultad;

sabe entonces que algo va a emerger si es capaz de atravesar el momento y, por lo general, acontece la maravilla.

Ocurre que se produce en nosotros un estado interior que al principio no podemos nombrar, pero que existe. Primero es reconocido por los sentidos y luego se hará presente a través de lo "nombrado", a partir de la definición que resulte de la capacidad que tiene el organismo para comprender y aprovechar lo que está sucediendo. En ese momento el estado interior se amplifica y nos habita completamente, hasta sentirse maravillado por lo que sucede y por esa nueva perspectiva que permite ver ahora la génesis de lo que sucede, como si se hubiese concedido una plegaria (Delacroix, 2004, p. 10). Hay un momento en el proceso en que las cosas se hacen solas, acontece lo propio y así el proceso continúa (Apuntes personales 2). Esta experiencia sólo puede tenerse cuando estamos comprometidos en la situación.

Delacroix compara el proceso terapéutico con la travesía por un pantano, el cual es difícil en todo lo que implica su vida propia, su fauna, su flora, que, sin embargo, es algo, de hecho, muy rico (Apuntes personales 2). El proceso terapéutico es un proceso relacional que se da porque dos seres humanos se encuentran, están presentes uno frente al otro. En él se *construye el sentido de existencia del paciente y del terapeuta* (Apuntes personales 1). El terapeuta y el paciente se ubican en un campo único en el que la función Ello se traslada del uno al otro y viceversa, comunicando información sobre uno, sobre otro, y sobre las características del campo que han creado (Delacroix, 2004, p. 11). La construcción del proceso relacional se hace a partir del estado interno del terapeuta y del paciente, por lo que se necesita que la presencia del terapeuta esté basada en una presencia-consciencia y en la escucha global (Apuntes personales 1).

Poder percibir lo que hasta aquí se ha expresado sobre el proceso terapéutico y la experiencia y relación terapeuta-paciente, requiere de un sentido de contemplación, hecha de una emocionalidad común, así como de un sentimiento de bienestar ante el otro y de respeto profundo por lo que ocurre. Implica:

> La emergencia de un impulso profundo y discreto en el cuerpo y el corazón del terapeuta: impulso presente y en el lugar adecuado, que alimenta una vibración interior más que un movimiento

> exterior. Acontece entonces un gran instante de reconocimiento:
> Reconozco al otro como otro con su experiencia del momento...
> Me reconozco ante *él* con mi emoción y mi presencia estimuladas
> por lo invisible del vínculo. En el silencio nos reconocemos
> mutuamente... Y en esa mirada contempladora y silenciosa
> nos reconocemos en nuestra humanidad y en nuestra capacidad
> para co-construir el vínculo. (Delacroix, 2008, p. 275)

Es indudable que la base del trabajo terapéutico es construir la relación terapeuta/ paciente, pero Delacroix va más allá cuando habla de su co-construcción en la perspectiva de la intercorporalidad. Esta potencia el trabajo de contacto, sostiene la función Ello, mantiene el énfasis en lo corporal, nos obliga como terapeutas a estar al pendiente de nosotros, favorece una pronta y sólida construcción de la relación y nos ayuda a mantenernos como terapeutas en totalidad.

Uno de los aspectos principales en esta perspectiva es la respiración, pues permite al terapeuta abrirse al silencio interno y externo y encontrar el ritmo que se requiere. Por ello es importante tener presente que con frecuencia el trabajo del terapeuta es *alentar*[18] el proceso (Apuntes personales 2).

Hablar de terapia es hablar de un proceso de cambio, el cual puede vivirse como una violencia, pues todo cambio necesita de pérdida y de desapego. De ahí que en ciertos momentos el proceso terapéutico y también algunas intervenciones del terapeuta que sostienen el desarrollo de la experiencia en marcha, se experimenten como violencia (Delacroix, 2008, p. 230). Aun así, para Delacroix, integrar lo maravilloso es un acto terapéutico fundamental e incluso contracultural. Nos hemos acostumbrado en terapia —también en Gestalt— a poner énfasis en la cólera y la agresividad, la tristeza, la depresión, la desesperación...

> Más que alrededor de un registro que evoque y convoque la dulzura, la ternura, la generosidad, lo bello y lo maravilloso. No hay razón para dejar de lado en la terapia estos componentes del ser humano [...] que forman parte de las necesidades fundamentales de cada uno de nosotros [...] Entender que el terapeuta es coautor de ese proceso que conduce a la maravilla, y compartir esta experiencia

---

[18] Hacer lento.

con el cliente, es hacerle saber que él también es coautor de este hecho inesperado que es el surgimiento de lo maravilloso. (Delacroix, 2004, pp. 17 y 19)

Intercorporalidad, del inicio al final del proceso terapéutico

La co-construcción del proceso relacional se hace porque todo lo que sucede en el proceso terapéutico tiene una función de cambio y transformación (Apuntes personales 1) y de manera general, no solamente en Terapia Gestalt, también es un proceso de diferenciación, un proceso que permite a cada persona encontrar y vivir sus diferencias (Entrevista 2).

Según Jean-Marie, la alianza terapéutica debe contar con la fuerza suficiente para que un clima de confianza y seguridad posibilite al terapeuta aumentar la intensidad de la situación de urgencia (Delacroix, 2008, p. 291). Nosotros, los terapeutas Gestalt, hablamos de co-creación, co-afectación, co-influencia; es decir, lo que sucede se hace entre dos. Ese es un punto en común de todas las aproximaciones que se apoyan en una postura fenomenológica en la que buscamos no interpretar las cosas, observarlas, poner en palabras lo observado... nombrarlo al paciente (Apuntes personales 2).

Que Delacroix haya estado en una situación límite, con riesgo de morir, me hace leer muchas de sus palabras con profundo respeto; además, siento reflejada mi experiencia en momentos clave de mi vida y de mi terapia personal, como cuando expresa que hace mucho que le habita la idea de que el proceso terapéutico es un acompañamiento hacia la muerte. "¿Desde cuándo, exactamente?", tal vez desde el momento en que, hace más de 30 años, se encontró en el diván de su psicoanalista como quien yace sobre un féretro. El miedo a morir lo refiere distinto a la angustia de muerte y a la pulsión de muerte. El miedo a morir es el miedo a lo que podría suceder en un instante cercano (Delacroix, 2008, p. 361).

Nunca me enseñaron lo que era el perdón, ni cómo se trabaja con eso, ni en la universidad ni en la terapia gestáltica [...] ¿Podríamos concebir que una psicoterapia esté en el proceso de finalización cuando el paciente comienza a entregarse al perdón de sí mismo y de los otros? Me parece que es así. (Delacroix, 2008, p. 364)

Es cierto que la terapia se puede detener en cualquier momento y por muchas razones. La enfermedad y la muerte cuestionan el encuadre terapéutico tradicional y riguroso y eso provoca la risa de Jean-Marie, quien sabe de lo desconocido de la situación ante la permanente inminencia de la muerte. En ese contexto resultan irrisorios los encuadres rígidos y las teorías muy estructuradas. Para Delacroix es triste la pobreza de la Terapia Gestalt que no evoca esta cuestión que se encuentra allí constantemente, aunque no la veamos (Delacroix, 2008, p. 364).

Para concluir este apartado me permito recuperar algunos fragmentos del capítulo "Un rayo de sol para morir", de su libro *La tercera historia* que, además de conmoverme, considero que nos muestran la profunda sensibilidad de Jean-Marie y nos dejan ver cómo sus vivencias afectan enriqueciendo su reflexión teórica y su práctica terapéutica.

En este texto recuerda a una paciente que había ido a verlo y al día siguiente murió. Entonces comprendió que ella sencillamente buscó el momento de compartir, de ser cómplices, junto a un rayo de sol para despedirse de esta vida y asomarse a la siguiente, si es que hay una. Durante la sesión, Jean-Marie no comprendió que ella buscaba a otro, quien le ayudara a "pasar", alguien a quien confiar que terminaba una etapa…

En sus más de treinta años de carrera, Delacroix ha:

> […] conocido finales de terapia, algunos buenos y otros no tanto, algunos preparados y otros súbitos, algunos emocionantes y otros agotadores […] Cada uno de nuestros pacientes es como un pasador que nos toma de la mano y que, a través de los meandros de su historia, nos permite hacer un tramo de camino hacia la otra orilla. Corresponde agradecerles profundamente. También nosotros somos un pasador para ellos. Agradezcámosles por darnos la oportunidad de ser un pasador […]. (Delacroix, 2008, p. 365)

Más adelante, aludiendo a una cita antigua, Jean-Marie expresa algo que considero podría ser una frase digna de ser colgada en cada consultorio: "Hoy es un buen día para comenzar esta terapia. Hoy es un buen día para terminar esta terapia. Cada instante es el mejor para mirar de frente nuestras fijaciones, aceptarlas, y renunciar, hacer el duelo de los beneficios que nos aportan y encaminarnos más allá del río" (Delacroix, 2008, p. 366).

Hablar de Jean-Marie como terapeuta demanda mencionar que un tema importante para él es el de la humildad del terapeuta: reconocerse con su mundo interior, mostrarse, construir el proceso terapéutico tomando apoyo de lo que está (Apuntes personales 2).

Él mismo expresa la importancia de que al final del recorrido, bajamos al psicoterapeuta-facilitador de su pedestal, evocamos sus fallas o sus debilidades, y el paciente o las distintas personas del grupo, comprenden lo que tenían inconcluso con él y que no habían podido identificar al inicio… (Delacroix, 2005, p. 21).

Existir corporalmente, también como terapeuta

En su formación como terapeuta Gestalt aprendió mucho del bagaje de la terapia corporal. Le resulta fácil guiar a un grupo, pidiendo a las personas caminar, sentir sus pies, sentir su cuerpo, o bien, hacer un ejercicio u otro. Reconoce, además, que hay diferentes formas de trabajo corporal y que es posible adaptarlo a diferentes personas o grupos, incluso a las psicóticas (Entrevista 1).

Delacroix (2006, p. 28) cita a M. Shepard quien se refiere a Reich como el "primer analista en afirmar que se podía obtener más, terapéuticamente hablando, por el estudio de la actitud actual del paciente que por la palabra y la investigación del pasado. El interés de Reich por las actitudes del cuerpo, reforzó en Firtz su valoración de la importancia de la postura y el movimiento". Por su parte, Jean-Marie afirma que toda nuestra historia está inscrita en nuestro cuerpo y, por tanto, estemos donde estemos, estamos con toda nuestra historia (Delacroix, 2008, p. 415). Nuestro cuerpo es un rico canal de comunicación. No se puede no comunicar. Todo es una forma de comunicación (Apuntes personales 2).

Según Delacroix, la Terapia Gestalt aporta una dimensión importante: *lo sentido*. El terapeuta ve, escucha a su paciente, se da cuenta de que se mueve y hace gestos. Él mismo, casi simultáneamente, se mueve, se siente… escucha con todo el cuerpo y comparte lo que ve en su paciente, así como su propia experiencia recibiendo informaciones a través de su cuerpo. Por eso, cuando hablamos de darse cuenta, hablamos de la consciencia. Y la consciencia es un fenómeno corporal también. Es un fenómeno que puede ser completamente mental; por ejemplo: me doy cuenta de mi manera de funcionar en la vida, esto es algo más intelectual. Sin embargo, hay diferentes niveles en el concepto de consciencia. Existe la consciencia corporal, la sensorial y la más intelectual, más explicativa de los fenómenos. Para Jean-Marie lo que es importante es el concepto global de consciencia, que implica desde la consciencia corporal hasta la más intelectual (Entrevista 2). Ver las cosas de este modo nos lleva a considerar al cuerpo como consciencia —y aquí retoma intencionalmente el título de la obra de Ruella Frank—, "lo cual nos permitiría hablar de cuerpo-consciencia y por lo tanto de cuerpo-conocimiento, de cuerpo-universo" (Delacroix, 2008, p. 386).

Mientras que en el PHG se propone incorporar la afectación que se ha formado a partir de la historia cultural y que ha tenido repercusiones en el cuerpo (Delacroix, 2006, p. 26), Jean-Marie explica que el cuerpo está petrificado en una red que mantiene juntos un cuerpo, a un tiempo doloroso e insensibilizado, y una historia que creemos es la nuestra... Y tanto se agudiza esta situación, que ya no se sabe que existen los contrarios y que están hechos para conjuntarse, que "la desarmonía crea lo bello y lo estético" (Delacroix, 2008, p. 163).

Por eso, la Gestalt nos lleva como terapeutas a interesarnos en el propio lenguaje corporal, en las sensaciones que aparecen cuando estamos en relación con cada paciente. Tal vez podríamos decir que nos encontramos en la INTERSENSORIALIDAD (Apuntes personales 2). Jean-Marie retoma de *Merleau-Ponty* la "Intercorporalidad como un concepto que nos lleva al cruce entre mi cuerpo y el cuerpo de los demás. Este cruce que se da entre mi cuerpo y el cuerpo de los demás de manera invisible, se hace mucho a través de procesos no conscientes como el mimetismo y nos hace descubrir al otro, no sólo desde afuera sino 'sintiéndolo' desde adentro". Desde esta lógica habla del cuerpo conociendo: mi cuerpo tiene la capacidad de conocer algo del mundo del otro (Apuntes personales 2).

Recogiendo la inevitable experiencia de intercorporalidad que acontece entre terapeuta y paciente —y en cada encuentro entre dos o más personas—, Delacroix describe su vivencia con una sencilla, clara e impactante actitud fenomenológica. Nos muestra que la presencia del otro y la atención que damos simultáneamente a nosotros y a él ante nosotros, así como la consciencia de nuestra manera de ser y de respirar en su presencia, son un excelente revelador de lo que somos profundamente, y esto nos lleva a rechazarlo. El otro está demasiado lejos y al mismo tiempo demasiado cerca, su presencia nos incomoda o nos parece agresiva, nos alegra o nos puede llevar a vivir un desborde pulsional, quizá nos deja indiferentes; a ratos percibimos su mirada atravesándonos o sentimos que nos juzga y nos resulta intrusiva... Y ya ni sabemos lo que somos ante quien tenemos enfrente. Nos habitan innumerables impulsos:

> [...] rechazarlo, reprocharle, huir, arrojarnos en sus brazos, seducirlo, despreciarlo, matarlo [...] ¡y nuestra fisiología puede empezar a reaccionar con fuerza, con el aumento de adrenalina! El corazón bate en pleno, se humedecen las manos, el sudor corre, aparecen tensiones en algunas partes del cuerpo, se manifiestan gestos o posturas espontáneas. Nuestros viejos demonios, los de la neurosis, se agitan y nos ponen patas arriba. La fisiología y la psicología se manifiestan entonces al mismo tiempo y a veces lo emocional se ve muy solicitado. (Delacroix, 2008, p. 414)

Su transparencia pone al desnudo la experiencia de cada ser humano, y confieso mi incomodidad —y una cierta y tal vez absurda vergüenza— de sentirme *descubierta* y, al mismo tiempo, el alivio que brinda el reconocer la vulnerabilidad humana compartida que posibilita la riqueza del encuentro.

Para que nuestro cuerpo de terapeuta se vuelva un cuerpo conociendo supone que estemos en una postura de apertura, de soltar, de manera que este conocimiento inmediato, implícito del otro, nos llegue a través del cuerpo. Para poder ser receptivo del otro, y que las informaciones que me está dando puedan entrar en mí, se necesitan espacios de silencio. Cuando el terapeuta está pensando qué va a decir no está recibiendo, no está abierto a recibir (Apuntes personales 2); por eso la consciencia de la respiración que circula en el cuerpo es un medio excelente para darnos acceso al propio sentimiento de existir mediante las sensaciones y reacciones corporales (Delacroix, 2008, p. 405).

De acuerdo con Jean-Marie, algunos aspectos metodológicos que el terapeuta tendría que tener presentes a fin de que su trabajo con el paciente se base en la intercorporalidad tienen que ver con la preparación del terapeuta para recibir al paciente. Darse tiempo para respirar y arraigarse; darse tiempo para el encuentro; estar *abierto* en la relación para percibir al paciente; mantener una actitud fenomenológica; dejar-se sentir lo que le pasa para atender al *ello* de la situación; elaborar la intervención terapéutica al servicio del cliente *con base en lo recurrente del proceso* y con lo que me hace figurar como terapeuta. Es muy importante no perder de vista que como terapeutas tenemos necesidad de tomar el tiempo para darnos cuenta de lo que sentimos, de la ansiedad y la excitación (Apuntes personales 2).

La experiencia corporal del terapeuta permite reconocerse como parte de la intercorporalidad. Lo ubica de manera inmediata en el aquí y ahora. En este sentido, reconocemos uno de los aspectos fundamentales de la Terapia Gestalt: la consciencia inmediata del campo (Apuntes personales 2).

Cuando el terapeuta o el paciente toman la palabra, la acción es corporal: es una forma de expresar: habito mi cuerpo, estoy aquí. Como terapeuta lo que pongo en primer plano son mis sensaciones y elaboro una intervención a partir de ello. En un momento dado el contenido se va al fondo. El terapeuta se vuelve una consciencia corporal. Esta forma de encuentro es como un baile que implica respetar el ritmo del otro y el propio. Uno avanza y retrocede. Siente el ritmo del otro y regresa al propio. Necesito observar, silencio… continuar… tal vez el paciente decide el tipo de baile, pero el terapeuta lo conduce, sintiendo siempre el ritmo propio (Apuntes personales 2).

Jean-Marie afirma que hay tres maneras, que él ha puesto en práctica, de autorrevelar la respuesta corporal del terapeuta en un encuentro terapéutico:

1. Consiste en escuchar al paciente y entrar en la consciencia de la sensación que aparece en mi cuerpo (dolor en la nuca, vacío energético…). Me observo con ello. Al mismo tiempo que lo escucho estoy completamente consciente de mi experiencia. Detenerse en lo que me está sucediendo es una forma de usarlo. No lo comunico, pero lo pongo en el campo por la consciencia que estoy alcanzando. Una vez que tomo consciencia de esto, lo pongo ante el paciente en mi consciencia. O bien, observo a mi paciente, en la parte de su cuer-

po que tiene que ver con la parte de mi cuerpo afectado. Me apoyo completamente en los conceptos: Darse cuenta, Consciencia de la experiencia, CAMPO: lo que pasa a través de mi cuerpo habla del otro. Es una intervención no verbal (Apuntes personales 2).

2. Verbalmente de forma indirecta. El paciente nos manda las informaciones que está dispuesto a concientizar. Nuestro trabajo como terapeutas consiste en restituirle las informaciones que nos manda. Jean-Marie pone el ejemplo de que cuando era joven, en una sesión de terapia le llegaron recuerdos de su infancia; entonces, contó a su paciente la historia sin decir que era de él. Esta modalidad es muy fuerte porque le restituye al paciente lo que le pertenece, pues se dan resonancias entre ambos… hay algo más o menos similar entre terapeuta y paciente. Estamos en relación a través de la resonancia de manera invisible. En este sentido, es importante ir a buscar la creatividad de lo que está aquí y no pelearse con eso (Apuntes personales 2).

3. Esta forma consiste en usar directamente lo que está sucediendo. Esto puede parecer violento. Supone que hay una buena relación con el paciente. Implica que el terapeuta esté suficientemente seguro para trabajar con lo que surja. Lo que me sucede posiblemente habla también del paciente. Esta modalidad requiere un terapeuta flexible. Nos lleva a trabajar como terapeutas nuestras rigideces, muestra madurez (Apuntes personales 2).

EN CONTINUO APRENDIZAJE, CONSCIENCIA AMPLIADA

"Enriqueciendo" la Gestalt

A partir de 1979 Jean-Marie Delacroix y Jean-Marie Robine comenzaron a trabajar juntos. Delacroix viajaba cada año desde Canadá a impartir un taller en el Instituto Gestalt que Robine fundó en Bordeaux. Al poco tiempo, Delacroix, después de vivir con su esposa Inés siete años en Canadá, donde aprendieron la Terapia Gestalt, regresaron a vivir a Francia en septiembre de 1981 y co-crearon el Instituto de Gestalt de Grenoble. Más tarde, Delacroix y

Robine crearon la primera formación de Gestalt en Francia al inicio de 1982, con alumnos de los Institutos de Bordeaux y Grenoble.

El Instituto de Grenoble fue importante en Francia y completamente independiente del de Robine, pero reunieron a sus alumnos para poder recuperar un número suficientemente grande y hacer un grupo de formación. Así trabajaron durante tres años. En 1985, Delacroix y Robine co-crearon el Instituto Francés de Gestalt-Terapia (IFGT) para proponer un ciclo avanzado de formación, siendo ambos directores hasta 2002. De esta manera, el IFGT es una co-creación de ambos institutos, de Grenoble y de Bordeaux.

Además, Delacroix ha tenido la oportunidad de trabajar como psicólogo clínico y psicoterapeuta en prestigiadas instituciones psiquiátricas, contando con significativos medios terapéuticos y humanos, y participando en reuniones científicas en el contexto de proyectos de investigación (Delacroix, 2006, p. 15). Gusta de reunir corrientes que aparentemente son contradictorias, o bien, combinar conceptos provenientes del psicoanálisis y de las teorías interaccionistas (Apuntes personales 2).

La corriente más fenomenológica de la Gestalt, según Delacroix, pone interés en lo que pasa entre uno y otro. Cuando él mira el porvenir de la Terapia Gestalt percibe un futuro interesante porque considera que el dispositivo teórico de esta, le permite considerar lo intersubjetivo (Apuntes personales 2). Algo asombroso ocurre cuando lo que está inconcluso encuentra un desenlace; surge en la situación a partir del contacto entre el paciente y el terapeuta, y a partir de la situación se da un sobrecogimiento producto de una espontaneidad creadora (Delacroix, 2004, p. 21).

A partir de varias situaciones clínicas y de reflexiones que ha realizado en momentos especiales de su historia personal, Jean-Marie ha comprendido aspectos que antes no tomó en cuenta (Delacroix, 2008, p. 231), por ejemplo, en relación con la violencia experimentada en el proceso terapéutico; ha enriquecido esta comprensión por su interés en ubicar la antropología contenida en las nociones de contacto y de ajuste creador (de la Gestalt), que muestran la imagen de un ser humano guerrero, humilde y aceptante. Guerrero porque moviliza *su agresividad* para ir hacia el conflicto y elegirlo, enfrentarlo, e incluso entrar en él. Humilde porque tiene en cuenta al otro, y aceptante porque acepta la posibilidad de abandonar sus posiciones neuróticas revisándolas, no a costa de sí, sino en beneficio de uno y otro y de la comunidad (Delacroix, 2008, p. 85).

En algún momento se pregunta si la definición de la tarea de la Terapia Gestalt pudiera valerse de lo que J. Florentin expresaba en relación con el trabajo del chamán, que consiste en permitir que cada persona acceda por medios no convencionales a nuevos niveles del saber, posibilitando un mejor conocimiento de sí mismo (Delacroix, 2008, p. 370).

Para un terapeuta, lo importante es poder disfrutar todas las experiencias de vida. Muchas personas tienen numerosas experiencias de vida, pero es como si no se quedara un aprendizaje o conocimiento a partir de ellas. De acuerdo con Jean-Marie, para un terapeuta, lo importante es considerar cada experiencia de vida, cada momento de vida, como un momento particular para aprender y para adquirir un poco de sabiduría (Entrevista 1).

De la alteración de la consciencia a la consciencia ampliada

En opinión de Delacroix, en la Terapia Gestalt se considera muy importante el concepto de darse cuenta o de ampliar el campo de la consciencia (Entrevista 2). En algún momento, terapeuta y paciente están en un estado de consciencia alterado, modificado, y es entonces cuando las rigideces se flexibilizan al menos un poco. Y cuando estamos en un estado de consciencia modificado hay cosas del fondo que pueden llegar a hacerse visibles y mirarse con mayor claridad, hay una figura que viene del fondo (Entrevista 1).

Con base en un cúmulo de experiencias personales, Jean-Marie considera que una parte de la medicina de los indígenas, es una medicina que trabaja con los estados de consciencia modificados.

Eso le interesa mucho porque ha podido ser testigo de cómo otras personas del mundo consideran el concepto de consciencia.

> Para mí, una parte de la medicina de los indígenas, es que trabaja con los estados de consciencia modificados; lo que me interesa es ver cómo otras personas del mundo juzgan el concepto de consciencia. Aprendí mucho de ellos.

Nosotros, como terapeutas gestálticos, también tenemos una manera de trabajar con la consciencia y personalmente, puedo ver que [...] son dos cosas diferentes, pero si exploramos el concepto de consciencia [...] desde mi punto de vista hay algo un poco similar. Por ejemplo, cuando trabajamos con el concepto de consciencia, de darse cuenta, cuando acompañamos al paciente para que pueda ampliar su nivel de consciencia: "Siéntate, toma consciencia de tu experiencia de un momento [...] déjate sentir lo que está presente en tu cuerpo, en tu desgracia [...] " Si trabajamos de esta manera un tiempo largo, la persona entra progresivamente en un estado de consciencia modificado. Es lo que hacemos muchas sesiones, trabajar de esta manera. Los indígenas no van a usar la misma metodología, van a usar otra metodología [...] pero lo que es interesante son los resultados. (Entrevista 1)

Esta experiencia es accesible a cada ser humano, y podemos experienciar que:

Cuando estamos en trance [...] nuestro grado de consciencia habitual se modifica, las fronteras de nuestros límites se expanden, nuestra capacidad de razonar disminuye y nos permite dar rienda suelta a la imaginación y a lo irracional para aventurarnos en espacios de consciencia no habituales, en los que confrontamos aspectos de nosotros mismos que, hasta ese momento, habían permanecido en la sombra. (Delacroix, 2005, p. 17)

Una parte significativa de la metodología practicada por Jean-Marie, ha consistido en acompañar durante cinco años a grupos terapéuticos que proponían un cierto mestizaje terapéutico: una parte estaba a cargo de un sanador local (de México o Perú) que realizaba prácticas que él mismo ya había experimentado; y otra parte, a cargo de Delacroix para escuchar y retomar la experiencia vivida en estado de consciencia ampliada (Delacroix, 2008, p. 374).

Este tipo de experiencias le han ayudado mucho para ampliar su estado de consciencia, y para percibir cosas que normalmente no podemos ver porque nuestro estado de consciencia está limitado. Si abrimos nuestro estado de consciencia, vamos a sentir y a percibir otras cosas. Buscar la relación y la participación con grupos indígenas, en las casas de unos, en centros de medicina tradicional con otros, recibiendo lo que ellos tienen, es algo que le ha dado mucho más sensibilidad y receptividad en el trabajo terapéutico (Entrevista 1).

Este trabajo puede llevarnos a una cierta forma de espiritualidad (Apuntes personales 2). Zinker se refiere a Carlos Castaneda y a su iniciación con Juan Matus, un "brujo" mexicano, cuando habla de los cambios de niveles de percepción que engendra la actividad chamánica invitándonos a "dejar trascender" nuestra mirada por el "mago" que nos habita (Delacroix, 2008, p. 372).

Para referirse a un ámbito espiritual de la terapia y de las terapias tradicionales de los amerindios Jean-Marie expresa que éstas:

> [...] nos abren la puerta del espíritu y nos enseñan que, como toda enfermedad es espiritual, el proceso de cura, el acto terapéutico, tiene la finalidad de trabajar sobre las interrupciones de contacto con lo sagrado. Son terapias de vínculo y de religación con lo visible y lo invisible. Y el vínculo con uno mismo y con el entorno nos pone en camino del espíritu, en el camino de uno mismo. (Delacroix, 2008, p. 388)

La etno-Gestalt

En la experiencia de vida de Jean-Marie es significativo su interés en las diferentes formas de terapia y en las formas de terapia de los indígenas de cualquier parte del mundo. En la mayoría se trabaja mucho con el concepto de consciencia o de darse cuenta (Entrevista 1).

En *Terapia gestáltica, cultura africana, cambio: del padre antepasado al hijo creador* (1994)[19] comenzó a establecer las bases de una etno-Gestalt partiendo de la observación de múltiples seminarios terapéuticos y de formación en Terapia Gestalt, los cuales realizó durante diez años en Costa de Marfil. En ese tiempo se planteaba la hipótesis de que la experiencia chamánica, y

---

[19] Citado en Delacroix, 2008.

especialmente por su característica de jugar con los estados de consciencia, le permitiría continuar su investigación reflexionando sobre los principales conceptos de la teoría del sí mismo. Para llevar a cabo esta iniciativa usó el método de dejar de lado el cuaderno, entregándose a la experiencia para después reflexionar sobre la misma. Se situó así como antropólogo investigador en psicoterapia y Terapia Gestalt.

Cuando trabajamos con perspectiva de campo nos es evidente la importancia de que esta metodología que consiste en comprometerse uno mismo en la experiencia, convirtiéndose en sujeto de la observación, haya sido incorporada en varias universidades (Delacroix, 2008, p. 373).

En su historia personal Jean-Marie usó la palabra etno-Gestalt porque trabajaba en un contexto africano y en cierta medida se sentía como un antropólogo que observa un grupo único a partir de un enfoque particular que, en su caso, es un enfoque gestáltico. La etnología[20] estudia diferentes grupos en todo el mundo que tienen maneras específicas de vivir y de pensar. En su caso, su idea era que quizá los conceptos de la Terapia Gestalt podrían ayudar a crear una metodología de observación en el campo de la etnología. Como ser humano interesado en la Terapia Gestalt y en la etnología, se propuso comprobar si se podrían combinar ambas. Sin embargo, aunque lo intentó, su trabajo en África terminó y no pudo continuar esta investigación en ese lugar (Entrevista 2).

La eficacia de estas formas de terapia ha podido comprobarla con creces en su propia vida, pues, años más tarde, cuando supo que padecía de una descompensación hepática grave y que debería hacer frente a un trasplante de hígado, sintió la necesidad de hacer una terapia. Fue entonces que eligió a un profesional con métodos que le eran familiares para que lo acompañara también desde aspectos corporales. Era una persona que aceptaba totalmente la propuesta de Jean-Marie y, en concreto, los planteamientos amerindios. En ese momento estaba en juego algo muy importante, ya que, según los estudios realizados, no parecía viable el trasplante hepático y los escasos cinco años de vida que le pronosticaban implicaban una degradación física y psíquica progresiva.

---

[20] Al parecer así es en Francia, aunque en México es una subdisciplina de la antropología, una de las llamadas ciencias antropológicas (comunicación personal con Eréndira Campos).

Después de algunas semanas de proceso terapéutico, con una práctica intensiva trabajando con la función ello, en sesiones de terapia individual que le permitían verbalizar y elaborar las manifestaciones que provenían de ahí y compartirlas con su terapeuta, los resultados del segundo escáner permitieron realizar el trasplante (Delacroix, 2008, p. 171). Este es un trabajo de reunificación con el que podemos conectarnos con la naturaleza, con el universo (Apuntes personales 2).

La enfermedad, revelación de una parte de sí

La enfermedad ¿expresión? ¿necesidad?

Cuando Jean-Marie se refiere a la enfermedad, habla de esta como de una especie de *mensaje existencial* enviado por el organismo para mostrarnos que hay algo que no está funcionando en nuestra manera de estar en el mundo y de estar en contacto con el entorno. En ese momento se requiere adquirir la consciencia de nuestra manera de estar con otro y buscar un modo de ser que, en lo posible, convenga a ambos (Delacroix, 2008, p. 140). Pero también, sea la enfermedad física o mental, puede ser una manifestación del organismo que nos indica que hemos perdido la capacidad para distinguirnos o para ubicarnos frente a los demás con nuestras diferencias (Delacroix, 2006, p. 23).

Lo que vemos cuando estamos enfermos es en realidad el síntoma, el cual nos plantea los problemas que tenemos y que hemos perdido la consciencia de nuestra necesidad. En el ámbito psicológico, el organismo va a crear la neurosis en un intento por restablecer su equilibrio cuando este se encuentra perturbado. Por eso, el síntoma es, al mismo tiempo, expresión de vitalidad y una defensa contra la vitalidad. Vista de esa manera, la enfermedad sería una creación del organismo que actúa y trabaja para intentar restablecer el equilibrio perturbado (Delacroix, 2008, pp. 138-139).

Muchas veces podemos encontramos en entornos intolerantes a nuestras diferencias, que, de manera sutil o abierta, se burlan de nosotros y nos desprecian, que nos humillan por nuestras diferencias. En esa situación la enfermedad se puede evidenciar en forma física o mental, o ambas. Generalmente es la parte más vulnerable la que recibe el golpe y es atacada en su integridad (Delacroix, 2006, p. 23). Así se hace presente el sufrimiento que a menudo proviene de la división y del mal casamiento de lo que llamamos "funciones" (ello, personalidad, yo). Hay una señal de alarma, el organismo clama que lo ayudemos a hacer su trabajo de autorregulación y que nos demos cuenta de cómo nosotros mismos saboteamos ese proceso trastornado (Delacroix, 2008, p. 147).

Por eso podemos decir con Jean-Marie que la enfermedad física es enfermedad del vínculo y que cuestiona la relación actual con lo otro y los otros (Delacroix, 2008, p. 157). No se trata únicamente de que describamos un yo neurótico en proceso, sino de que nos demos cuenta de que hay una persona que lucha con sus dificultades para estar en relación con el mundo. Esta descripción es importante, pues los Gestaltistas nos interesamos en la experiencia, en la vivencia subjetiva durante la experiencia, así como en la ansiedad en la relación con el entorno (Delacroix, 2006, p. 26).

Jean-Marie nos regala, posiblemente a partir de su experiencia, las preguntas que requerimos plantearnos cuando la enfermedad se hace visible en nuestra vida:

> ¿*Cómo* es que este síntoma o esta enfermedad aparece en este momento de mi vida, en este contexto en el cual estoy implicado con estas personas y se manifiesta en este *órgano* preciso o en esta parte del cuerpo o en esta función del organismo? ¿*Cómo* se ha fabricado, y en general sin que yo advierta lo que me ocurre? (Delacroix, 2008, p. 167)

Así, la enfermedad nos lleva a preguntarnos seriamente por el sentido que queremos darle a la propia vida y por las elecciones que hacemos. Si la enfermedad es una especie de mensaje existencial, también es una metáfora de nuestra vida y de nuestra historia, de la forma como estamos en contacto (Delacroix, 2008, p. 141).

Durante la enfermedad nos damos cuenta de que requerimos ir más allá, la transgresión es necesaria. Todo ajuste creador es un ir más allá de, es una superación. Atrevernos a transgredir es —en palabras de Jean-Marie— maravilloso y esto es lo opuesto al padecimiento, es un arrebato interior que nos devuelve vitalidad y nos llena de gratitud (Delacroix, 2004, p. 16).

Pero "la novedad no puede ser asimilada si no es en un fondo de vacío" (Delacroix, 1991), entendido como el estado interior que acompaña al duelo y dispone al organismo a aflojar para soltar eso (actitud, forma de relación...) que le ha acompañado hasta el momento presente y que ahora rechaza, a fin de crear un espacio para el perdón y la asociación. En otras palabras, toda enfermedad es "espiritual". Cada desequilibrio físico y/o psicológico posibilitan el inicio de una ruptura en el contacto con ese entorno y, por tanto, una forma nueva de vínculo con el Espíritu (Delacroix, 2008, p. 377).

La enfermedad como experiencia

En el prólogo que escribe Adriana Schnake a la edición chilena de *La tercera historia* reconoce el esfuerzo grande y sincero de Jean-Marie al hacer frente a la impactante realidad de darse cuenta de que está vivo gracias a la donación del hígado de una persona que había muerto (Delacroix, 2008, p. 16). Es fácil percibir la dificultad de ese impresionante momento, que seguramente fue decisivo para alguien como él y marca la centralidad que le da a lo organísmico.

Durante la primera entrevista que Jean-Marie me concedió, y en cada texto suyo que he leído, en el que hace referencia a todas las implicaciones de su problema de hígado, experimenté un profundo respeto y recogimiento interior, con la certeza de atestiguar una honda experiencia humana cargada de sentido. En esa ocasión se refirió a que en su vida personal hubo un momento importante, cuando tuvo un problema de salud, a partir de la hepatitis. Mencionó que en la vida de una persona, por lo general la enfermedad es un evento significativo que nos ayuda a mirar y observar la vida de otra manera. Pero también, la enfermedad llega a la vida de alguien para abordar la cuestión del sentido, para que la persona se pregunte cuál es el sentido de su vida: "¿Qué es correcto en este momento en mi vida?" y "¿Qué no es correcto?". La enfermedad es una señal de que algo no funciona bien, no solamente al interior de la mecánica del cuerpo, sino en la totalidad de la persona (Entrevista 1). Jean-Marie comprende todo esto mucho mejor a partir de su experiencia personal que le ha implicado un fuerte trabajo durante muchos meses.

Supo también lo que era el vacío en sus expresiones físicas y psicológicas, desde el hecho de tener que cambiar completamente su alimentación por otra más adaptada a las necesidades y estado interno de su organismo (Delacroix, 1991).

Hubo ocasiones en que sentía en forma exagerada hambre, vacío, la falta de algo, seguido de la frustración y la cólera, lo que lo orillaba a cuestionarse si tanto esfuerzo era en realidad bueno. Pero, desde una perspectiva objetiva, no sentía hambre, estaba saciado y podía experimentar que esta novedad le era benéfica en su existencia. Por momentos, en su interior se debatían dos modos de vida, e incluso, a veces, se oponían. Lo cierto es que él era capaz de entender que si aceptaba la etapa presente, soltándose, como sujeto de la experiencia de vivir el vacío, la novedad que lograba percibir podía avanzar progresivamente en él, modificando con lentitud la reacción y la naturaleza de su organismo (Delacroix, 1991).

La enfermedad, en especial la de gravedad, pone a las personas ante la inminente certeza de la muerte. Una experiencia de la que se podría hablar mucho, pero que sólo toma sentido cuando quien la comparte la conoce a través de sus sentidos y de la incertidumbre que la acompaña.

> Es tenazas en el vientre, lágrimas en los ojos, pena por lo que no fue, mirada nostálgica por lo que quizá ya no será dentro de un instante; es evasión de lo inminente, mirada intensa a quien no se pudo decir 'Te amo', mirada embargada por ese dolor insoportable de 'ya es demasiado tarde' […] El miedo a morir te atenaza cuerpo y alma, se dice con una lágrima, una mirada, una sonrisa, una emoción fuerte e interior, una crispación de la mano en otra mano […] Esto no se dice así habitualmente, salvo en el caso de quienes son presa de una enfermedad grave y saben que cada uno de sus instantes presentes puede ser el último. (Delacroix, 2008, p. 362)

Y ¿qué decir de la experiencia de estar al límite de la muerte acompañando terapéuticamente a otra persona en una situación similar? También Jean-

Marie sabe de eso, cuando, enfermo del hígado, recibe a su paciente, lo mira ahí, "enfrente, con el riñón que le queda, su cáncer, sus nódulos en el pulmón y su miedo a morir, y yo con mis problemas actuales de salud, mis propios nudos y mi propio miedo a morir". Así se formaba esta intimidad terapéutica, ese espacio de encuentro. En cualquier momento lo podían llamar para el trasplante y la interrupción de la terapia podría durar varios meses; sin embargo, esto era incierto, no podía saberlo con anticipación; podían ser tres o seis meses, incluso un año, o para siempre. Como dice la tradición amerindia lakota: "Este es un buen día para morir"; en ese momento, mirándose como cómplices, podrían haber expresado: "Esta sesión es una buena sesión para terminar, aprovechemos cada instante". Ese paciente acababa de pasar una semana en Lourdes y le hablaba de perdón. Jean-Marie sintió que hablaba para él y que las intervenciones que como terapeuta hacía eran para ambos; impactante momento de tener ante sí mismo el propio espejo (Delacroix, 2008, p. 363).

Durante la entrevista, continuó diciendo que la enfermedad es eso, como un nivel de limitación. Un problema de salud en el hígado, la operación, el trasplante, vivir con el hígado de otra persona. Eso fue muy importante, y quizá la experiencia más fuerte y la más detonante de su vida.

La razón es que en un momento estuvo muy cerca de la muerte, y es algo que lo ha marcado mucho, así como todo el proceso de adaptación, teniendo en él una parte de vida de otra persona, un órgano que viene de otra persona, experimentando un tipo de relación muy particular, entre otro y él mismo. Fue necesaria una etapa de adaptación entre él y otro desconocido. Una adaptación que implicaba aceptar a otra persona en su interior. Aprender a colaborar entre los dos para que su vida pudiera continuar de otra forma, pero también para permitir a la vida de la otra persona, continuar a través de él (Entrevista 1).

Citando a Robine, Delacroix recupera que el estado más estable es un estado de muerte, un estado de degradación a partir del cual no se puede producir trasformación alguna, a menos que intervenga alguna energía externa al sistema degradado (Delacroix, 2005, p. 6). Acercarse a la muerte y elegir la vida implica una experiencia vivida doble: la primera es la suscitada por la pérdida, siguiéndole la de la instalación de la novedad, de la nueva forma experimentada en el acto de ajuste creador (Delacroix, 1991).

La enfermedad como oportunidad de crecimiento

La enfermedad es una experiencia humana muy profunda y espiritual para Jean-Marie (Entrevista 1). Un trasplante de órgano implica que el organismo recibe algo que no era suyo, el cual necesitará aceptar, integrar, asimilar, como muchas otras cosas en la vida; como las opciones que necesitamos hacer para transformar nuestras relaciones y construir otras más satisfactorias. La novedad no puede dejar su huella en el organismo, en el cuerpo, en el corazón, en las representaciones, en el inconsciente y en la interacción si no es a partir de la aceptación. Y en el vacío, entendido como espacio intermediario de la esperanza, a partir de su aridez, su ascesis y su absurdo, es el espacio en el cual va a florecer la aceptación (Delacroix, 1991).

Los distintos impactos físicos, psicológicos y energéticos que Delacroix experimentó antes, durante y después de su trasplante hepático le hicieron comprender que tenía que hacer elecciones importantes y que era necesario abandonar algunas opciones pasadas en las que se encontraba comprometido, pero que ya no le permitían afirmarse con sus diferencias ni ser reconocido y apreciado con esas diferencias para ser feliz (Delacroix, 2008, p. 145).

Hay momentos en la vida de cada persona en los que es preciso que el campo interno esté libre, vacante, vaciado de lo superfluo, para que entonces únicamente la experiencia enmarque al organismo y puedan modificarse las representaciones existentes (Delacroix, 1991).

Para Jean-Marie ese evento de su historia médica, ese momento, le enseñó a observar el fenómeno de rechazo o el fenómeno de aceptación de su parte y de parte del otro. Su enfermedad y su trasplante le abrieron los ojos sobre este tema, en particular sobre la aceptación de sí mismo y la aceptación de los otros (Entrevista 2). Porque para poder continuar viviendo, el otro que está al interior de su cuerpo y Jean-Marie, tienen que cultivar la aceptación momento a momento, requieren aceptarse continuamente. Es una cuestión de vida o muerte.

Es esta experiencia la que lo lleva a expresar que las personas que contrajeron enfermedades graves y se han planteado las preguntas indiscutibles sobre su situación —"¿Qué trata de decirme la enfermedad que yo no haya querido ver y comprender?" y "¿Qué tengo que cambiar en mi vida y en mi relación con los otros?"— han decidido hacerse cargo de su bienestar y de su cura, y con frecuencia han utilizado métodos psicocorporales, además de haber captado que la enfermedad era una invitación a abrirse a lo espiritual (Delacroix, 2008, p. 170).

Un día, Jean-Marie adquirió consciencia de la importancia de esa maravilla en su vida, y de la importancia de compartirla. El hecho, que aún le resulta admirable, de haber sido beneficiado con un trasplante de hígado, es algo que comparte especialmente con aquellos que han estado a punto de morir y cuya continuidad vital tiene algo de milagroso (Delacroix, 2004, p. 13). Su experiencia con la enfermedad ha afectado su trabajo como terapeuta: por un lado, puede escuchar mejor a las personas con problemas de salud importantes, pero, por el otro, corre el riesgo de identificarse completamente con ellas. Por eso no pierde de vista que el terapeuta no está para identificarse con el paciente. De alguna manera podemos decir que la experiencia de vida del terapeuta tiene dos posibilidades en terapia. Una que le ayuda a comprender al paciente y a estar en empatía con él, diciendo las cosas oportunas, haciendo las preguntas adecuadas en el momento preciso. Es un aspecto positivo de la experiencia. Pero el otro lado, es como un freno al proceso terapéutico (Entrevista 1).

La maravilla nos abre al espíritu y al corazón. El espíritu expandido es aquel que está preparado para dejarse preñar por la consciencia de un estado de consciencia más amplio (Delacroix, 2004, p. 19).

UNA EXISTENCIA COMPARTIDA - ESPIRITUALIDAD

Seguramente, como la gran mayoría de personas, en muchos momentos de su vida Jean-Marie ha tenido que readaptarse, cambiar cosas, modificar su manera de pensar; sin embargo, nunca ha vivido esto como un fracaso sino como momentos difíciles y de un cierto desequilibrio. Cuando tuve la oportunidad de preguntarle sobre qué aspectos o en qué situaciones experimentó la sensación de fracaso, me respondió que esa palabra no forma parte de su manera de ver la vida. Según su filosofía personal, nada es un fracaso. En realidad, cada situación, y sobre todo las difíciles, son una oportunidad de continuar caminando de otra manera, creciendo. Por ejemplo, en los meses siguientes a su importante operación, pasó por un momento muy depresivo; fue algo que nunca había experimentado. Realmente no sabía lo que era la depresión y en esos meses *conoció* en qué consistía. Es algo que viven muchas personas que se someten a un trasplante. Fue un momento muy difícil, un momento de cambio muy importante en su vida, sobre todo en el ámbito profesional, pero nunca lo sintió como un fracaso. Jean-Marie considera que cada momento o evento de su vida se presenta para enseñarle algo y por eso, en cada situación tiene que hacer un trabajo de reflexión y preguntarse: "¿Por qué viene esto en este momento de mi vida? ¿Qué me enseña?". En última instancia, según esta filosofía de vida, todo es útil (Entrevista 1).

Con frecuencia los aprendizajes que realizamos a lo largo de la vida tienen que ver con la aceptación y la expresión de nuestras diferencias en el entorno. Según PHG[21] (citado por Delacroix, 2006, p. 23), es precisamente en la salud y en la espontaneidad que las personas se diferencian más, que son más imprevisibles, más "excéntricas". En cuanto a los tipos de neurosis, los hombres se parecen mucho: el efecto de la enfermedad es el de mitigar las diferencias… el síntoma expresa el carácter único de un individuo. El tema de las diferencias es recurrente en Delacroix, quien en textos como el siguiente nos dice cómo las vive:

> Las diferencias provienen de lo que somos en lo más profundo, de nuestros fundamentos identitarios y de nuestra concepción explícita e implícita del ser humano y de nosotros como seres humanos. Comprendemos una teoría y la aplicamos a partir de lo que somos, de las influencias que nos han marcado, a partir de nuestra historia, pero también a partir de lo que la historia hace de nosotros. Rechazar al otro debido a sus diferencias es rechazar su historia y su identidad. Y eso hiere. (Delacroix, 2008, p. 43)

Jean-Marie conecta los temas de la enfermedad, de la intercorporalidad, o de la experiencia de maravillarse durante el proceso terapéutico, con el de espiritualidad. Posiblemente algunos consideren que entre la terapia y la espiritualidad no hay conexión y que incluso se contraponen. Pero no es así, si consideramos que terapia significa cuidado en varios sentidos; puede ser cuidado religioso, cuidado en general, respeto por los padres, solicitud,

---

[21] PHG, pp. 114-115.

cuidados cotidianos (Delacroix, 2008, p. 399). De ahí que la fractura entre psicoterapia y espiritualidad no tiene razón de ser cuando el psicoterapeuta realiza su trabajo como un punto de partida en un camino espiritual (Delacroix, 2008, p. 415).

Para Jean-Marie, hablar de espiritualidad es algo muy personal. Reconoce que hay diferentes tradiciones u orientaciones espirituales y que existen formas concretas de cultivar la espiritualidad. Cuando se está en la consciencia de sí mismo, cuando se es consciente de lo que pasa en uno, cuando se abre a los otros y a la vida, o cuando se siente en conexión con el universo, con el Cielo. La palabra espiritualidad habla mucho de sentirse conectado con sí mismo y con otros niveles diferentes. Se refiere también a la amplificación del campo de la consciencia. Y esto es posible si se está o no en una comunidad de espiritualidad, o independientemente de si se participa en una orientación específica, católica, budista o la que sea. Pero no es lo mismo espiritualidad que una forma religiosa. De hecho, Jean-Marie observa que en muchas personas la religión católica restringió la espiritualidad. Por eso, en su opinión, son dos cosas diferentes que pueden encontrarse, pero que también pueden estar completamente disociadas (Entrevista 2).

Pudiera ser que para los hombres y las mujeres que estamos continuamente en busca, la espiritualidad sea una invitación a recrear la unidad, a reinventar un solo y mismo acto, un solo y mismo camino en el cual lo psicológico y lo espiritual estén al servicio uno del otro y constituyan una forma única.

Entonces nos correspondería recuperar el espíritu de los terapeutas de Alejandría o de los chamanes, para quienes el acto terapéutico consiste en restaurar el lazo roto entre lo humano y lo divino (Delacroix, 2008, p. 403).

Buscar el sentido de la vida es para Jean-Marie parte del camino espiritual, como lo es la preocupación por la muerte y por cómo prepararse para morir bien. Toca a cada persona encontrar su propia manera para ir en búsqueda del sentido de la vida y a cada quien encontrar su camino personal para prepararse a la muerte (Entrevista 2).

El estado interior del hombre y la mujer que están habitados por el aliento, por el espíritu, en lo cotidiano, trasparece. Ellos difunden una presencia, una apertura y una energía que se percibe y puede transformar el entorno

(Delacroix, 2008, p. 405). Con la palabra espiritualidad continuamos en una historia de respiración. La espiritualidad sería entonces el proceso que nos permite acceder al soplo divino mediante la respiración (Delacroix, 2008, p. 398).

Delacroix (2004, p. 22) cita a M. Zundel para referirse al momento en que nos curamos por un instante de nosotros mismos y somos arrojados hacia una presencia que nos llena, al mismo tiempo que nos libera de nosotros mismos. Esta maravilla es la raíz de toda conversión a la vida interior: "Al hacer que nos desprendamos de nosotros mismos y nos suspendamos en el otro, nos introduce en ese reino del 'entre-nosotros', donde nos acercamos a Dios".

Jean-Marie Delacroix es un ser humano que ha tenido siempre clara su vocación como psicoterapeuta, con vastas experiencias —entre ellas su trasplante de hígado— que han enriquecido su práctica, han generado aspectos importantes aportando a la teoría de la Terapia Gestalt.

> Me sucede que cuando termino la lectura de un libro que me ha gustado experimento una cierta tristeza y por un instante una sensación de carencia. Me conmueve haber acompañado a los personajes en su historia, haber seguido al autor en el desarrollo de un pensamiento que implícitamente habla de él mismo, y finalmente llegar al término de la lectura. Es como un fragmento de vida que termina. Hay un duelo por hacer. Necesitaré de un tiempo antes de pasar a otra obra. (Delacroix, 2008, p. 421)

3. CARMEN VÁZQUEZ BARDÍN

SOMOS CO-CREADORES DE EXPERIENCIA

MI ENCUENTRO CON CARMEN

Conocí a Carmen Vázquez en el taller "Terapia Gestalt: Una Relación Igualitaria", impartido por ella en octubre de 2006 en la sede del IHPG en Coyoacán. Se trató del primer taller internacional en el que participé, movida por la inquietud que me dejó escuchar la admiración con la que uno de mis profesores se refería a su experiencia en un taller similar el año anterior.

Fue, en muchos sentidos, una experiencia significativa. La mayoría de los participantes eran profesores del Instituto y yo cursaba el segundo semestre de la especialidad, lo cual me provocaba un sentimiento de rareza al que no prestaba mucha atención. Durante todo el curso la oía nombrar "el PHG" y yo daba por hecho que se refería a Perls, Hefferline y Goodman, hasta que ella misma me explicó que es nuestro libro fundador y su importancia. No sólo eso aprendí; 16 horas hablándonos del *self* afianzaba y ampliaba lo aprendido en clase.

Sin embargo, lo que en verdad me impactó fue su forma de trabajar en las sesiones demostrativas que hizo. Cuando el taller concluyó me di cuenta de que lo que yo sabía de Gestalt era poco menos que nada y quizás entonces, de alguna manera, tomé la decisión de aprovechar oportunidades semejantes.

Desde entonces he participado casi cada año en un taller de Carmen y en cada uno he trabajado con ella. Le he escrito y compartido momentos y situaciones importantes por las que he atravesado, y siempre he recibido como respuesta sus palabras cálidas y su cariño. Su afecto es, como ella, verdadero y concretizado.

Al comentarle de este capítulo y de la importancia de entrevistarla, su disposición fue abierta e inmediata. Durante la entrevista respondió de forma espontánea, con sencillez y profundidad. Sentí que nuestra breve historia de afecto compartido hizo que la confianza y espontaneidad fueran el clima ideal para las preguntas que le planteé.

En los textos escritos por Carmen, en los apuntes recogidos durante sus talleres, en las respuestas que da a mis preguntas enviadas en cualquier momento, y en su compartir durante la entrevista, encontré una sintonía que confirma y enriquece mi percepción de ella.

Me gusta su realismo y sencillez cuando dice: "Las ideas expresadas en cada uno de sus artículos no son ni la verdad absoluta ni son definitivos. Pues afirmar tal cosa iría en contra de uno de nuestros principios más significativos: el flujo de la experiencia" (Vázquez, 2010, p. 14).

Me cautiva la centralidad que le da al apoyo, así como el énfasis explícito y práctico en las relaciones igualitarias.

Hay aspectos de Carmen que he "descubierto" poco a poco, como quien descubre semejanzas con su hermana mayor. Una de ellas es su condición de mujer creyente, que no duda en expresar cuando reconoce que Jesús de Nazaret es un buen modelo de apoyo y presencia. También me ha resultado especialmente agradable la clara perspectiva de género evidenciada en el cuidado de los términos con los que escribe, por lo que en varias ocasiones conservo su referencia él/ella, entre otras.

Si la objetividad es por demás imposible, lo es más cuando se trata de escribir en relación con una persona querida. Está el temor de no ser suficientemente fiel a lo recibido y el deseo de serlo. Aun así, en seguida presento mi intento de entrelazar la teoría, la práctica y la experiencia (vivencia) de Carmen Vázquez Bardín.

La infancia, el apoyo como necesidad para crecer

Infancia y dependencia

En diferentes momentos de sus escritos, Carmen habla de la infancia. Llama nuestra atención para que veamos que el primer modo de relación es la *dependencia*, considerando que el cachorro de humano es una de las crías más vulnerables y que para sobrevivir y crecer en un principio depende por completo de su entorno (Vázquez, 2010, p. 50).

Según Carmen, los niños, cuando están motivados, hacen y ya. Hacen las cosas todo lo bien que son capaces de hacerlas, sin esfuerzo para intentar hacerlo bien. Son espontáneos. Responden siguiendo un ciclo de la experiencia que implica el surgimiento de una necesidad, la respuesta organísmica (sensaciones), la identificación de las sensaciones, el contacto y la retirada (Vázquez, 2010, p. 22). Excitación, curiosidad e iniciativa son los tres recursos con los que los niños exploran el mundo y contravienen los hábitos del cuidador principal, o madre, para ensayar, desafiar, arriesgarse (Vázquez, 2010, p. 306).

Para los niños, ser tocados y acariciados, y examinar el entorno tocando, chupando, tirando o cayéndose, es el modo como van tomando forma física haciéndose conscientes de sus límites y posibilidades; esto aporta una imagen mental de cómo somos físicamente, mientras que los límites emocionales y mentales nos ofrecen nuestra "imagen psicológica", haciéndonos sentir seguros y contenidos (protegidos) (Vázquez, 2010, p. 83). En distintos momentos, durante su elaboración teórica, Carmen hace referencia a Laura Perls, y aquí la evoca diciendo que Laura comprendió el succionar, morder y masticar tras amamantar y destetar a sus propios hijos (Vázquez, 2010, p. 33).

Cada niño se encuentra con que tiene un entorno al que necesita adaptarse y va ajustándose a él por medio de todas las interrupciones, pero adopta una como forma típica haciendo los ajustes necesarios (Apuntes personales 5). Por eso, conforme crecemos, el ciclo de experiencia infantil ya no está tan claro ni es tan fluido. La educación, los mensajes de los padres, las normas sociales, las funciones, la adecuación o inadecuación comienzan a causar trastornos en este ciclo organísmico (Vázquez, 2010, p. 22). Para Carmen, el tiempo de infancia tuvo sus peculiaridades. Es la segunda por arriba, tiene un hermano 14 meses mayor con quien ha tenido más relación, después uno que murió, en seguida otro y, finalmente, otra mujer (Entrevista 3). Carmen es consciente de que en su niñez, para ser alguien y saber de algo, tomó como referencia las frases, las actitudes y las emociones que otras personas manifestaban sobre ella, sobre lo que le rodeaba y el mundo en general. Además, al creer en ellas se convirtió en una niña "buena y obediente", con lo que ganaba que la quisieran (Vázquez, 2005, p. 19).

En esa época cada hermano tenía su habitación, además del sitio donde jugaban todos. Tener cada uno su habitación implicaba tener tiempo de intimidad y en ese sentido eran muy independientes (Entrevista 3). Carmen era la actriz de la película, en la que las demás personas eran los guionistas, productores, director e incluso los espectadores. Su papel en ella no era muy afortunado, pero creció pensando que era el *papel de su vida*, el único que parecía ser capaz de representar: el papel de una niña muy buena, muy formal, muy tímida, muy obediente, muy sumisa, muy... todo lo que se quiera poner (Vázquez, 2005, p. 19).

Sin embargo, como ella misma dice (Vázquez, 2010, p. 41), en todas las circunstancias lo no familiar nos llama y desafía nuestro equilibrio; entonces convocamos nuestros poderes creativos para buscar un nuevo matiz de apoyo que nos permita el encuentro necesario con la novedad. La *independencia* aparece en la preadolescencia y en la adolescencia se instala con solidez. Para entonces, lo que había sido sumisión y acatamiento pasa a la polaridad opuesta. Progresivamente hay un "cierre" de frontera (Vázquez, 2010, p. 50).

De la adolescencia rebelde a la adultez

El adolescente necesita probar con sus entornos. Si en los primeros años hubo acatamiento sin digerir, en este tiempo hay rechazo sin analizar. Empieza así el sentido de pertenencia como una elección, se comienza a ser responsable de algunas de sus propias intervenciones en el mundo social y relacional, pero no del todo (Vázquez, 2010, p. 51). Carmen recuerda que creció como adolescente más o menos igual que en el tiempo anterior, mucho más activa y mucho más rebelde, pero no con mucha iniciativa.

Después de los 12 años lo que hacemos es repetir el "mundo que hemos aprendido" (Apuntes personales 6). De acuerdo con Carmen, el fin de la adolescencia da paso a la *autonomía* entendida como la capacidad de *ser uno mismo con otro*. Aquí tienen cabida el intercambio, diálogo, respeto e igualdad. Tocaría la entrada en el mundo adulto, como miembro de pleno derecho, para perfeccionarse con el paso del tiempo y de las interacciones. Se supondría que para entonces, la intencionalidad, la responsabilidad y la capacidad de compromiso están plenamente desarrolladas. La persona adulta sabe y puede hacer elecciones y rechazos, así como compartirlas con otra persona de manera respetuosa. Es justo en este momento donde Carmen ubica el inicio de las relaciones igualitarias (Vázquez, 2010, p. 51).

Nuestra teórica resalta que, a medida que la persona crece, la asimilación de las distintas experiencias vividas influye en las evaluaciones morales y los juicios sobre su propio comportamiento (Vázquez, 2008, p. 311). Aludiendo a su propia experiencia comenta: "Un día empiezas a sacar tus propios recursos. Decides arriesgarte a vivir tu propia película, a dirigirla tú mismo y descubres que no sólo no te dejan de querer, sino que te quieren de una forma mucho más total y mucho más plena" (Vázquez, 2005, p. 20).

Cita el PHG al expresar:

> Los sentimientos de la infancia son importantes no porque constituyan un pasado que sea necesario deshacer, sino porque constituyen algunos de los más maravillosos poderes de la vida adulta que deberíamos recuperar: la imaginación, la espontaneidad, el carácter directo de la consciencia inmediata, la manipulación y la iniciativa.[22] (Citado en Vázquez, 2008, p. 118 y en varios textos)

Estas son características que le gustan mucho y que, como ella dice a sus clientes: "Yo pagué para que me volvieran a sacar mis valores infantiles". Seguramente no es la única que ha pagado a un terapeuta para que le ayudara a sacarlos, porque está convencida de que son muy buenos. Al respecto, bromea diciendo que sus siete primeros años de terapia se los pasó trabajando su parte infantil.

Nuestra teórica siente un especial agrado por Goodman cuando este separa y hace clara la diferencia entre el psicoanálisis, el cual considera que

---

[22] PHG II, 5, 8, 3.

infantil e inmaduro es lo mismo y que es algo que habría que quitar, mientras que para él es imposible construir la adultez sin que lo infantil represente los cimientos, porque infantil no quiere decir inmaduro. Carmen interpreta esto como el poder hacer cosas, una idea de complicidad, la irresponsabilidad que muestran los niños que no intentan esforzarse por hacer las cosas bien, solamente las hacen (Entrevista 3).

Centralidad del apoyo

Carmen Vázquez recuerda a su madre con una presencia muy significativa. Tiene en mente que, si bien la contribución más evidente de Laura Perls a la teoría de la Terapia Gestalt fue su insistencia en el concepto de apoyo como la condición implícita para el contacto, para la relación: "El contacto sólo puede ser bueno y creativo cuando existe el apoyo necesario para permitirlo" (Vázquez, 2010, p. 34), en realidad ha sido su mamá la que le ha dado un fondo, sin hablarle teóricamente, del apoyo, el cual, de alguna manera, le ha permitido florecer en ese sentido.

La mamá era también la que no los dejaba sacar un pie fuera de casa. De hecho, algunas veces llegó a decirle: "Si en lugar de haber vivido en Madrid viviéramos en un pueblo pequeñito, seríamos todos analfabetos porque no nos habrías dejado ir ni al pueblo de al lado a la escuela". Sí, la fuerza de la madre fue grande, pero esa mujer hizo siempre algo fantástico: de una forma clara confiar en sus hijos (Cfr. Entrevista 3). En palabras de Carmen:

> Era algo así como: "Me da miedo", y creo que eso lo hacía muy gestáltica, sin saber que existía la Terapia Gestalt, "me da miedo, me voy a quedar preocupada, pero entiendo que tendrás que salir, entiendo que tienes que vivir tu vida y lo único que te recuerdo es que lo que hagas lo haces para ti, así que, cuando llegues tú, a la hora que sea, si no te importa, entras, me dices que ya has llegado y punto", y eso lo hizo durante toda su vida, hasta que nos independizamos... Era alguien que te decía: "Por mí no saldrías porque me da miedo, pero entiendo que necesitas vivir tu vida y confío en que la vas a vivir bien". (Entrevista 3)

Lamentablemente, podemos constatar lo certero de su afirmación en cuanto a que las familias de las últimas generaciones no han sabido brindar el apoyo y el calor suficiente a sus miembros, con lo cual estamos en un mundo dominado por el conocimiento, la utilidad, la practicidad y el deslumbramiento. Vemos que los sentimientos se rechazan pensando que son cursis e impropios, y se les considera como algo fingido y con un trasfondo de manipulación e interés (Vázquez, 2010, p. 139).

El apoyo es importante y apoyarse es importante (Entrevista 3); por eso hemos de crear las condiciones para que la relación tenga lugar estando genuinamente con el otro. Sólo el apoyo hace posible esta disponibilidad de mostrarnos y ser vistos y dejarnos ver por la otra persona (Vázquez, 2010, p. 35).

Personalmente es un placer —y alivio— leer reiteradamente que para Laura Perls era un requisito indispensable crear el apoyo suficiente y necesario pues únicamente de ese modo el proceso de estar en relación sería fluido, espontáneo y posible (Vázquez, 2010, p. 35). En la época en que Fritz todavía usaba el diván analítico y se sentaba fuera de la vista del paciente como Freud, Laura trabajaba cara a cara. Si quería que alguien se tendiera, señalaba el suelo porque "era un mejor apoyo y podíamos hacer experimentos de coordinación y de alineación" (Vázquez, 2010, p. 33).

Carmen Vázquez afirma que en la Terapia Gestalt, el apoyo es un requisito imprescindible para que exista el contacto, para que pueda tener lugar la relación entre el organismo y el entorno. De acuerdo con ella, somos conscientes inmediatamente y de un modo holístico y organísmico, de la falta de apoyo, pero con frecuencia no lo somos, ni tiene sentido que lo seamos, cuando lo hay (Vázquez, 2008, p. 209). A decir de Laura Perls[23]: "Si somos flexibles nos permitimos tambalear, mantenemos nuestro nivel de emoción [...] y conquistamos ese territorio nuevo, esto nos proporciona más apoyo, más experiencia [...] He aprendido a vivir con la incertidumbre sin ansiedad [...]".

Por otra parte, que Carmen trabaja desde una perspectiva de campo en coherencia con la propuesta de nuestro libro fundador —PHG— puede percibirse también en el lugar donde sitúa el apoyo: "El apoyo se hace en 'el

---

[23] Kurdika, Nijole (2005), Laura Perls, interview, Der Therapeut ist ein Künstter, Gestalt Kritik, p. 145, citada por Carmen Vázquez.

campo' de la relación terapeuta/paciente en el aquí-y-ahora de la sesión con 'lo dado' de la situación [...] La situación real y presente, no lo olvidemos, es un ejemplo de toda la realidad que ha sido o será"[24] (Vázquez, 2010, p. 59).

La necesidad de un buen apoyo en el campo incluye el autoapoyo en cada uno de los dos polos y el apoyo general de la situación y del momento (Vázquez, 2010, pp. 59 y 262). Ciertamente, es importante que no se dé más apoyo que el necesario (Apuntes personales 6).

Una creatividad muy personal

Si bien hemos de recordar que los seres humanos no perdemos ninguna de las habilidades desarrolladas en las etapas anteriores (Vázquez, 2010, p. 51), en palabras precisas de Goodman, necesitamos recuperar *los maravillosos poderes de la infancia* (Entrevista 3).

Desde un punto de vista físico, cada vez son más los casos de fragilidad mental, así como las dificultades de tocar y ser tocados físicamente de niños y adolescentes. Los cuidadores no tienen tiempo ni intenciones de jugar, tocar, acariciar y achuchar a sus hijos (Vázquez, 2010, p. 82). De ahí que, la mayoría de las cualidades y defectos que sentimos como propios y como parte de lo que consideramos que somos, no son otra cosa que reacciones *condicionadas* a las experiencias tenidas en la infancia y que hemos integrado y asimilado como parte de nosotros mismos (Vázquez, 2008, p. 362).

De nuevo cita Carmen el PHG cuando dice que al llegar a ser adulto: "La mayor parte de las características y de las actitudes de la infancia dejan de tener importancia, son las actitudes del adulto las que constituyen la novedad, ya que la fuerza, el conocimiento, la fecundidad, las aptitudes técnicas aumentan para constituir progresivamente una nueva totalidad"[25] (Vázquez, 2010, p. 307). Sin embargo, cita ahora a Sartre y a Perls: "Lo importante no es lo que han hecho de mí en el pasado, sino lo que yo hago, en el presente, con lo que han hecho de mí en el pasado" (Vázquez, 2008, p. 166).

Carmen, que lee con seriedad —y ama— el PHG, parece haber asumido la tarea de desarrollar su propia creatividad como uno de los *maravillosos poderes* que le interesa recuperar. En sus palabras:

---

[24] PHG II, 15, 2, 4.

[25] PHG II, 5, 13, 2.

Sí, muchas veces —siempre— me he creído poco creativa. Recuerdo en mi colegio, cada vez que nos llevaban a la iglesia — que era con mucha frecuencia pues era colegio de monjas— que alguna de las cosas que le pedía a Dios era: por favor, quiero ser creativa, por favor no quiero ser tan sosa. Por favor quiero ser creativa para cortar vestidos y hacer ropa. Pero creo, creo que soy muy creativa. Pinto fatal, no escribo bien, no dibujo bien, no coso bien, no canto bien —eso que antes tenía una bonita voz y cantaba en un coro—, pero creo que soy creativa acercándome al otro. Le doy gracias a Dios porque lo que pienso es: Ok, soy creativa y encima tengo un modo original […]. (Entrevista 3)

Amor y duelo

Cuando Margherita Spagnuolo-Lobb, en la introducción a *Buscando las palabras para decir. Reflexiones sobre la teoría y la práctica de la Terapia Gestalt* (Vázquez, 2008, p. 17), escribe: *"Posiblemente amor* es una profunda asimilación del concepto del poder del campo y de su aplicación a la formación", nos comparte su reflexión al leer ese capítulo sobre el hecho de que "hace falta mucho amor por la humanidad para renunciar al propio poder personal e institucional con la finalidad de consentir que el otro emerja".

Carmen Vázquez es —según mi percepción y en lo limitado de lo que he leído de terapia Gestalt— de las teóricas que más y mejor abordan el tema del amor en diferentes ámbitos. Coincido con Margherita en que "este mensaje poderoso de la Psicoterapia Gestalt es filosófico, antropológico, político, espiritual […] radical". Considero que sólo es posible decir lo que Carmen dice, cuando se ha experienciado y asimilado la experiencia de amar como ella lo ha hecho.

¿Amor? Sí, amor

En un taller sobre el duelo, Carmen Vázquez decía "no se puede amar por prescripción". Cierto, el amor no es un sentimiento sino un estado emocional, que siempre está acompañado de un conjunto de sentimientos (Vázquez, 2010, p. 130).

De una forma por demás poética, nuestra autora expresa que amar es un acontecimiento que surge de forma espontánea y que sentirse sorprendido por su aparición puede ser considerado como una gratuidad de algunas formas de relación. Entonces sólo queda rendirse ante su aparición ya que con la habilidad de estar presentes hemos sabido conjurarlo (Vázquez, 2010, p. 153). El amor es, por tanto, la posibilidad de comprensión, que nos permite reconocer al otro como sujeto, y sentirlo, en el amor, como *alter ego*, otro Yo (Vázquez, 2010, p. 338).

Me pregunto si lo que hace que Carmen se exprese de esta manera sobre el amor es su experiencia con Antonio, su joven esposo, de quien a dicho en alguno de sus talleres: "Mi marido y yo *éramos* muy enamorados" (Apuntes personales 6). El amor —añade— es un fenómeno del campo que ocurre como resultado de un proceso que no requiere largo tiempo, sino que sea cualitativa y estéticamente intenso (Vázquez, 2010, p. 147). Cuando se hace presente en nuestra vida, nos sentimos plenos, sanos, vitales y bien, el amor nos hace amorosos con nosotros mismos, con el mundo y con los demás. La vida nos sonríe (Vázquez, 2005, p. 61).

Para Carmen, aunque parezca paradójico, es más fácil pensar el amor en términos de Terapia Gestalt, que tratar de explicarlo fuera de nuestra teoría. El amor sería entonces, un estado emocional resultado de compartir la presencia, de compartir instantáneamente el *aquí-y-ahora*. "Es el reconocimiento mutuo, en el campo, primero de nuestra unión para inmediatamente sentir nuestra singularidad e individualidad" (Vázquez, 2010, p. 142). De ahí que una de las principales condiciones del amor es un fuerte sentimiento de individualidad y *autonomía*, lo cual supone que el otro puede sentirse libre para estar juntos así como para irse (Vázquez, 2010, p. 134).

Por otra parte, la *responsabilidad* es una característica significativa de la relación. El vínculo del afecto es un lazo emocionalmente fuerte que "nos hace querer estar y saber de la otra persona, ayudarnos, protegernos mutuamente y acariciarnos". Por eso es una de las relaciones humanas más positivas (Vázquez, 2010, p. 138). A propósito de este dinamismo, me parece adecuado colocar aquí la cita que Carmen hace del Ensayo de Laura Perls de 1985:

> La verdadera creatividad está estrechamente vinculada con la consciencia de la mortalidad. Cuanto más clara sea esta consciencia,

más fuerte es el deseo de producir algo nuevo, de participar en la infinita e interminable actividad de la naturaleza. Esto es lo que convierte al sexo en amor; a las masas en sociedad; al trigo en pan y a las uvas en vino; y al sonido en música. Esto es lo que hace que la vida sea vivible y, también que la terapia sea posible. (Vázquez, 2010, p. 44)

Continuando con su experiencia, Carmen relata que se casó cuando tenía 21 años y su marido iba periódicamente a Nueva York pero a ella le dio por no irse. Cuando él iba a salir, se grababan mutuamente un casete que se entregaban, así oían lo mismo todo el tiempo (Apuntes personales 6). Tal vez tenía que ver con lo que después escribiría de que "en todos los órdenes de la vida, mantener la impaciencia aumenta el placer de la consecución" (Vázquez, 2010, p. 236). La inquietud y la impaciencia son dos habilidades del ser humano que ayudan a la autorregulación, a sentir que estamos vivos y vivir satisfactoriamente la vida, incrementando el entusiasmo y fascinación. Tristemente, ambos aspectos han sido considerados como disfunciones que hay que evitar aun a riesgo de la salud y del equilibrio (Vázquez, 2010, p. 237).

El principal hecho que marcó la vida de Carmen fue la muerte de su marido en un accidente en Nueva York, apenas al año siguiente de casados. Aunque después tuvo cierta intensa vida de amantes, no se volvió a casar. En este sentido, ella misma considera que si hubiera seguido casada posiblemente nunca se hubiera dedicado a la Terapia Gestalt, o esta sólo hubiera sido un pasatiempo porque ya empezaba a vislumbrar lo que era, pero quizás nunca se hubiera dedicado con tanta intensidad. En su lugar habría hecho la vida de familia y tenido hijos. De ahí que haya sido una marca muy importante que la afectó muchísimo (Entrevista 3).

Carmen aprendió que no existe duelo si no hay amor, que únicamente es un duelo cuando nos falta alguien que queremos, y que, por tanto, la polaridad de la muerte es el amor (Apuntes personales 6). Por eso afirma: "Solamente la muerte de un 'tú', de alguien cercano y querido, de alguien cuya vida se entrecruza y entreteje con la nuestra, allana el camino para una experiencia existencial de algo irrevocable y definitivo" (Vázquez, 2010, p. 377).

Aún hoy, Carmen evoca su experiencia al lado de su marido con la canción "Morir al lado de mi amor" de Demis Roussos (Apuntes personales 6).

> Diga lo que diga / calle lo que calle, mi corazón grita /
> sin estar estás
> Y me amarro el corazón las miradas, las palabras
> Y sin poder evitar,
> El deseo, el sueño, el amor,
> Se me escapan por la piel.

Y posiblemente recoge su experiencia al escribir: "Si supiera que hoy es la *última* vez que te voy a ver dormir, te abrazaría fuertemente y rezaría para poder ser la guardiana de tu alma... si supiera que estos son los *últimos* minutos que te diría 'te quiero', no asumiría, tontamente, que ya lo sabes" (Vázquez, 2010, p. 154).

Un duelo es un sufrimiento humano. La tristeza es como una pastilla de jabón atravesada en el corazón, sólo se disuelve con agua; por eso, llorar es un acto de intimidad, es reconocer la impotencia ante otro. Nada hay que alivie el sufrimiento, lo único que puede hacerse es compartirlo. Lo bello es que las penas compartidas no son menos dolorosas sino más dulces (Apuntes personales 6).

Durante el proceso de duelo el entorno desaparece, se nos arrebata produciéndonos "una situación de frustración, de privación, y la frontera empieza a tensarse de una manera insoportable ya que las exigencias propioceptivas no se pueden equilibrar desde el entorno" (Vázquez, 2008, p. 86). En un duelo hay muchísimo que destruir (aniquilar). Cuando murió Antonio, Carmen necesitó golpear la guitarra de su marido contra la pared hasta destruirla. Al morir su mamá, que era la que unía a aquella familia, dejó a sus pacientes de las 10 de la noche para estar con sus hermanos y requirió de la ayuda de sus amigos para no dejar su vida como la tenía (Apuntes personales 6).

Actualmente, no son del tipo de hermanos españoles o de familia española que se ven los domingos para comer juntos o se reúnen para ir de compras y se llaman a todas horas, no. A veces pasan tres o cuatro años hasta volver a ver a su hermana. Es, en sus palabras, *una relación muy rara*, en la que no parecen necesitar llamarse aunque saben que cuentan con la otra persona siempre que lo requieran. Mientras tanto, se respetan profundísimamente y cada una tiene su vida, sus amistades, su gente. De hecho, cuando hablan no es que tengan que volver a reorganizar la relación. Mantienen una relación muy cercana, como la tenían en casa con su madre. Y ahora es como si, en lugar de ser la casa familiar, las habitaciones fueran el mundo. Se ven cuando se ven (Entrevista 3).

En los momentos de dolor nos sentimos espesos, preocupados, desequilibrados; entonces implicamos nuestras facultades creativas para encontrar, inventar, innovar y equilibrarnos creativamente. El sufrimiento invita a que respondamos en forma creativa, artística, a fin de que formemos *gestalten* fluidas y agraciadas; revivifiquemos la vida y reencarnemos nuestro mundo (Vázquez, 2010, p. 41). "No olvidemos que los desequilibrios son un signo de vida. Solamente lo muerto es estático y no cambia" (Vázquez, 2010, p. 235).

Cada duelo es único en cada persona. Al final parece que acaba el proceso de duelo, pero no acaba el duelo. Sin embargo, amor es también la superación de una crisis. Es muy difícil guardar ausencias, en ese momento la mejor lealtad es quitar la lealtad (Apuntes personales 6). Volver al riesgo de estar presente y ser visto es lo único que hace que la vida merezca ser vivida, es lo único que da sentido a nuestra existencia y nos llena de satisfacción (Vázquez, 2010, p. 99).

Después de sufrida la muerte de su marido, Carmen, de alguna manera reorientó toda su vida. Es como si al final se hubiera acabado casando con la Terapia Gestalt. Cuando conoció a Margherita Spagnuolo se le abrieron las puertas del mundo gestáltico. Antes de eso vivía muy encerradita en su España; sin embargo, casi inmediatamente después, gracias a Margherita, conoció a Ruella Frank (Entrevista 3). Y así fue creando nuevas relaciones.

De mil formas, el amor apela a una necesidad de pertenencia y de creación de vínculos que permitan satisfacer no sólo la pertenencia sino la posibilidad de identificarse y de individualización muy aceptadas en la teoría de la Terapia Gestalt (Vázquez, 2010, p. 135). El amor es el ingrediente principal para formar a un individuo sano, centrado y creativo (Vázquez, 2010, p. 137).

Son dos los hitos más importantes en la vida de Carmen. El primero, nada agradable y fundamentalmente el más significativo, fue la muerte de su marido. El otro, muy agradable, la amistad de Margherita Spagnuolo. Uno de muerte y otro de amor. Sin duda, su compromiso con la Terapia Gestalt ha sido un aspecto esencial para no lamentar la falta de hijos; no ha sentido necesidad de ello. Hay personas queridas a quienes recibe como tales (Cfr. Entrevista 3). Y es que, "cuando te comprometes de verdad, esto es, tanto en la fortuna como en la adversidad, ocurra lo que ocurra dentro de los límites de esa situación […] no hay salida" (citando a Laura Perls, Vázquez, 2010, p. 145).

Muchas veces no queremos aceptar nuestros compromisos ya que tememos nuestra propia des-estructuración y perdernos a nosotros mismos en la relación. Con frecuencia no queremos/sabemos mantener nuestros compromisos, sobre todo en tiempos de crisis, porque nos da miedo perder lo que tenemos, aunque en ese momento no nos ayude mucho (Vázquez, 2010, p. 145).

Carmen no sólo ha vivido su propio duelo. Ha acompañado a muchas otras personas en situaciones muy dolorosas, como la secuela del terrible ataque terrorista del 11 de marzo en Madrid. Ciento noventa experiencias que la marcaron profundamente y enriquecieron su catálogo de experiencias. Si bien ella vive como un honor el haber colaborado con lo que hizo, considera que todas las relaciones de nuestra vida nos marcan y nos cambian de alguna forma. Unas quizá las percibimos con más intensidad, porque les damos un mayor significado, pero todas las experiencias nos marcan.

Cuando habla de lo vivido en ese tiempo, Carmen expresa gran gratitud tanto a Margherita, que estuvo ahí por teléfono, como a Ruella, pues cuando Carmen volvía a su Instituto "como loca y no sabía por qué necesitaba hablar. Bueno, sí, necesitaba sentir cerca a alguien, y sí, llamé a Ruella y Ruella me contestaba y volvía a correr, a donde estaban identificando a los muertos" (Entrevista 3). Seguramente el significado es mucho más doloroso, profundo y terrible; tal vez la experiencia la volvió un poco más seria y profunda.

A propósito, reflexionando sobre el término de la existencia, Carmen afirma que no es la muerte en sí misma lo que nos impacta, sino el no saber cuándo vendrá y de qué manera será. Es el hecho de la temporalidad de nuestra existencia (Vázquez, 2010, p. 366). Como ella misma recordaba de Elbert Hubbard: "No se tome la vida demasiado en serio; nunca saldrá usted vivo de ella" (Apuntes personales 6).

A fin de cuentas, lo que pensamos de nosotros mismos llega a ser verdad para nosotros. Según nuestra autora, cada persona es responsable de lo que le ocurre en la vida, lo mejor y lo peor, y eso la incluye a ella (Vázquez, 2005, p. 17).

LA TERAPEUTA

De acuerdo con Carmen Vázquez, el PHG plantea un modelo gestáltico revolucionario cuyo punto de partida es la *frontera de contacto* y en el que un aspecto comúnmente referido es la "fe que implica saber, más allá de la simple consciencia inmediata, que si uno da un paso más allá, seguirá encontrando un suelo bajo sus pies". Para Carmen, la Terapia Gestalt es una co-creación improvisada que requiere, entre las actitudes del terapeuta, la coherencia de practicar lo que predica y para quien lo mejor no es acertar sino arriesgar (Apuntes personales 3).

Laura Perls, su maestra

Cuando Carmen habla de sí misma, expresa su convicción de que el germen de muchos aspectos de la Terapia Gestalt basada en el apoyo, se lo dio su mamá; es algo que tiene clarísimo. La recuerda como una mujer fantástica, que quizás hizo menos cosas de las que quería hacer; ella se quedó sin mamá cuando tenía nueve años y hubo de ocuparse de una hermana más pequeña y del abuelo de Carmen, que era militar. Donde destinaban al abuelo, allí iba la madre con su hermana. Fue una persona humilde que luego se casó y, aun cuando no estudió ningún tipo de carrera, era una persona fundamentalmente apoyadora, sin saberlo. Tuvo cuatro hijos y los trató como si fuesen únicos, lo que parecía impedir la oportunidad de tenerse envidia, y en eso coincide en sus muchos diálogos con su hermano mayor (Entrevista 3).

Al describir su experiencia en relación con su madre, toca aspectos significativos que me conmueven profundamente en relación con mis padres y me lleva a pensar en las valiosas *herencias* que recibimos de ellas y lo que hacemos con estas. Entonces, continúa nuestra terapeuta: "Muchas, muchas de las características de mi manera de estar con el otro, tienen su raíz en mi mamá y yo lo *único* que he hecho ha sido apoyarlas con la teoría de la Terapia Gestalt o con el apoyo visto según Laura Perls y... compartirlo" (Entrevista 3).

Al morir su marido le quedaba un año de estudio en psicología, así que lo acabó. Luego viajó a Estados Unidos y aprendió lo que es la Terapia Gestalt, y así fue volcándose en su carrera. En ese tiempo muchas veces soñaba con tener una consulta con pacientes, con hacer algún grupo y que asistieran personas (Entrevista 3).

En varios aspectos significativos siento que Carmen expresa con soltura, sencillez, claridad y de forma tajante, como un valor, lo que para otros gestaltistas pudiera ser tenido como debilidad o carencia (lo cual es un alivio para mí y un ánimo que agradezco desde lo más íntimo). Los dos temas que me evocan esta sensación son el apoyo y las relaciones igualitarias.

Con respecto al apoyo, Carmen recuerda que el primer tipo de formación que hizo fue ateórica, en la que indiscutiblemente lo más importante, y lo único, era *frustrar*. En España era muy claro: lo importante es la frustración. Pero eso es algo que nunca ha tenido mucho que ver con ella. Dice de sí —con cierta ironía— que no es buena para frustrar, le da la sensación —y a mí— que eso es hacer daño, por muy bueno que pueda ser para nuestros pacientes (Entrevista 3).

Por fortuna descubrió que el modelo de Laura no era la frustración sino el apoyo. Fue como una revelación, ya que, después de aprender Terapia Gestalt —la ateórica— y después de tener su consulta e incluso su Instituto y trabajar así, renunció abiertamente a la Terapia Gestalt porque le faltaba algo. No acababa de llenarla. Le vino muy bien en ese tiempo dedicarse a leer psicolingüística, análisis transaccional, bioenergética, técnicas de comunicación; fue como hacer un rodeo hasta volver a llegar a la Terapia Gestalt, donde realmente quería estar (Entrevista 3). A Carmen le gusta hacer las cosas muy bien y, en este sentido y por experiencia viva, sabe que la vida frustra y frustra mucho y ella jamás lo haría mejor; por tal motivo, decidió ser apoyadora en lugar de frustrar (Apuntes personales 6).

> Los terapeutas gestálticos no emplean técnicas: se implican ellos mismos en la situación utilizando todas las habilidades profesionales y experiencia de la vida que hayan acumulado. El terapeuta y el cliente se descubren mutuamente y cada uno se descubre a sí

mismo y juntos crean una relación", diría Laura en 1976. (Vázquez, 2010, p. 178)

En sus continuas referencias a Laura Perls, nuestra teórica resalta cómo, para ella, las urgencias del compromiso existencial se fusionan con la estética llena de la gracia del vivir. Laura enseñó la Terapia Gestalt como una psicoterapia existencial, experiencial y experimental (Vázquez, 2010, p. 29), tres características que seguramente, y en diversa intensidad, asimiló Carmen. En Laura —según nuestra teórica— podemos encontrar:

> Una presencia sólida, una persona estable que hablaba del contacto y del apoyo, de la centralidad de la Terapia Gestalt como una tarea creativa, de la certeza de sus principios sobre el ritmo, la gracia y la claridad expresados a través de los movimientos fluidos de nuestro ser, nosotros mismos corporizados en la relación, en el contacto. (Vázquez, 2010, p. 31)

Posiblemente es a partir de la influencia de Laura y de su propia experiencia como terapeuta, que menciona como cualidades estéticas de la terapia: "armonía, ritmo, claridad, tono, gracia, fluidez..." Y resalta que un proceso fluido tiene su propio ritmo y armonía, lo que le distingue fácilmente de uno lleno de "vacilaciones, rigideces, verborrea, imprecisiones y oscurantismo" (Vázquez, 2010, p. 37). Cuando, por algún motivo, sentimos que hemos perdido *las cualidades estéticas* en el ritmo de la vida, y experimentamos preocupación, ansiedad, incomodidad o torpeza, es el *awareness* de esa complicación lo que provoca nuestra creatividad para restaurar el equilibrio (Vázquez, 2010, p. 40).

Carmen insiste en la importancia del trabajo personal del terapeuta y continúa refiriéndose a Laura Perls: "Si queremos ayudar a nuestros pacientes a realizarse como seres realmente humanos, nosotros también tenemos que tener el valor suficiente como para exponernos a los peligros de ser humanos" (Vázquez, 2008, p. 159).

Nuestra terapeuta Gestalt comparte algunas anécdotas para hablar de la relación con sus pacientes y lo primero que dice con toda espontaneidad es que es estupenda. Tiene una vida intensa con viajes frecuentes, pero parece que esto no interfiere negativamente en el proceso; simplemente no los ve y aunque en ocasiones se apena por eso, en general se alegran y comparten el orgullo por ella (Entrevista 3). Sin embargo, a veces sí hay cierto reclamo.

> Una conocida de un estudiante a quien amablemente le cedió su hora después de preguntarme a mí sí me podía parecer bien. Yo le decía: "Es que solamente lo voy a ver una hora". "Pero está muy angustiada", me dijo, y finalmente llegó una señora que no tenía ni idea de psicología, no tenía ni idea de psicoterapia... además, una señora muy sencilla. Cuando le comenté: "Lo siento muchísimo, es que yo os he dicho que os veo ahora pero ya no puedo hasta dentro de un mes porque me voy' se me queda mirando y dice: "Una cosa y ¿por qué se tiene que ir usted?" Bueno, me pareció tan tierno y le dije: "Oh, bueno, tengo un billete, ya lo tengo comprometido, me esperan en México". Pero le salió del alma, me parece tierno este tipo de cosas. Esa especie de... buen clima. (Entrevista 3).

Ir y venir

Uno de los aspectos que llama mi atención y al cual Carmen se refiere, de manera teórica y práctica, en sus cursos, es el *ir y venir*. En la teoría de campo hay lo que ella llama *el latido de la vida*. Todo en la vida funciona con ir y venir (Apuntes personales 3). Tiene que ver con el apoyo.

En el encuentro entre terapeuta y paciente, este *ir-y-venir* de uno a otro va acrecentando la excitación, el interés y la fascinación por la otra persona, por lo que está sucediendo, por la co-creación del momento presente. Y acontece de modo espontáneo, ya que las personas estamos hechas para reaccionar y afectar al otro (Vázquez, 2010, p. 261). Y en ese aspecto, como en todo lo referente a la sesión, el terapeuta no tiene la libertad de hacer lo que quiere sino la libertad de hacer lo que decide con lo que está presente (Apuntes personales 3).

Este ir–y-venir se expresa no únicamente en el ritmo de nuestro organismo como una manifestación de vida y de salud, no sólo en la sesión terapéutica, sino también en las relaciones con quienes nos rodean: hablo/escuchas/hablas/escucho (Vázquez, 2010, p. 39).

Corporalidad

Imagino que, al igual que yo recupero de Carmen los aspectos teóricos que tienen para mí especial relevancia, ella retoma de Laura en un sentido similar. No sólo por eso, sino también porque he observado su trabajo, sé que la dimensión corporal es significativa para ella. En Laura Perls había una continua insistencia en las posturas corporales (Vázquez, 2010, p. 35) y Vázquez Bardín utiliza las palabras de Dan Bloom para expresar:

> Cuando Laura nos llamaba la atención sobre nuestros cuerpos, a menudo era para hacer este comentario: "Tienes que tener un cuerpo para ser alguien"; estaba haciéndonos conscientes de que atender a nuestras propias sensaciones era atender a la sensación de estar vivos en aquel momento. Sus observaciones eran peticiones de compromiso existencial. (Vázquez, 2010, p. 42).

En cada sesión terapéutica de modelaje, invariablemente he visto a Carmen llevar la atención hacia las sensaciones e invitar a algún tipo de movimiento y consciencia corporal. Para tal efecto hace hincapié en que la Terapia Gestalt se ocupa del cuerpo en movimiento, de los micro o macro movimientos corporales que hacemos espontáneamente cuando nos relacionamos (Vázquez, 2010, p. 161). De hecho, la fenomenología incluye al cuerpo. Nos hace ver no sólo los macromovimientos sino los micromovimientos (Apuntes personales 6).

Considerando que la Terapia Gestalt es holística y que, por tanto, es preciso formular el trabajo gestáltico con el cuerpo dentro de esta perspectiva, tendríamos que integrar el trabajo terapéutico con el cuerpo dentro del proceso global de cada sesión de terapia, cosa que, como ya mencioné, ella hace continuamente (Vázquez, 2010, p. 159). Para Carmen, la emoción implica registrar un conjunto de sensaciones, pone color y significado a la experiencia, me dice lo que está pasando. Sin embargo, no parecemos estar acostumbrados a traducir en sentimientos lo que sucede en nuestro cuerpo (Apuntes personales 3).

El aprendizaje del trabajo con el cuerpo, concretamente con los patrones de movimiento, los tomó de Ruella Frank (Entrevista 3). Según su experiencia, es sumamente útil trabajar con ellos: abandonarse, alcanzar, empujar, atraer (Vázquez, 2010, p. 268). Después ha seguido su propio estilo de cómo utilizarlos. Ella se considera una Terapeuta Gestalt "radical" por el hecho de que está siempre muy atenta a lo que dice el famoso PHG. Tal vez eso hace que Ruella no hable de apoyo como lo hace Carmen y que pueda ser bastante diferente una manera de otra.

Eso es parte de lo que hace que la Terapia Gestalt sea muy rica, que hablando del mismo concepto se entienda y se aplique de forma peculiar. Lo importante es ser coherente con la manera en que uno entiende el desarrollo de ese concepto (Entrevista 3). En opinión de Carmen, no se puede empezar por lo relacional para después acabar en lo psicológico; hay que empezar por lo físico, luego lo psicológico, lo emocional y lo relacional.

Continuando con lo corporal, Vázquez Bardín da por hecho —con bastante optimismo, creo— que el terapeuta es capaz de estar atento a sus sensaciones reconociéndolas, que conoce la teoría y la práctica terapéutica, sabiendo apoyar el proceso, así como que le resulta fácil el *ir-y-venir* de sus sensaciones a la relación y a la fisiología del paciente (Vázquez, 2010, p. 263). Considera que no tiene sentido hablar de una vivencia psicológica en el aquí-y-ahora de la sesión terapéutica si el paciente o el terapeuta no se dan cuenta de qué sensaciones están teniendo (Vázquez, 2010, p. 298). Y nos dice que cuando preguntamos a un cliente ¿qué sensación tiene? y responde *no sé*, lo que falta es aumentar el calor de la relación (Apuntes personales 5).

Una actitud común en Carmen consiste en decir a su paciente: "Si quieres, podrías apoyar tus manos en las mías y dejarte descansar un poco en mis manos […] , y ofrecerle sus manos con las palmas hacia arriba para que deje caer las suyas en las de ella y poderle sostener y ofrecerle alivio un rato" (Vázquez, 2010, p. 164).

Sus aprendizajes en la experiencia

Según Carmen Vázquez, el objetivo real de la Terapia Gestalt sería la aplicación del principio de que la interacción del ser humano, organismo humano, con su entorno, ocasiona siempre un único resultado posible: la experiencia. Experiencia actualizada pero siempre experiencia, aunque los contenidos sean diferentes y en muchos niveles (Vázquez, 2008, p. 238). Coincide con PHG cuando afirma que "no son los médicos, sino los hombres de letras, los profesores, los abogados, los trabajadores sociales quienes llegan a ser los mejores terapeutas, ya que comprenden la naturaleza humana",[26] lo que cuestionaría la postura de quienes consideran que para ser un buen psico-terapeuta se requiere ser psicólogo. Quizás es esto lo que hace que la teoría de la Terapia Gestalt encaje tanto con la vida. La vida es experiencia, es estar vivo, la vida es vivencias (Entrevista 3).

Cuando Carmen describe la acción y el compromiso de los terapeutas gestálticos, me parece percibir una enorme pasión que evoca la forma como imagino se vive a sí misma en este ejercicio, para ella vital. Con base en sus aprendizajes y su experiencia, la aportación de los terapeutas no es *curar* a nuestros pacientes, sino arriesgarnos a aumentar la intensidad de nuestra *urgencia crónica* empezando por recuperar nuestros *maravillosos poderes de la infancia* (Vázquez, 2008, p. 121).

El terapeuta Gestalt —continúa diciendo—, cuando acepta la fuerza de su vocación, se entrega con espontaneidad en la relación terapeuta-paciente, y utiliza sus conocimientos y responsabilidad para apoyar el proceso de con-tacto, posibilitando que la experiencia pueda ser asimilable en cada sesión (Vázquez, 2008, p. 323).

Y coincide con Malcon Parlett (1997) cuando escribe de forma por demás bella —y esto me emociona profundamente— que si elegimos ser terapeutas gestálticos, los modos de pensar y percibir propios de nuestro enfoque "se filtran a través de y en nuestras vidas y relaciones". En ese sentido, si somos terapeutas congruentes y auténticos, hemos de reconocer que la forma como somos y vivimos cotidianamente se relaciona con nuestro trabajo como te-rapeutas gestálticos (Vázquez, 2010, p. 354).

La sesión terapéutica

Considerando que cada paciente llega a terapia con un motivo, tema o acon-tecimiento de algo sucedido previamente, lo cual plantea al principio de la

---

[26] Perls, F. S., R. Hefferline y P. Goodman (1951), *Terapia Gestalt: Excitación y crecimiento de la persona humana,* Ferrol/ Madrid, Ed. Sociedad Valle-Inclán, Colección Los libros del CTP, 2002, Volumen II, 6, 3, p. 107 (citado por Vázquez, 2010, p. 122).

sesión y se convierte en lo desencadenante de una co-creación improvisada entretejida entre paciente y terapeuta, para Carmen Vázquez, lo que el terapeuta requiere es tomar en cuenta la fenomenología entre ambos, pues atender a ella permitirá que los dos estén cada vez más inmersos y presentes durante su encuentro (Vázquez, 2010, p. 266).

En la sesión de terapia el punto de partida sería el *punto cero* de excitación, desde el que va subiendo conforme la presencia, actitud o expresión del otro atrae su interés y curiosidad y va provocando una mayor presencia y entrega a lo que se está empezando a co-crear juntos (Vázquez, 2010, p. 261).

Según nuestra teórica, el terapeuta requiere estar atento a cómo se producen las interrupciones *entre* ambos, "debidas al patrón de relación que está teniendo lugar entre el paciente y el terapeuta aquí-y-ahora de la sesión presente en curso, y no atribuirlas solamente al paciente dedicándonos a ahondar en la historia personal" de este como si él/ella fuera responsable de la interrupción (Vázquez, 2010, p. 250).

El motivo por el que, al escuchar a nuestros pacientes, *no podemos quedarnos en el contenido* es que posiblemente existan elementos que en ese momento están fuera de su capacidad de darse cuenta, aun cuando no exista en ellos la intencionalidad de mentirnos (Vázquez, 2010, p. 57).

Carmen alude a lo que ella llama su *larga vida como gestáltica* cuando menciona su aprendizaje de que es a través del encuentro con el otro en el diálogo, el intercambio y la desestructuración como se puede llegar al enriquecimiento propio de un nosotros más allá del "yo y lo que yo digo" o "tú y lo que tú dices". *Y* es esto lo que nos ayuda a crecer y ser más *sabios* en experiencia y en sabiduría de la vida (Vázquez, 2010, p. 56). Para que ello sea posible, en la relación *a dúo* de cada sesión terapéutica, el terapeuta se ubicará continuamente en la frontera-contacto experienciando así *la dificultad* de cada aquí-y-ahora específico con cada paciente (Vázquez, 2008, p. 70).

Por consiguiente, no hay posibilidad de que el terapeuta cambie al paciente, ni aun por su habilidad para influir en él/ella, sino que, en palabras de nuestra teórica, es la "relación igualitaria co-creada, sesión a sesión, la que produce el cambio" (Vázquez, 2010, p. 249).

Terapeuta y paciente

Me parece muy clara, audaz y realista Carmen, al considerar la psicoterapia como la profesión de la omnipotencia y de la vanidad (y no puedo dejar de pensarme en momentos concretos y en traer a la mente a varias/os colegas), pues en verdad es fácil imaginar que, al elegirnos, nuestros pacientes consideran —o desean— haber acertado. Así también en nuestro caso, cuando vamos a terapia, hay algún aspecto de nuestra vida en el que consideramos haber fallado de alguna manera y nos es preciso creer en el valor profesional y confiar en la persona elegida como terapeuta. De esta manera, el paciente proyecta en la terapeuta "sabiduría, conocimientos y valía humana y profesional". Por eso, como profesionales necesitamos estar pendientes de estos rasgos porque continuamente "el ejercicio de nuestra profesión nos tienta con la omnipotencia" (Vázquez, 2008, p. 281).

Si bien los terapeutas gestálticos consideramos que los problemas de cada paciente se deben en parte a la dificultad que tienen para ver lo obvio (Cfr. Vázquez, 2010, p. 57), según Carmen, no juzgamos, ni interpretamos, ni intentamos cambiar sus rigideces; más bien, nuestra intención es que el cliente "se dé cuenta de cómo hace lo que hace, y sea consciente de cómo se siente al darse cuenta de" esto, así como de la forma en que lo expresa, y esto llevaría a un movimiento de la energía (Vázquez, 2010, p. 162).

En ocasiones como terapeutas —basados creo, en nuestra más humana realidad y en más de una experiencia— pensamos en nuestra incapacidad absoluta para apoyar al paciente, e imaginamos que se irá y nos dejará totalmente frustrados y con la autoestima por los suelos. De esta manera, dice nuestra teórica, la fantasía va de la mano con la omnipotencia. A fin de cuentas, para tener éxito o fracasar como terapeutas, con frecuencia nos olvidamos de la otra persona y de la relación (Vázquez, 2008, p. 162).

Proceso terapéutico

A lo largo de sus escritos, Carmen habla del desarrollo de la sesión terapéutica deteniéndose en aspectos que le resultan significativos y relacionándolos con el proceso de contacto. Revisemos lo que expresa como teórica y que es el fundamento de su práctica, aun con la certeza de la distancia posible entre ambas. Por mi parte, al ir recuperando distintas citas de ella, no puedo evitar tener presente los diferentes momentos en que he observado su trabajo terapéutico y a ratos preguntarme y/o confirmarme la manera como tiene presente su teoría a la hora de la práctica.

Carmen nos incita a que en cada sesión estemos atentos a lo que suceda en la relación terapeta/paciente —ya sea real, vivencial o sentido—, para lo cual se requiere un ritmo pausado a fin de vivenciar, estar presente y dejarse ver plenamente en cada encuentro sin importar a dónde se llegue. Nos recuerda que nuestro modo de trabajar se basa en la observación fenomenológica (Vázquez, 2010, p. 178), que las cosas hechas en el momento oportuno y con el ritmo oportuno son las que aportan estética, y los criterios estéticos son los criterios de salud para la Terapia Gestalt (Vázquez, 2010, p. 298).

Para ella es importante que nos interesemos en lo que podemos ver y oír en el paciente: la forma como dice lo que está diciendo, su tono de voz, sus gestos, la expresión de su rostro, lo que no dice, las sensaciones y senti-mientos que se hacen presentes… y para ello "contamos con nuestras pro-pias reacciones corporales, vivencias, sensaciones y sentimientos" (Vázquez, 2010, p. 57).

También es muy importante que el terapeuta sepa cuál es su patrón (Apuntes personales 3), se conozca cada vez más y reconozca sus tendencias. Durante mucho tiempo, Carmen se regañó por no practicar deporte; después hizo una tregua consigo misma esperando a que de su interior surgiera la necesidad, sin imposiciones para sí. Como dice, al menos consiguió quererse un poquito más, en lugar de regañarse (Vázquez, 2005, p. 139).

En la medida en que avanza el proceso, sesión tras sesión, aumenta en el paciente su capacidad de darse cuenta de la relación y amplía su campo de experienciaciones, las cuales "producen asimilación, crecimiento, satisfac-ción y, por tanto, cambio" (Vázquez, 2010, p. 59).

A lo largo del proceso somos afectadas/os por la relación con nuestros pacientes y es importante estar al pendiente de algunas de estas afectaciones, como cuando nos *contagiamos* de sus síntomas. Con la sencillez y la hones-tidad que la caracterizan, Carmen narra una experiencia con una paciente en la que tal vez podamos reconocernos:

[...] de pronto llego a la conclusión de que parece que me "he contagiado" de los síntomas de Neus. Yo no me reconozco así [...] El patrón rígido de Neus "deforma" nuestra frontera-contacto de tal manera que yo puedo experimentar en mí las características de "su" rigidez, aunque con mis propios contenidos profesionales y/o personales, y mi propia forma de vivirme "obsesivo-compulsiva". (Vázquez, 2010, pp. 66-67)

Al ir finalizando, terapeuta y paciente van saliendo de una confluencia de fondo respecto al *nosotros* que el terapeuta puede notar de dos maneras: en sí misma por su fisiología y sensaciones, y en su paciente de forma fenomenológica, en su fisiología a través de sus micro y macro movimientos, como una reacción fruto del encuentro (Vázquez, 2010, p. 261).

Cuando termina el proceso-de-contacto, terapeuta y paciente se han actualizado a sí mismos con respecto al otro, así como en la experiencia de la otra persona. Queda satisfecha una necesidad del aquí-y-ahora que se volvió figura. El inicio de un proceso nuevo significa, en cierta medida, un principio de actualización de quiénes éramos y de quién era la otra, y los que somos ahora (Vázquez, 2010, p. 260). Al final de la sesión está la satisfacción, tanto para el paciente como para el terapeuta, "la vitalidad y la sensación de haber mantenido una relación significativa de igualdad y de novedad, de algo único" (Vázquez, 2010, p. 58).

Cuando en la fase de contacto final de la sesión hay cierta comunión entre el terapeuta y el paciente, con frecuencia los pacientes atribuyen el resultado a las características del terapeuta. Sin embargo, y poniéndose de nuevo en un lugar de sinceridad y coherencia, Carmen nos recuerda que "el amor tiene lugar por el encuentro paritario entre ambos, no por las características personales de ninguno de ellos" (Vázquez, 2010, p. 152).

LA FORMADORA

También como formadora Carmen destaca la importancia de las relaciones igualitarias y cuenta anécdotas que evidencian una relación de cierta complicidad con sus formandos. Tiene claro que tanto los padres, los profesores, los terapeutas como cualquier tipo de *jefes*, fomentamos relaciones de desigualdad como una forma de ser irresponsables respecto a nosotros mismos y nuestras insatisfacciones, y proyectamos en los hijos, alumnos, pacientes o *subordinados* un interés aparente que los hace incapaces de acciones creativas y auténticas (Vázquez, 2008, p. 108).

Nuestra teórica considera que la formación en psicoterapia, sin importar cuál sea el enfoque, pone énfasis en la desigualdad entre paciente y terapeuta potenciando la omnipotencia en este último. Lo mismo sucede —afirma— con la formación en Terapia Gestalt —y lo siguiente tocaría ponerlo con mayúsculas, negritas y cursivas— "no por sus planteamientos teóricos sino por la personalidad de los formadores" (Vázquez, 2008, p. 161). En esto coincide con Lynne Jacobs (Apuntes personales 12) y vaya que Carmen conoce distintos espacios de formación.

Definitivamente, las afirmaciones que hacemos tienen un fondo de experiencia y Carmen no es la excepción. Aún recuerda ciertos momentos en que algún profesor o terapeuta afirmaba algo sobre ella, algo con lo que no se identificaba. En esa situación se "experimentaba enojada y frustrada" porque, por un lado, le parecía imposible contradecirlo pues en su condición de profesor o terapeuta *sabía* más que ella —aun cuando se supone que en Gestalt el paciente sabe más de sí— y, por otro lado, aunque suponía las buenas intenciones de su interlocutor, se sentía "etiquetada más que conocida y apretaba las tripas conteniendo mi enojo" (Vázquez, 2008, p. 108). En mi experiencia, sé bien de lo que habla Carmen y, como ella, me apena pensar en las veces que posiblemente he hecho algo semejante con mis pacientes.

Cuando se refiere a su Instituto, no repara en decir que es como una gran familia, de lo cual se siente muy orgullosa. En especial, expresa sentirse halagada y honrada cuando alguien tiene un problema serio y acude a consolarse con Carmen sólo contándole, como en el caso de una persona que no era de Madrid y que fue a Estados Unidos: "Al llegar, no sé qué problemas tuvo, no la dejaron entrar y la regresaron. Me esperaba a las 11.30 de la mañana en la puerta del Instituto a llorar en el hombro, hablar 10 minutitos —porque yo tenía mi trabajo que hacer— y ella corría al tren para marcharse" (Entrevista 3).

Se siente especialmente honrada cuando sus alumnos experimentan que allí, en su Instituto, tienen ellos su casa. Para ella, de alguna manera son —somos— sus hijos; aunque en ocasiones hay buen humor y en otras mal humor, todos son como una gran familia.

Para Carmen, en gran medida lo que tiene que ver con el aprendizaje como psicoterapeuta, depende en su mayor parte de la capacidad del profesor de ser persona y establecer relaciones *sanas emocionalmente* con quienes forma. Es decir, que el formador no use a sus alumnos para satisfacer sus propias necesidades emocionales de prestigio, saber, poder, superioridad, o incluso para vengar sus frustraciones (Vázquez, 2010, p. 21).

Carmen distingue claramente entre sus pacientes y sus estudiantes, porque los primeros llegan a sesión, se marchan y no tienen otro tipo de relación con ella, en tanto que los estudiantes se *instalan* el fin de semana en su Instituto. Cierto que muchos son de fuera de Madrid y, aunque tienen sus hoteles o sus pensiones cerca, hay un clima familiar y si alguno se pone mal, ahí se le atiende. El que en su Instituto exista un ambiente muy cómplice y familiar no impide que en caso de requerir alguna *regañina* seria, esto se haga, como de la mamá. Hay en ella una gratitud grande a sus estudiantes madrileños, aunque a veces se quejan un poco de sus salidas a "México, Sicilia y otros lados" (Entrevista 3).

En el Mundial tenía un trabajo por la tarde, ese domingo, con un grupo. Y había venido gente de Asturias, de distintos kilómetros, de varios sitios [...] Como a la hora dice uno: "Carmen, vamos a acabar hoy antes'. Les dije: 'Eso sí que no, ustedes pagaron sus cinco horas, el curso tiene cinco horas". Es que para el Mundial habían ido todos para demostrar que iban, para que yo no me preocupara de que no hubiera aparecido nadie. Se querían ir hasta los de Asturias, decían: "Carmen, ni te preocupes, si hemos venido a decirte que queremos irnos al partido y punto. O sea, que queremos verlo en la tele". Bueno, a mí me parecía una cosa de locos. Y uno que había sido compañero de otro, pero no especialmente amigo, se vuelve y dice "Si aquel amigo Javi, me dejas ir a tu casa a ver el partido yo tampoco tengo ningún problema y luego ya me marcho a mi tierra". Digamos, nos fuimos todos, cada uno a su sitio a ver el partido. O sea, mientras una parte de mí lo que decía es "Vamos a ver esto, la función está perdida... Esta gente te paga porque hagas el curso ¿como es esto?" Podía más la parte de ternura, de que habían ido todos, que se podían haber ahorrado y haber llamado y decir "Mira, Carmen, no voy, pues me quedo a ver el partido, ya"… No, de pronto se nos ha ocurrido esto y todos nos vamos. Yo tengo que decir que odio el fútbol, no me gusta el fútbol, y en desagravio, allí estuve sentada delante viendo el partido, frente de la tele. (Entrevista 3)

En su relación con los estudiantes Carmen se da cuenta de que, con frecuencia, buscan saber cómo compagina su trabajo terapéutico y de formación con el resto de su vida personal, igual les importa compartir con ella algunos momentos de sus vidas. (Vázquez, 2008, p. 130).

Teórica de la Gestalt

La vida de Carmen es un trajín constante, dicho irónicamente por ella, "tres cuartos partes de su vida en un avión y el cuarto que queda, trabajando". Trabaja todos los días de la semana. Desde hace algunos años trabaja en su Instituto solamente un fin de semana y los demás viaja a alguna parte pues, debido a su reconocido trabajo como teórica de la Gestalt, la invitan a diferentes Institutos en distintos países. A veces regresa el domingo por la tarde y el resto de la semana da terapia y hace labor de supervisión en su Instituto. Cuando logra estar en Madrid en lunes, que es el día que toma para ella, aprovecha para dormir un poquito más y hacer alguna compra (Entrevista 3).

Si Carmen tuviera que usar una expresión para definirse a sí misma, diría que es alguien que ama profundamente la vida porque ama profundamente la teoría de la Terapia Gestalt. Se ha explicado la vida de un modo que hace que sea bella a pesar de que haya dificultades (Entrevista 3). Y a la hora de compartir su elaboración teórica en algún libro o artículo, evita lo más posible todos los tecnicismos permitidos "para hacer *más* amena y menos *erudita* su lectura" (Vázquez, 2008, p. 82); en esto se refleja también su sensibilidad y atención.

Las palabras…

En el prólogo de su libro *Borradores para la Vida*, Margherita Spagnuolo-Lobb elogia la capacidad de Carmen para "traducir" casi todo lo que lee al foco de su interés primordial. Al respecto la reconoce como una buena traductora, afirmando que hay una evolución constante y sostenida, carente de estridencias o brusquedades, "como posiblemente deberían ser todos los cambios para que sean fructíferos y duraderos" (Vázquez, 2010, p. 10).

Para Carmen, las palabras están llenas de significado y, además, evocan imágenes. Son muy importantes, aunque no es lo único en una sesión de terapia. Además del significado de las palabras, es básico el tono, la entonación, cómo se dice lo que se dice y el lenguaje corporal que las acompaña. Pero las palabras siempre tienen que ser "potenciadoras", no "limitadoras". Son las palabras de "piedra" o de "fuego" de las que hablaba Heráclito hace muchos siglos.[27]

> Las palabras nacen, se desplazan, se ennoblecen, decaen, se pervierten, perecen, perduran [...] Las palabras se acoplan, gozan, se embriagan con las connotaciones que evocan e invocan, donde estallan las metáforas, donde las analogías alzan el vuelo, donde las frases sacuden las cadenas gramaticales y se agitan con la libertad de un buen discurso. El ser humano se ha hecho en el lenguaje que ha hecho el ser humano. (Vázquez, 2010, p. 336).

Para Carmen, las palabras por sí solas tienen muy poco poder. El valor, el poder, la fuerza se los otorgan los estados emocionales con los que nosotros las relacionamos. Y estas emociones nos llevan a la acción (Vázquez, 2005, p. 125).

Carmen Vázquez siempre ha gustado de Grecia, le agrada la mitología griega y la mexicana. Suele incluir en su forma de trabajar narrativa *humana* que cualquiera pueda comprender, y hacer una especie de *metáforas* que las personas pueden aplicar a su vida. Esto incluye lo religioso pero también cualquier otra cosa que pueda ser útil en un momento determinado en el trabajo terapéutico.[28]

Me parece percibir cierta tristeza y preocupación en ella cuando expresa que poco a poco la Terapia Gestalt es diluida con otras teorías sin ningún tipo de asimilación, como si a los gestaltistas nos costara trabajo profundizar en común nuestros principios "sin apartarnos de nuestro método". Como si

---

27 Comunicación personal.
28 Comunicación personal.

no quisiéramos correr el riesgo de pensar y escribir en términos de Terapia Gestalt (Vázquez, 2010, p. 124). Como gestaltista, Carmen sabe que necesita confirmar lo que pueda haber de cierto en sus conjeturas. Sabe que a los terapeutas Gestalt no les toca ni inventar, ni interpretar sino contrastar las propias elucubraciones (Vázquez, 2010, p. 123). Esto es lo que busca hacer desde hace unos años: salir de su "propio cascarón adolescente y tratar de ir pasito a pasito en la cuerda floja" entre su impaciencia y compromiso (Vázquez, 2010, p. 125).

Los inicios de la Gestalt... y sus descalabros

Considero importante recuperar algunos aspectos sobre la percepción de Carmen Vázquez en relación con los inicios de la Gestalt porque creo que iluminan parte de nuestra realidad actual. De acuerdo con ella, la rebeldía es la señal de identidad de la Gestalt a partir de que los Perls organizaron su enfoque como una alternativa al psicoanálisis. Por ello, continuar siendo rebeldes —¿a partir de la perspectiva de campo?— en este mundo individualista es sentir de nuevo la sensación de pertenencia, volviendo al diálogo, al intercambio y a la solidaridad (Vázquez, 2010, p. 353).

La autenticidad y la coherencia de Carmen la llevan a reconocer sin mayor problema que la Terapia Gestalt ha tenido "algún 'descalabro'", más por sus fundadores que por la Terapia Gestalt en sí. Nos cuenta cómo Fritz en un momento decidió que se iba a California y aunque había creado una Terapia Gestalt, nunca, jamás, trabajó como terapeuta Gestalt. Llegó oportunamente a una California de los años 1960 donde el movimiento hippie tenía una fuerza tremenda todavía, que hacía el amor y no la guerra, y es como si Fritz hubiera desempeñado ahí dos funciones: dedicarse, por un lado, a hacer demostraciones de Terapia Gestalt y, por otro lado, a liderar una parte de ese tipo de movimiento hippie. En ninguno de las dos hablaba de psicoterapia. Si bien —continúa Carmen— Fritz hablaba de Psicoterapia Gestalt, ella no cree que estaba hablando del método de Psicoterapia Gestalt. De hecho, él volvía cada mes a Nueva York a seguir pensando la teoría de la Terapia Gestalt. Para ella —y creo que muchos estamos de acuerdo— el problema se presenta cuando eso se toma como una forma de terapia (Entrevista 3).

Tal parece que esa situación es justamente lo que no ha dado buena fama a la Terapia Gestalt, la cual se dio a conocer, sin duda, gracias a todo el movimiento hippie, al movimiento de Esalen y al movimiento de California. Pero, al mismo tiempo, "creo que ha hecho mucho daño a la Terapia Gestalt como método terapéutico" —afirma nuestra teórica—. Porque sí se mira como un movimiento hippie que hace el amor y no la guerra, y cosas así por el estilo; y es que responde a un momento histórico determinado en donde era muy necesario, pero eso no era un movimiento de terapia (Entrevista 3). Justo esto es lo que nos ha dado bastante mala fama; no sólo fama, sino también mala.

Para Carmen el PHG es profético y revolucionario. Ya en 1951 el PHG o la Terapia Gestalt hablaba desde el principio de la idea de campo, de la idea de dos o más reunidos para que el mundo sea transformado, transformable. Tal información se encontraba en los escritos de Goodman. Ella considera que el error ha sido que "los mismos que estábamos dentro no hemos sido capaces de entenderla", y en esto coincide plenamente con Jean-Marie Robine. Está convencida de que necesitamos volver a las raíces de lo que dice nuestra teoría, ni más ni menos, porque, en su opinión, la única posibilidad es crear pequeñas comunidades basadas en criterios estéticos, en criterios de campo, de compartir, de incluir uno a otro. Si no, tenemos muy poquito que hacer como futuro (Entrevista 3).

Percibo que las afirmaciones de Carmen coinciden con las de otros serios y reconocidos gestaltistas como Dan Bloom, a quien ella cita:

> Una consecuencia de nuestro interés es revivir las lealtades y las animosidades personales, convirtiendo nuestra historia en una narración familiar con amor y traición, lealtad y desprecio. Los psicoanalistas tienen su saga de la tradición edípica. Nosotros tenemos la "historia de Fritz y Laura": su matrimonio, sus huidas de los nazis, su asentamiento en Sudáfrica, su florecimiento en New York, y los compases de las traiciones y las libertades, convertidas durante décadas en rivalidades entre sus estudiantes y entre los Institutos de Terapia Gestalt que han perjudicado nuestro desarrollo.[29] (Vázquez, 2010, p. 30)

---

[29] Bloom, D. (2005), "Laura Perls: the Aesthetic of a Committement", conferencia pronunciada en el "Ar Der grenze Leben", Laura Perls zum 100, Geburtstag, Munchen, junio, 2005.

Buscando héroes encontró amigos

A lo largo de su recorrido como gestaltista, Carmen buscó el contacto con quienes consideró podrían ser sus maestras/os y su sorpresa fue que le ofrecieron su amistad. La primera teórica a la que se refiere con un "la quiero muchísimo" es a Margherita Spagnuolo-Lobb, quien a su vez dice de Carmen que con su lectura de *Terapia Gestalt* hace una afirmación de sí original, caracterizándose siempre por la esencialidad. Ambas coinciden en que la teoría es válida sólo si está en un proceso evolutivo continuo, y "nutrida por el diálogo entre colegas y por la confrontación con la vida" (Vázquez, 2008, pp. 12-13).

Para nuestra teórica, preservar la identidad, la naturaleza y la riqueza de teoría Gestalt es una forma de lealtad espontánea desprendida de su compromiso como psicoterapeuta gestáltica y de su pertenencia a una comunidad profesional. Se siente privilegiada de ser parte del Instituto de New York, parte de una comunidad internacional que la quiere y la reconoce (Entrevista 3). Sabe que ha recibido mucho y de muy variadas formas de la Terapia Gestalt y su compromiso con esta es una forma de devolverle su agradecimiento (Vázquez, 2010, p. 14).

Una de las cosas muy agradables que recuerda Carmen dicha por Laura Perls, es que hay tantos estilos de Terapia Gestalt como estilos de terapeuta Gestalt. Y pone el ejemplo refiriéndose a Jean-Marie Robine; es francés y es hombre —Carmen, española y mujer—, el *background*, el fondo que tenemos los profesionales, donde están incluidas la cultura, la sociedad, el género, nuestra historia familiar y personal dentro de la familia, eso influye no sólo a la hora de hacer Terapia Gestalt, sino a la hora de concebir de alguna manera la Terapia Gestalt (Entrevista 3). Y esto es válido, ya que en Gestalt nuestros criterios son intrínsecos, no comparamos a nadie con otra persona (Apuntes personales 6).

Una peculiaridad de Carmen es referirse al proceso de contacto usando la letra de boleros mexicanos que le gustan de forma especial. Y así, para ella el precontacto podría expresarse como un "juntos a la distancia", la toma de contacto sería "poco a poco me voy acercando a ti", la confluencia implica un "nosotros" y, finalmente, el poscontacto, "debemos separarnos".

Es una forma más como Carmen nos dice que la Terapia Gestalt tiene un criterio estético que se basa en la cualidad de la relación y que la experiencia es estética cuando supone una implementación de la vida (Apuntes personales 5).

Carmen Vázquez se refiere con entusiasmo lo mismo a su amistad con Margherita Spagnuolo, los diálogos y anécdotas con Ruella Frank o su risa compartida con Jean- Marie Robine, al comentar que fue justamente Hillman, un psicoanalista jungiano, quien escribió el libro *Repensar la psicología*, en el que dice que "el mundo tiene 100 años de psicoterapia y el mundo va cada vez peor y peor". En su lista puede incluir a Dan Bloom y a muchos otros que la hacen sentir honrada (Entrevista 3).

Muchas veces se hacen presentes para Carmen algunos momentos de su vida personal y profesional, porque considera que no ha sabido separar una de la otra. Entonces se da cuenta de que ni en sus mejores sueños, o fantasías, jamás, se habría podido imaginar venir a México como si fuera a casa. Ir a Nueva York y encontrarse con Ruella como si fuera a casa. Apenas regresa a España, se va a Sicilia una semana con Margherita. Al parecer, la vida le quitó a su marido y por otro lado, le ha dado mucha riqueza. Se sabe muy bien recibida en cada sitio y eso es valioso, más aún cuando se considera tímida y hasta un poquito asociable; sin embargo, no puede dejar de ver todo el cariño que le dan (Entrevista 3). Sabe reconocer que ha tenido la suerte infinita de encontrarse, en su camino, con seres excepcionales. Con y de quienes ha aprendido, ha reído, se ha sentido apoyada, ha llorado, se ha sentido reconocida y también, se ha dolido (Vázquez, 2010, p. 15).

RELACIONES IGUALITARIAS

Hay dos señas con las que Carmen Vázquez se identifica en relación con otros teóricos de la Gestalt: el cómo entiende el apoyo —del cual se ha hablado arriba— y esa especie de manía, como dice ella, que tiene por las relaciones igualitarias. Lo cual, en sus palabras, no quiere decir que otros gestaltistas no promuevan relaciones igualitarias, sino que Carmen está muy atenta a no ubicarse ni más arriba, ni más abajo en la sesión de terapia, porque considera que es importante para el cambio (Entrevista 3).

Para nuestra teórica, las relaciones igualitarias son una experiencia emanada de un patrón seguro de apego en las relaciones tempranas del niño con su madre (Vázquez, 2008, p. 158). En adelante, la experiencia de infancia es una relación desigual ya que los padres tienen la obligación de ser responsables y equilibrar la curiosidad de los hijos. Los niños tienen la obligación de ser irresponsables y vivir su curiosidad. Es hasta la adolescencia cuando se tiene la primera experiencia de relación igualitaria. Por su parte, en los adultos, idealmente, con la pareja se da la relación igualitaria (con frecuencia sólo de una manera muy ideal) (Apuntes personales 3).

La Terapia Gestalt, en la interpretación que hace Carmen de ella, busca la relación igualitaria entre el terapeuta y el paciente de manera que ambos encuentren su "fe en el campo que integran ambos en el proceso psicoterapéutico". Cuando este objetivo se consigue, los dos ganan en crecimiento y experiencia (Vázquez, 2008, p. 138). Por tanto, "las relaciones igualitarias sólo son posibles ejerciendo la fe, como un sentimiento de campo" (Vázquez, 2008, p. 159).

Si pensamos en *igual a*, que implica apoyar sin avergonzar y sin hacer sentir pequeño al otro (Apuntes personales 3), y consideramos que mantener las relaciones igualitarias entre terapeuta y paciente forma parte del apoyo al campo de la relación terapéutica (Vázquez, 2008, p.158), entonces como terapeutas estaremos atentos a cuidar la relación de modo que cada vez sea más igualitaria. El cliente puede hacer lo que quiera, ponerse arriba o abajo —después de todo, es el que paga—, pero el terapeuta tiene que tener cuidado de no ponerse ni arriba ni abajo (Apuntes personales 3).

En las relaciones igualitarias cada elemento del campo puede ser él mismo, legítimamente diferente del otro o de los otros. En este sentido, las relaciones igualitarias son "la unión de las diferencias" (Vázquez, 2008, p. 143). Para que la relación igualitaria sea posible se requiere de apoyo y autoapoyo.

Me gusta escuchar a Carmen en lo que se refiere a este asunto. Sin embargo, cierto es que el tema de las relaciones igualitarias es controversial también en los espacios gestálticos. Quizá nos ayude preguntarnos qué temores o experiencias están de fondo en cada gestaltista cuando rechaza o acepta la invitación de establecer relaciones igualitarias entre terapeuta y paciente.

El hincapié en lo igualitario de la relación y, por ende, de la relación terapéutica, concede a la Terapia Gestalt una particularidad única dentro de las terapias. Carmen nos conmina a un ejercicio de humildad como terapeutas gestálticos, a fin de que tomemos consciencia de nuestras formas de relacionarnos con nuestros pacientes: "¿Soy maternal/paternal, le ridiculizo, me mezclo con él/ella, escondo mis sentimientos del momento, le dirijo, le doy consejos, le achico? [...] ¿Qué máscaras [...] me tolero en nombre del "bienestar" del paciente? (Vázquez, 2010, p. 38).

Tal vez, ante nuestra necesidad de sentirnos poderosos ante —o a costa de— el otro, podemos recordar las palabras de la teórica que nos ocupa, cuando nos recuerda que la autoridad le viene al terapeuta de la entrega y de la maestría en vivir la vida, de entregarse a la situación y a la relación con su paciente con fe (Vázquez, 2008, p. 143). Entonces, la autoridad dimanará del campo de la relación, no del poder, que es intrapsíquico y se lo otorga individualmente la persona que, de manera no consciente y reflexivamente, puede estar necesitando compensar sus relaciones tempranas de apego.

Me parece ahora un buen momento para transcribir la cita que retoma Carmen de Joseph Zinker:

> Presencia no es una forma de poner posturas o un posar autoconsciente o el lucirse ante otro. [...] La presencia no es estilo. La presencia no es carisma. El carisma pide atención, admiración. El carisma se llama a sí mismo mientras que la presencia 'llama al otro, La presencia no es polémica, no toma partido, ve totalidades. La presencia no compite. La presencia no es recargada o dramática [...] Cuando experimento otra presencia, me siento libre de expresarme, de ser yo mismo, de revelar ternura, alguna parte vulnerable, confiar en que seré recibido sin juicio o evaluación. (Vázquez, 2010, p. 357)

CENTRALIDAD DE LA EXPERIENCIA... EN EL CAMPO

Carmen Vázquez está completamente convencida de que la vida es experiencia. Estudiosa al máximo del PHG, reconoce que la Terapia Gestalt ha tenido muchas malas traducciones, aunque cuando ella era joven estas eran tenidas como palabra de Dios. Pero *experience* se tradujo acertadamente por experiencia sólo que experiencia es vivencia y vivencia es cada día, cada minuto, cada segundo (Entrevista 3).

La teoría de la Terapia Gestalt es también la "construcción de un sistema para dar sentido a la propia experiencia" y aporta conceptos al terapeuta que, asimilados, le permiten "mantener sus referencias y saber en qué dirección mirar"[30] (citado en Vázquez, 2010, p. 58). Nuestra teoría tiene un carácter relacional pues consideramos que es en la frontera/contacto donde tiene lugar la experiencia, es decir cualquier acontecimiento o fenómeno, lo cual implica que consideremos la naturaleza del ser humano como "social antes que individual" (Vázquez, 2010, p. 78). Citando de nueva cuenta a Laura Perls: "La relación entre organismo y entorno humano es, por supuesto, no sólo física sino también social [...] Interactúan factores sociales, culturales, animales y físicos"[31] (Vázquez, 2010, p. 179).

Para Carmen, vivir la vida supone una trenza de intercambios continuos con nuestro entorno cercano físico y emocional que dan como resultado la transformación de la propia vida y de la experiencia. Cada encuentro con otro es único, irrepetible y espontáneo (Vázquez, 2010, pp. 98-99), por lo que, mientras la persona esté viva, estará ampliando continuamente y enriqueciendo su experiencia, ya que vivir es interactuar constantemente con el entorno llevada por el tiempo (Vázquez, 2010, p. 159).

Vivenciar o experienciar constantemente tendría que implicar mejorar la habilidad de vivir, pues se supone que actualizamos constantemente nuestra práctica, hasta el punto de que estar viviendo nos haría expertos en estar vivos (Vázquez, 2008, p. 245). De esta forma, *vivenciar una experiencia* haría que nos sintiéramos profundamente cambiados por ella (Vázquez, 2008, p. 276).

Si extendemos el encuentro terapéutico a la vida diaria —insiste nuestra teórica—, diríamos que cada encuentro de un organismo humano con su entorno, sea humano o no, tiene como resultado experiencia (Vázquez, 2008, p. 243). De hecho, nada hemos logrado en lo que no haya un otro involucrado (Vázquez, 2010, p. 99) con una experiencia distinta de la nuestra, aun en la misma situación. Como retoma Carmen de M. Vicent Miller, la "Terapia Gestalt reintroduce la idea [...] de que creamos a medias lo que percibimos

---

[30] PHG II, 15, 2, 1.

[31] Perls, Laura (1974), *Viviendo en los límites,* Ed. Promolibro, Valencia, 1994, p. 131.

[...] si se supone que en cualquier experiencia humana existe ese elemento subjetivo, se deduce que no hay dos personas que experimenten exactamente la misma realidad[32] (citado en Vázquez, 2010, p. 109).

En su libro *Borradores para la vida* Carmen Vázquez reelabora la oración de la Terapia Gestalt de Fritz Perls, desde una completa perspectiva de campo, con lo que me parece que la convierte en una auténtica oración gestáltica. La propone así:

Yo hago mis cosas y tú haces las tuyas.

En muchas de las cosas que hago, tú tienes mucho que ver,

y en muchas de tus cosas yo he contribuido.

Yo puedo ser yo contigo mientras tú puedas ser tú conmigo.

Yo seré yo mientras tú seas tú.

Y aunque por casualidad nos hayamos encontrado,

continuemos juntos o separados,

nuestra vida nunca volverá a ser la misma

ya que nuestro encuentro nos habrá enriquecido.

(Vázquez, 2010, p. 126)

Con insistencia Carmen afirma que únicamente aprendemos por medio de la experiencia y de una forma holística más que intelectual. Es por eso que en la terapia, incluyendo cualquier situación ubicada como psicopatológica, el trabajo del terapeuta consistiría en ofrecer el apoyo suficiente en la relación, a fin de posibilitar que el paciente avance en el riesgo de hacer algo distinto (Vázquez, 2010, p. 60). Es justo entonces cuando nos damos cuenta de que la fe es posible solamente cuando se tiene asimilado el concepto de campo; si no es así, estaríamos hablando de confianza o seguridad, aspectos que aluden sólo a uno de los elementos del campo organismo-entorno (Vázquez, 2008, p. 142). De esta manera, nuestra gestaltista resalta, por enésima vez, cómo se pone de manifiesto la relación igualitaria entre organismo y entorno.

---

[32] From, I. y M.V. Miller (1969), Introducción a la edición de Terapia Gestalt de *The Gestalt Journal*, en F.S. Perls, R.Hefferline y P. Goodman (1951), *Terapia Gestalt: Excitación y crecimiento de la persona humana*, Ferrol/Madrid, Ed. Sociedad Valle-Inclán, Colección Los libros del CTP, 2002, p. xxi.

También es cierto que, justo cuando nos sentimos contenidos, no reprimidos, por límites, es cuando vamos haciéndonos conscientes de las propias posibilidades, deseos y habilidades (Vázquez, 2010, p. 71). La frustración preliminar revela la necesidad de resolver la dificultad de forma creativa, por lo que es precisamente la limitación la que provoca encontrar alternativas. Recordemos que "en los momentos de crisis, sólo la imaginación es más importante que el conocimiento" (Albert Einstein en Vázquez, 2010, p. 103).

Carmen define la imaginación como un "ejercicio de abstracción de la realidad actual en la que se representan las experiencias tanto pasadas como futuras" (Vázquez, 2010, p. 104). Si consideramos, como dice Borges, que "la realidad supera la imaginación" (citado en Vázquez, 2008, p. 371), que nunca estamos completamente solos, y que, por tanto, no podemos crear la realidad de forma solitaria ni individual sino que esta es una co-creación improvisada, continuamente nueva y cambiante en cada aquí-y-ahora con otro, entonces, afirmamos que sólo nos es posible conocernos e irnos actualizando "en nuestros contactos con los otros y a través de experiencias vividas".

Vázquez sabe muy bien que si hay algo con lo que se la pueda recordar, es precisamente por las dos cosas que pide a sus estudiantes tener presentes de la formación: una es el apoyo y otra es que la vida es experiencia.

> Al final de nuestros días, es como si fuéramos creando un catálogo, un cuaderno de colores, que son las mil y una experiencias que tenemos en la vida, mil y una experiencias significativas, aunque aparentemente sean tontas. Una persona tiene la sensación de una vida plena cuando ese catálogo, ese manual, ese bagaje, contiene muchas vivencias, sean pequeñas o grandes, y eso nos da la sensación de una vida plena. Eso es importante. (Entrevista 3)

RESPONSABILIDAD DE SER EN EL MUNDO Y CON LAS Y LOS OTROS

Mientras leía los diferentes textos de Carmen Vázquez, me encontré gratamente con referencias a la responsabilidad de los seres humanos con las sociedades que hoy formamos. Carmen, con una clara sensibilidad —y también con un dejo de tristeza, lamento, enojo y/o reclamo, me parece— hace mención de la situación económica, ecológica y relacional actual.

Durante el taller "Hagamos Teoría de la Teoría Gestalt" (Apuntes personales 5) mencionó que como gestaltistas, nuestra manera de entender el self es un self social. Me gustó la frase, aunque no creo haber comprendido su profundidad y su implicación. Sin embargo, leerla en estos aspectos me ha hecho preguntarme ¿dónde y cómo se formó en Carmen esta sensibilidad social que no tienen todas las personas ni todos los terapeutas Gestalt? No tengo la respuesta, pero sé que también esta dimensión nos dice algo de ella.

La sociedad mirada por una apasionada gestaltista

Parece obvio que vivimos en una sociedad consumista que nos embota con estímulos incansables. La sobreabundancia aturde en nosotros la excitación de la búsqueda (Vázquez, 2010, p. 85). Al estar tantas cosas disponibles se limita la capacidad de riesgo, la orientación y la manipulación para conseguir lo que necesitamos. Carmen recupera a Albert Einstein:

> Cuando revisamos nuestras vidas y afanes, pronto nos damos cuenta de que todas nuestras necesidades y deseos están ligados a otros seres humanos [...] El individuo es lo que es y tiene la importancia que tiene no tanto en virtud de su individualidad como en virtud de su condición de miembro de una gran comunidad humana, que dirige su existencia espiritual y material de la cuna al sepulcro. (Citado en Vázquez, 2010, p. 370)

> Por lo tanto, somos inevitablemente, seres sociales. No podemos dejar de tener en cuenta que simultáneamente somos seres individuales y seres colectivos y es preciso aprender a incluir ambos aspectos a la hora de pensar y hacer. (Vázquez, 2010, p. 73)

Nuestra gestaltista sabe bien de lo que habla cuando dice que leer el periódico o ver la televisión nos lleva a confirmar que, en las últimas décadas, los seres humanos nos hemos vuelto locos. Cada persona se considera poseedora de la verdad; no encontramos seguridad alguna en las normas ni en las leyes.

> Algunos adolescentes matan a sus padres, algunos padres pegan a los profesores de sus hijos, algunos profesores se suicidan llenos de impotencia […] Cualquiera quiere escribir y publicar, cualquiera quiere hacer música, cualquiera pretende llegar hasta donde se proponga aunque la ética no esté entre sus recursos […] las palabras significan lo que cada uno quiere que signifiquen […] Y así podría seguir en una lista inmensa de sinsentidos que ofrecen un panorama escalofriante del mundo en que vivimos. (Vázquez, 2010, p. 71)

A terapia llegan individuos que muestran como síntomas los mismos rasgos que vemos en la sociedad: no hay límites, el esfuerzo es mínimo, no se conoce el compromiso ni la solidaridad, sin sentido de pertenencia, los valores suenan ridículos o extraños, hay un exceso de aburrimiento y una excesiva necesidad de singularidad (Vázquez, 2010, p. 81). Poco a poco, las personas pierden el interés en sostener relaciones sociales con su comunidad. Paradójicamente, la despersonalización ha llevado a la masificación y los seres humanos pierden la sensación de ser únicos y significativos (Vázquez, 2010, p. 87). Y gracias a esta escisión individuo/sociedad, las normas y la cultura representan cada vez menos al grupo social (Vázquez, 2010, p. 78).

Igual vemos individuos que se comportan de forma "antisocial" que otros con comportamientos "antiindividuales" (Vázquez, 2010, p. 89). Los valores sociales no coinciden con los individuales. Existen sujetos inmersos en el conflicto que no saben manejar su agresividad anteriormente reprimida (Vázquez, 2010, p. 90). No tenemos idea de lo que queremos y/o de cómo poner los medios apropiados para conseguirlo de forma adecuada. Ya que la excitación está inhibida, lo está también el empleo válido de la agresividad. Y, por consiguiente, el aburrimiento se hace crónico.

De acuerdo con Carmen, nos encontramos en una ruptura de la solidaridad, expresión de una crisis de diferenciación que evidencia la incapacidad de cada individuo para armonizar sus necesidades con las del grupo social en el que se encuentra, colocando las suyas por encima de las otras (Vázquez, 2010, p. 79). Y, por otra parte, no sabemos ¿cómo ser yo y mis necesidades en una sociedad donde las necesidades no se expresan? (Apuntes personales 6).

En palabras del PHG, "Guardamos para nuestros adentros nuestra desilusión, nos tragamos nuestra amargura, pero el sabor amargo nos vuelve constantemente a la boca como algo que no podemos digerir [...].[33]

Se consideran ridículas las emociones y cualquier forma de expresar los sentimientos; se les tiene como inadecuadas o fuera de lugar (Vázquez, 2010, p. 91). Las descripciones que hace el PHG de la sociedad, resultan actuales: "Se ridiculiza y se desaprueba la rectitud, la limpieza, la capacidad del ahorro, el orgullo obstinado, la censura moral; estas características parecen nimiedades en lugar de cosas importantes. De la misma manera se aprueban el rencor y la envidia, agresividad del impotente y Eros del frustrado"[34] (citado en Vázquez, 2010, p. 370).

Carmen hace un paralelismo apoteósico cuando afirma que como individuos no hemos sabido integrar nuestros poderes adquiridos. Al considerarnos cada vez más poderosos, capacitados y evolucionados, nos comportamos "como vulgares Luciferes", y protagonizamos una nueva rebelión clamando de todas las maneras posibles: "¡Quién como yo!" La sensación de pertenencia a un grupo social y a la sociedad en su conjunto, nos es cada vez más extraña. Al ser nuestros propios dioses referentes, veneramos, adoramos y glorificamos las propias capacidades olvidándonos de que "cualquier función humana es una interacción en un campo organismo-entorno sociocultural, animal y físico"[35] (Vázquez, 2010, p. 372).

En la sociedad actual parece importar más la felicidad y el bienestar a cualquier precio, incluso a costa del compromiso y la perseverancia (Vázquez, 2010, p. 376). Basta mirar los medios de comunicación social para ver que cada vez más se apoya la deconstrucción de los valores ensalzando —aunque sea sólo por dedicarles el mayor espacio y tiempo— a los asesinos, los ladrones, los políticos corruptos, o incluso los ganadores de concursos televisivos. No importa cómo se consigue ser el centro de atención, lo importante es serlo. Lastimosamente no hay el mismo reconocimiento para quienes, a partir de un esfuerzo continuado, eligen aportar a una *mejor* sociedad (Vázquez, 2010, p. 375).

---

[33] Goodman, P. (1973), Ensayos utópicos, Barcelona, Ediciones Península, p. 117.

[34] PHG II, 14, 8, 3.

[35] PHG II, 1, 3, 1.

El sueño posible

Nuestra teórica considera que siempre ha sido un poco rebelde y contestataria, le disgusta la parte hipócrita y falsa de actuar de algunos individuos sociales. Le parece que hemos olvidado lo fundamental y es que, por encima de todo, somos seres humanos. Pero, como ella dice, "la teoría de la Terapia Gestalt y los escritos de Paul Goodman me han dado las claves para poder explicar lo que antes solamente sentía y no me gustaba". Necesitamos —insiste— que las sociedades cambien; piensa que todos lo sabemos y lo queremos, pero este cambio empieza en cada uno de nosotros porque si cada uno buscamos la manera de ser mejores, nos volveremos como los *badajos* de las campanas y cuanto más campanas suenen al mismo tiempo, más difícil es no oír (o hacer callar) su sonido.[36]

Si la sociedad, las instituciones y la familia respondieran a las verdaderas necesidades de cada individuo que las forman, cada niño/a crecería consciente de sus posibilidades de una manera creativa, enriqueciéndose no solamente a sí, sino a cada grupo a los que pertenece. En tanto esto suceda, los adolescentes continuarán siendo *rebeldes* a su manera, los niños a la suya y los que nos creemos adultos "buscaremos miles de maneras desgastadas, corrientes y conservadoras creyéndonos rebeldes e innovadores" (Vázquez, 2010, p. 72).

Para esta gestaltista, es preciso que cada persona nos esforcemos —a partir del tesón y empeño que surgen de la intensidad del compromiso— con el fin de ser coherentes, poner límites, actuar éticamente, tener un lenguaje significativo, todo en la medida de nuestras posibilidades. Así podremos contribuir a un cambio social, aportando a la construcción de un futuro más vivible (Vázquez, 2010, p. 73).

Nuevamente nos recuerda la importancia del "reto de aprender a pensar en términos de *campo*", de relación. El individualismo es un aspecto parcial de la propia realidad puesto que no vivimos solos en el universo y nos es imposible cubrir una sola de nuestras necesidades —físicas, materiales, emocionales, intelectuales o espirituales— si no tenemos presente el mundo que nos rodea. Me es preciso tomar en cuenta al otro que pareciera *fuera* de mí pero que influye, afecta y colabora en que sea lo que soy (Vázquez, 2010,

---

[36] Comunicación personal.

p. 73). Todo lo que nos rodea a cada uno, nos afecta, al mismo tiempo que cada uno afectamos y ayudamos a la transformación de cuanto nos rodea. Por eso, una rebeldía coherente no puede dejar de incluir a los otros como piezas importantes en nuestro proceso, avance y transformación.

Si bien la rebelión es importante, según Merton, es diferente del *resentimiento,* pues este último no cuestiona los valores que se han vuelto inalcanzables. El verdadero comportamiento rebelde implica la denuncia, a partir de una experiencia de frustración, de valores socialmente aceptados e intenta cambiarlos (Vázquez, 2010, p. 80).

Las rebeldías también van tomando matices a partir de las experiencias tenidas. Laura Perls comentó en alguna entrevista:

> Pensaba ser concertista profesional, pero a los dieciséis años cambié de opinión pues ese no era un trabajo ni de ayuda, ni de utilidad social. Hoy naturalmente me cuestionaría este punto de vista. Las Artes son tan necesarias y útiles como cualquier otra cosa. Pero en aquella época, éramos de la opinión de que el Arte tenía que quedarse atrás. (Vázquez, 2010, p. 36)

Necesidad de comprometerse

Carmen menciona la insistencia de Laura Perls que en 1986 decía —posiblemente refiriéndose a la Terapia Gestalt— que el compromiso voluntario implica sacrificio y la renuncia a cosas que nos importan, con miras a hacer algo que valoramos (Vázquez, 2010, p. 38).

En nuestro caso, hablamos del "compromiso con la relación terapéutica, compromiso con la Terapia Gestalt y sus criterios, compromiso con el grupo de iguales, compromiso con la sociedad en constante transformación" (Vázquez, 2010, p. 39). Requerimos aplicar nuestro enfoque existencial y holístico, concediéndole "su parte a la angustia, al goce, al dolor, al éxtasis". Es importante, como señala nuestra teoría, "incluir nuestro entorno como parte y agente de nuestra identidad y de nosotros mismos. Y a nosotros como agentes de permanencia y de cambio de nuestro entorno" (Vázquez, 2010, p. 331).

El compromiso es un acontecimiento del campo, pues implica renunciar a otros intereses y hacer una elección de algo que involucra al entorno, de ahí que el compromiso es una actividad social (Vázquez, 2010, p. 86).

Tomando en cuenta que "la Terapia Gestalt no ofrece la curación a todos los problemas que hacen presa en los humanos por el simple hecho de que esto es inherente a la condición humana. No ofrece un camino para volver a las puertas del Edén. Pero como el psicoanálisis prometió una vez, puede ayudar a vivir mejor en un mundo en cambios",[37] Carmen destaca que nuestro trabajo terapéutico sí puede ayudar a vivir mejor en un mundo caído, lo que supone ir paso a paso, sin prisa pero sin pausa (Vázquez, 2010, pp. 326 y 73). Y hace suya la expresión de J. Hillman:

> Hemos tenido cien años de análisis, y la gente se vuelve más y más sensitiva y sensible, y el mundo va yendo peor y peor. Aún ubicamos la psique dentro de la piel. Uno va "adentro" para ubicar la psique, uno examina "sus" sentimientos y "sus" sueños, que le pertenecen [...] Pero lo que queda fuera es un mundo que se deteriora ¿por qué la psicoterapia no ha advertido esto? Por qué la psicoterapia solamente trabaja en ese alma de "adentro" [...] si el crecimiento personal incluyera al mundo ¿no sería hoy diferente nuestra sociedad teniendo en cuenta toda la gente especialmente inteligente que ha estado en terapia? (Vázquez, 2010, p. 389)

AL FINAL, EL AMOR

En culturas antiguas y pueblos originarios la vejez implica sabiduría y riqueza interior, mientras que en la actualidad las personas mayores —y a veces las que no lo son tanto— son apartadas de la sociedad, con frecuencia casi abandonadas por sus familiares incluso cercanos. Sin embargo, para Carmen, "envejecer es un arte que, en realidad, empieza el día que nacemos" pero se va haciendo figura al pasar los cincuenta (Vázquez, 2010, p. 171).

---

[37] From, I. y M.V. Miller (1969), Introducción a la edición de Terapia Gestalt de *The Gestalt Journal,* en F.S. Perls, R.Hefferline y P. Goodman (1951), *Terapia Gestalt: Excitación y crecimiento de la persona humana,* Ferrol/Madrid, Ed. Sociedad Valle-Inclán, Colección Los libros del CTP, 2002, p. xxxvii.

Si tomamos en cuenta que somos seres terrenales, *entre el suelo y el cielo*, además de transitorios, podríamos asumir como una vida satisfactoriamente vivida, aquella experimentada como un "baile constante entre el Yo y el Nosotros", consistentemente asidos a las propias cualidades humanas (Vázquez, 2010, p. 326).

Importa, también, que recuperemos el proceso sano de desear y saber esperar mientras conseguimos lo deseado, conscientes de que es entre el deseo y su consecución donde vamos creciendo y desarrollando otras habilidades psicológicas y técnicas (Vázquez, 2010, p. 86).

Como se vive de joven y de adulto así se envejece; son palabras sabias de esta mujer, terapeuta, amiga y teórica gestaltista a quien le cuesta mucho madrugar pero que es noctambulísima. Llega a su casa cada día a las 10 de la noche y ese es su tiempo para ver una película —el cine es algo que disfruta especialmente— o para contestar los correos electrónicos —a veces hasta las 2 de la mañana—; es también su tiempo de oír música. Siempre lee un poquito antes de dormir. Quienes están cerca de ella la miran como alguien que sólo trabaja; sin embargo, Carmen considera que ha aprendido a vivir y a vivir bien, siente que tiene una vida rica (Entrevista 3).

Para nuestra gestaltista hay una gran diferencia entre una vida estresada y una vida activa o muy activa. Admite que, ciertamente, hay veces que está estresada, pero eso sucede cuando en lugar de estar en el *aquí y ahora* del momento, está pensando en lo que luego tendría que hacer o en pendientes importantes.

Ella sabe que en esas ocasiones es como tener el cuerpo y el corazón en una parte y la cabeza en cualquier otra, o del pasado o del futuro. Reconoce con sencillez que, cuando eso sucede, es terriblemente desgastante porque la estresa, como a muchos de nosotros. Por eso procura estar en su presente. Sabe de sí que es una persona que tiene mucha energía y puede hacer bastantes cosas y que, además de viajar, formar, dar terapia… hace cosas para ella, tiene una buena vida y agradece al cielo tener mucha energía (Entrevista 3).

Carmen es responsable de sus triunfos. Ha recibido oportunidades, otras personas han confiado en ella, la han animado, pero los logros conseguidos son suyos, a partir de poner en juego sus capacidades (Vázquez, 2005, p. 35).

Al terminar este capítulo en el que he intentado entrelazar la experiencia vivida, la teoría y la práctica de una gestaltista significativa, hago mías sus palabras:

> Qué tantos amigos y familiares ausentes y desaparecidos, apartados de nuestro caminar, nos ayuden a entender que no importan los años sino la calidad de los mismos {...} con seguridad nuestras huellas serán el camino para otros muchos que vendrán detrás si hemos sido capaces de llenar nuestra vida de intensidad, fascinación, fuerza, compromiso y amor. (Vázquez, 2010, p. 172)

4. JEAN-MARIE ROBINE

REVELARME ES DEJAR DE SER TRANSPARENTE

Curiosidad por "el mejor teórico actual de la Gestalt"

Si pudiera, escribiría este capítulo con tinta verde, en hojas de papel color verde… para hablar de un hombre admirable que viste camisas verdes, calcetines verdes… y que elige portadas verdes para sus libros.

El capítulo 4 lo dedico a Jean-Marie Robine, de quien había oído decir "es más complicado de leer que el PHG". Lo cierto es que leerlo después de escucharlo ha sido para mí un camino de acceso a su teoría. Sencillo y afable en su trato, se da sin reparos regalando breves narraciones de su vida con las que ilustra en sus talleres la teoría que transmite.

Me agradó recuperar sus comentarios sobre lo pésimo que fue en su adolescencia para las matemáticas y cómo esto le hacía afirmar su sentido de pertenencia a los Robine, aun cuando después se dio cuenta de que en verdad era buen matemático, con lo que afianzó y reconoció sus propias habilidades. O sobre el hecho de que su padre quería que fuera sacerdote o militar y su rebeldía ante este deseo.

Robine fundó el Institut Françcais de Gestalt-thérapie en 1980. Ejerce habitualmente en Bordeaux y enseña Terapia Gestalt en Europa y en el mundo entero, de Moscú a México, pasando por el Océano Índico. Ha fundado las dos revistas francesas de Terapia Gestalt y ha formado parte del Comité de Redacción de *Cahiers de Gestalt-thérapie*, de *Gestalt Review*, así como del nuevo *International Gestalt Journal*. Ha escrito numerosos artículos, y muchos de ellos se han traducido a otros idiomas".[38]

En febrero de 2007, durante un curso de sueños, uno de mis profesores comentó que J.M. Robine daría un taller en el IHPG y que sería muy bueno participar porque "Robine es el mejor teórico actual de la Gestalt". Esa sugerencia fue suficiente para inscribirme. Dos detalles recuerdo de esa ocasión: lo significativa que fue la experiencia del trabajo personal que hice con Jean-Marie (pues me sentí vista por él con mayor profundidad y precisión de lo que me parecía que había compartido) y el hecho de que tomé notas de todo lo que decía (hablaba de la intencionalidad… de la dinámica de lo provisional), aunque sin la menor idea de cómo aplicarlo en terapia.

Años más tarde (2010), cuando regresó a México, volví a participar en su taller. Para ese entonces había leído más de él y tenía pocos años como psicoterapeuta. La forma como elaboraba y presentaba su teoría me entusiasmaba. En muchos casos sentí que describía mi propia experiencia como terapeuta, como paciente, como persona: "Eso de lo que habla tiene que ver conmigo", me decía. Leerlo, después de esa ocasión, fue otra historia. Puedo seguir el hilo de su discurso y comprenderlo —lo que no significa que sea capaz de repetirlo y explicarlo con su profundidad—. Mi percepción actual de Jean-Marie es que es una persona accesiblemente profunda en todos los sentidos. Esta experiencia quizá dice de mí que para acercarme a alguien, a recibir su expresión, requiero mirarle y escucharle…

Cuando propuse la metodología de entrevistas a profundidad para mi investigación, me aclararon que esto era totalmente improcedente; parece que no. La entrevista con Robine fue deseada de manera particular, aun cuando aparentemente era la más complicada por sus pocos viajes a México. Tuve la sugerencia de que fuera vía Skype o por correo electrónico ¡pero no! Para mí era importante verlo, escucharlo, preguntarle, encontrarme con él. Y para eso había que cruzar *el gran charco*, así que lo hice y me encontré con una acogida cálida, sencilla, sincera, disponible.

---

[38] Introducción en *Yo soy yo y mi circunstancia. Una entrevista a Jean-Marie Robine*, por *Richard Wallstein del British Gestalt Journal*.

Mucho antes de la entrevista preparé un listado largo de preguntas y temía no tener la oportunidad de obtener la respuesta a ellas. Aún quedan muchas —o muy significativas— en el tintero, pero las dos horas de conversación con él representaron un placer para mí. El resultado forma parte de las páginas siguientes. A través de ellas, se puede constatar que "Jean-Marie es un apasionado, un visionario. Seguir su camino es a veces desconcertante, tan atados estamos a una concepción monódica del mundo" (Marie Petit en Robine, 2005, p. xiv).

> Robine […] es un pensador radical, en el mejor sentido de la palabra, de esta clase de radicalismo que abre nuevas fronteras al empezar a ir a la raíz (que es el verdadero significado de la palabra "radical" […] La novedad de las ideas de Robine proviene del hecho de que esta vuelta atrás no es pura y simplemente una vuelta hacia el pasado […] Robine pone a prueba permanentemente los principios de Perls, Hefferline y Goodman al mismo tiempo que lo mide con su propio temperamento. (Prólogo de Michael Vicent Miller en Robine, 2006, p. 13)

Ahora una palabra justificativa sobre mí. Al redactar cada capítulo de este libro, los títulos o subtítulos *surgen* mientras leo y escribo. En el caso de Robine, podría haberme ahorrado la mayoría ya que, cuando habla de organismo/entorno, se refiere también a la experiencia; si habla de la experiencia inevitablemente aborda el campo; cuando habla de campo hace alusión a la situación e, inevitablemente, la temporalidad aparece cuando toca cualquiera de estos conceptos, y así sucesivamente. Me queda claro que todo tiene que ver con todo. Me acojo, pues, a la tolerancia de los lectores por el ingenuo intento de orden al atreverme a intercalar su experiencia con los conceptos elaborados a partir de la práctica y reflexión de Jean-Marie Robine.

LOS PRIMEROS AÑOS

Soledad, compañera de la infancia

Jean-Marie Robine proviene de una familia que era muy comprometida en el catolicismo, aspecto que él compartió por completo hasta los 20 o 25 años y del cual ha quedado algo en su construcción, especialmente el aspecto militante y el servicio (Entrevista 4). Esta ha sido una de sus más grandes influencias infantiles. Su nombre es Jean-Marie y su patrón es Juan Bautista. Para él es significativo que le hayan elegido este Juan porque es el hombre que desaparece, es el hombre que anuncia algo que no es a él mismo. Es lo que viene, lo que va a pasar, sin buscar ser la luz sino señalando la luz. De igual forma, Jean-Marie no siente deseos de atraer las miradas hacia sí, sino que señala la Gestalt para que sea hacia allá hacia donde se vuelvan a mirar las personas (Entrevista 5).

Robine es el mayor de una familia de seis hijos. Tiene tres hermanos y dos hermanas. Él experimentó algunas características de ser el mayor en una familia muy grande, junto con la sensación de un tipo de soledad ya que después de Jean-Marie seguían dos hermanas juntas, cercanas, y después dos hermanos juntos; y muchos años más tarde llegó otro hermano, cuando él tenía como quince años. Esta situación provocó un sentimiento de cierta soledad porque no tuvo un compañero o compañera para los juegos, para compartir la cama… la habitación (Entrevista 5).

Cuando tenía 16 meses, nació un hermano de manera prematura que murió tras sólo unas horas. Al parecer, Jean-Marie no le dio demasiada importancia al hecho pues, en realidad, ese niño fue un desconocido. Sin embargo, sus padres siempre lo tuvieron presente y colocaron su fotografía presidiendo la chimenea. Toda su vida, cuando se lamentaba de su posición de hermano mayor, separado de la pareja de hermanas y de tres hermanos, Jean-Marie escuchaba a sus padres decirle: "¡Oh, es triste para ti que tu hermano haya muerto! Porque, si no, hubieras tenido un compañero casi de tu edad" (Robine, 2005, p. 220). De esta manera, su vida afectiva como niño estaba, con mucho, fuera de la familia, con amigos y, sobre todo, con un amigo con quien ha estado muy unido (Entrevista 5). Ese fue un hecho importante en su socialización.

Por otra parte, para él fueron muy importantes su abuelo y su abuela, con quienes tenía una gran conexión y a quienes consideraba más significativos que sus propios padres. Tuvo muchas ocasiones para ir a casa de sus abuelos y estar con ellos descubriendo distintas cosas (Entrevista 5).

Vale, a propósito, recordar las palabras de Perls y Goodman: Los sentimientos de la infancia son importantes no porque constituyen un pasado que sea necesario deshacer, sino porque constituyen algunos de los más maravillosos poderes de la vida adulta que deberíamos recuperar: la espontaneidad, la imaginación, el carácter directo de la consciencia y de la manipulación. Como ha dicho Schachtel, lo que es necesario, es recuperar la manera que tiene el niño de experimentar el mundo" (Robine, 2002).

El hecho de no haber tenido a su hermano, le parecía *tan pronto una ventaja como un inconveniente*. Su madre sublimaba el hecho con comentarios religiosos, pero Jean-Marie no escuchó nada del dolor de su padre.

> Y hoy numerosos indicios me hacen pensar que... esto pudo construir una cripta en mi padre tal vez generadora de un fantasma en mí, un duelo no vivido, [...] Mi padre, un enamorado de los caballos [...] fue sin duda quien escogió el nombre (Philippe "el que ama a los caballos". Y yo que durante toda mi infancia reclamé el poder montar a caballo ¿ser Phillipe? ¿Conquistar el amor de mi padre? Y recibí constantemente una respuesta que lo difería. (Cfr. Robine, 2005, p. 220)

Robine —como cada uno de nosotros hacemos— aprendió una serie de actitudes que tuvo con su papá y su mamá, que fueron las mayores figuras en su infancia, y ha reproducido estas reacciones, con cualquier persona o más con quienes tiene relación de intimidad, incluso con sus alumnos (Apuntes personales 10).

En el trabajo terapéutico de cada persona, papá y mamá ocupan un lugar especial y la percepción de ambos es diferente al final que al principio de la terapia. Jean-Marie recuerda que tuvo una relación muy fuerte y agresiva con su padre y que en una ocasión lo dibujó como una herramienta —un martillo— agresiva. Mientras que a su madre la representó como un costurero, una caja de madera con una tapa, con la que pasaba mucho tiempo; él sentía que su madre era acogedora con los niños. En esa ocasión percibió que el padre contribuyó al desarrollo de su madre y ella le dejó un espacio a él. Después de *ver* eso, tuvo mucho trabajo personal por hacer (Apuntes personales 10).

Con nuestra familia de origen aprendemos muchas cosas que tienen que ver con la intimidad, y estas afectan la relación entre terapeuta y paciente. Aprendimos proximidad y distancia, y eso hay entre terapeuta y paciente; aprendimos apoyo y lo hay o no, en la relación terapéutica. Aprendimos poder y hay poder. En la familia de origen hay solidaridad, lo mismo que en la terapia. Aprendimos expresión de emociones y lo hay en la relación terapéutica. Ciertamente, hay cosas que se han modificado y otras que permanecen (Apuntes personales 10).

Otros elementos estuvieron presentes en la infancia de Robine: el primero es que durante muchos años perteneció a los *Boy Scouts*, pasando por todas las etapas, desde ser el más pequeño hasta llegar a jefe de grupo. Este aspecto fue relevante porque implicó el aprendizaje de lo que es comunidad, esfuerzo, espíritu de equipo, generosidad y muchos valores muy importantes para él. Aun cuando hoy puede mirar la experiencia con criticidad y descubrir que tiene un aspecto un tanto militar, lo que en realidad permanece es que fue algo muy formador. Después, cuando tenía quince o dieciséis años, a través de los Boy Scouts pero también fuera, contactó con un movimiento que se llama el trabajo de expresión (Entrevista 4).

Quizás, a la soledad mencionada, contribuyó también el hecho de que, debido a la profesión de su padre, se mudaron de ciudad varias veces, cuando tenía once años, después a los doce y de nuevo cuando tenía quince; así, perdía el contacto con sus amigos (Entrevista 5).

Aquí caben las palabras de Daniel Stern (1985)[39] refiriéndose a las problemáticas clásicas del desarrollo, las cuales "no se consideran como si tuvieran un origen en un punto particular o en una etapa particular en el curso del desarrollo. Estas problemáticas se ven aquí como líneas de desarrollo: es decir, etapas que conciernen a toda la vida, y no como fases de la vida" (citado en Robine, 2002).

Robine, de niño, no pensaba en ser psicólogo, ni siquiera conocía la existencia de esta profesión. Más bien, tenía la idea de ser abogado para sostener y apoyar a las personas y por identificación con su abuelo, a quien quería mucho y que también era abogado. Pensaba además en ser profesor de latín y de griego antiguo porque son lenguas que le gustan mucho. Pero fue en su clase de filosofía cuando se dio cuenta de que lo que le interesaba del griego y del latín era el aspecto filosófico[40] y dentro de la filosofía, el talante psico-

---

[39] Stern, D.N. (1985), *Le monde interpersonnel du nourrisson*, trad. franç., PUF-Le fil rouge, París, 1989 [traducción española: El mundo interpersonal del infante, Barcelona, Paidós, 1991, p. 32].

[40] Recuerdo haber escuchado a Michael Vicent Miller decir "Yo considero que leo filosofía, excepto cuando platico con Robine'" (porque él lee mucho más).

lógico. De ahí que cuando fue a la universidad se orientó hacia la psicología (Entrevista 4).

Joven entusiasta y psicólogo inquieto en búsqueda constante

Durante algunos años Jean-Marie fue responsable de movimientos juveniles (*Boy Scouts* y otros) y de la formación de animadores de jóvenes, sobre todo en el terreno de la expresión (mimo, expresión corporal, voz, marionetas, tierra, pintura, entre otros); continuamente se refiere a este aspecto como uno de los posible pilares de sus decisiones posteriores. Fue un joven que dedicó bastante tiempo a formar y a formarse, según él "a veces con mucho candor o mucho morro por mi parte" (Entrevista, 2008). Fue así que cuando tenía 17 o 18 años llegó a ser profesor de canto en una escuela de educadores, sin tener idea del solfeo, con alumnos que podían tener hasta 10 a 20 años más que él.

En esa época, el psicoanálisis era la vía dominante, por lo que se formó de esta manera sin tener la intención de convertirse en psicoanalista, ya que este enfoque le parecía demasiado cerrado y rígido (Robine, 2006, p. 146).

En 1967, sin haber cumplido 22 años de edad, le ofrecieron trabajar como joven psicólogo en un consultorio ofreciendo el servicio de seguimiento educativo para niños y adolescentes (Entrevista, 2008). El director, René Guitton, confiaba mucho en él, tanto que después de tres o cuatro años de trabajar como psicólogo principiante, le pidió que asumiera su lugar en la dirección del Centro de Guía Infantil, lo que fue una gran sorpresa para Jean-Marie. A los 25 años de edad era director de un equipo con personal de 30, 40 o más años (psiquiatras, psicólogos, ortofonistas, psicomotricistas, asistentes sociales, etcétera). Tuvo muchos conflictos y críticas para con René, quien, sin embargo, fue alguien muy importante en su desarrollo y de quien recibió una gran confianza, tanto que Robine le considera un mentor importante más que un amigo (Entrevista 5).

Al principio de su carrera, en los años 1970, creó, junto con unos amigos, el *Instituto de Investigación, Animación y Expresión* —IRAE— que trataba de promocionar el encuentro de distintos mundos de expresión artística con el mundo de la psicología y de los grupos. En esa época aún no había ocurrido este encuentro, no existía lo que hoy llamamos arte terapia. En sus palabras:

"Algunas experiencias eran muy locas", pero fueron años de experimentación extremadamente fértiles, excitantes y siempre creativos y estimulantes (Entrevista, 2008). Trabajó mucho en esta dirección durante unos cuantos años y posiblemente sea lo que le llevó más tarde, de forma muy directa, a la Terapia Gestalt (Entrevista 4).

La segunda dirección interesante para Robine era el trabajo corporal y un tercer aspecto el trabajo en grupo, tanto en el terreno terapéutico como en el psicosociológico (Robine, 2006, p. 145).

Jean-Marie se formó en psicodrama, en dinámica de grupos y en el enfoque rogeriano. Comenzó poniendo en práctica una psicoterapia de orientación analítica bajo supervisión, practicó el psicodrama con niños, luego con adultos, y paulatinamente terapias individuales. De la Terapia Gestalt oyó hablar al final de la década de 1960 o al principio de la de 1970, posiblemente a través del enfoque rogeriano. Por ese tiempo leyó los primeros libros sobre Terapia Gestalt en francés y después buscó algo en inglés para profundizar más. Además, siempre que podía participaba en sesiones puntuales, pues era lo que había entonces. Robine recuerda que cuando los terapeutas nombraban alguna de sus prácticas haciendo referencia a la Terapia Gestalt, hallaba "una resonancia particular y un complemento teórico y metodológico" (Entrevista, 2008).

En una formación continua, a mediados de los años 1970 estaba en los grupos T de Lewin (Robine, 2006, p. 145) y a finales de la misma década, por fin inició una formación especializada en Terapia Gestalt en Bruselas, aprovechando el primer programa francófono, organizado por Multiversidad (Michel Katzeff) y el Instituto Gestalt de Cleveland. Durante un periodo de tres a cuatro años viajó entre Burdeos y Bruselas haciendo 10 horas de viaje de ida y otras tantas de vuelta, lo cual aún recuerda cuando escucha las quejas de algunos estudiantes porque tienen que hacer sesiones en lugares que no les quedan cerca. Pocas sesiones fueron sólo de Gestalt; se trataba en realidad de una mezcla de Gestalt, Bioenergética, Análisis Transaccional y en ocasiones Psicodrama, Rogers y Psicología Humanista (Entrevista, 2008).

Hoy reconoce Jean-Marie que la psicología le ha aportado en primer lugar la posibilidad de practicar su oficio. Antes de ejercer la Terapia Gestalt, estando casado y con hijos —ser padre fue un gran choque emocional para él— (Entrevista 5), trabajó durante diez años, pero un día se hartó de hacerlo con preferencias metodológicas y teóricas que no le gustaban y estuvo a punto de parar de trabajar.

> Durante un año estuve trabajando en una galería de arte. Fue interesante pero había olvidado un aspecto y es que también se trataba de comercio y ahí yo no estaba en absoluto dotado. Perdí mucho dinero. Así que volví a lo que sabía hacer, es decir a la práctica de la psicología y la terapia. Tenía mi formación en Gestalt en esa época. Me interesó mucho, pero sentí muy pronto los límites del modelo que se me enseñaba, que era el de los Polster y resultaba más interesante del que había encontrado antes, el californiano. (Entrevista 4)

Tan pronto como la actividad del Instituto Gestalt se lo permitió, dejó el Centro de Guía Infantil, consagrándose por completo a la Terapia Gestalt. No fue sencillo hacer un cambio así, después de quince años con un salario garantizado y una seguridad bastante grande en el empleo. De manera que, después de trabajar por tres o cuatro años como voluntario en el Instituto, se decidió, casi simultáneamente, a comprar una gran granja en ruinas para instalarse, y como no era posible cambiar allí al Instituto, fue preciso alquilar un local en la ciudad. En principio se ubicó en el barrio español de Burdeos, pero rápidamente, entre psicoterapias, formación de Gestalt y formaciones de terapeutas de familia, tuvo que buscar uno más grande, que resultó ser el de la calle Paul Louis Lande (Entrevista, 2008).

Si bien "todo ser humano tiene que construir un delicado equilibrio entre su necesidad de diferenciación identitaria y su necesidad de vínculo" (Robine, 2010), para Robine ser padre fue difícil; tuvo tres hijos, dos hombres y una mujer. Durante bastante tiempo no vivió con ellos, ya que se divorció y estaban con su madre. Además, por su profesión tenía muchos viajes y pasaba muchos fines de semana en diferentes lugares, por lo que el contacto no era muy fuerte (Entrevista 5).

Así, con estos vaivenes, entre una formación constante, reconocimientos, riesgos, aprendizajes a ratos bastante difíciles y contando con valiosos apoyos, fue construyéndose un terapeuta Gestalt.

ENCUENTRO CON LA GESTALT: ¿QUÉ GESTALT?

Durante la formación en Gestalt de Jean-Marie, tenían como "Biblia" el libro de los Polster, *Terapia Gestáltica*, del que traducían un capítulo en cada taller de fin de semana. A la distancia se ha dado cuenta de que la sensación de falta de profundidad tuvo que ver con cierta desconexión entre teoría y práctica (Robine, 2006, p. 146).

Para comienzos de los años 1980, Robine se había formado y llevado a la práctica la Terapia Gestalt, primero al estilo de Perls de los años de Esalen y, después, con ciertos cambios a partir de la contribución del Instituto Cleveland y especialmente de los Polster (Robine, 2005, p. 252). En su proceso de formación, participó en una semana de psicoterapia de grupo que dirigía Erving Polster. Nuestro teórico ejemplifica con un hecho de entonces cómo el entorno crea condiciones "favorables" a la puesta en marcha de la retroflexión y que la retroflexión puede llegar a su destinatario de manera indirecta:

> "El segundo o tercer día, Erv me interpela haciéndome partícipe de su miedo ante mí [...] "¿Sabes cómo te las arreglas para darme miedo?" Noto que mis ojos se dirigen en todas direcciones... mi silencioso estupor se prolonga [...] Al cabo de un tiempo indeterminado que me parece una eternidad, Erv me dice: "Gracias por tu respuesta"."Pero si yo no he dicho nada", expreso. "¡Exactamente de esa forma es como me das miedo!" Y un poco más tarde me comentó hasta qué punto era sensible a mi silencio cargado de actividad "interior" y cuánto podía inquietarle mi silencio. (Robine, 2005, p. 232)

Aun cuando no estaba totalmente convencido, trabajó un tiempo con los Polster para poder profundizar pero, a fin de cuentas, no le apeteció seguir más con ellos. En esos momentos pudo haber abandonado la Terapia Gestalt ya que no veía solución de continuidad (Entrevista 4).

Poco tiempo después, Robine escuchó hablar de Isadore From quien, según le dijeron, representaba el trabajo y el punto de vista de Paul Goodman. Hasta ese momento no había oído hablar ni de uno ni del otro. A partir de entonces, decidido a conocer a Isadore From, miembro del grupo fundador de la Terapia Gestalt, participó en un primer seminario con él. Desde ahí, todas sus certezas se desvanecieron y su pensamiento se puso en movimiento, la angustia implicaba pérdida y excitación a la vez y la duda estaba llena de preguntas sin respuesta (Robine, 2005, p. 200).

Discípulo de Goodman e Isadore From

Jean-Marie le pidió a Isadore que lo recibiera y aceptara en uno de sus grupos y From estuvo de acuerdo en que se uniera a su grupo de estudiantes. De hecho, era un grupo de teoría y supervisión pues él no hacía terapia en un contexto de iguales ni lo que comúnmente se llama "formación" (Robine, 2006, p. 147).

Robine tuvo la fortuna de trabajar con Isadore durante varios años, aunque esto implicó para él un cuestionamiento doloroso y radical, que lo llevó a dejar completamente de lado algunas prácticas y teorizaciones que incluían cierta ética. Todo ello en favor de otro enfoque que percibía como más exigente: el de Goodman y de Isadore, pese a que no tenía idea de las consecuencias de su elección, ni era capaz de distinguir el aporte de cada uno (Robine, 2005, p. 252).

Cuando Robine dejó de trabajar con Isadore From al retirarse este hacia 1983 o 1984, continuaron reuniéndose en Nueva York o en su granja de Dordogne, o en casa de Jean-Marie en Francia. Esto realmente revolucionó la comprensión de la Terapia Gestalt de nuestro teórico, pues hay que considerar que en ese tiempo se encontraba entre la perspectiva intrapsíquica y la perspectiva de campo, noción que no estaba tan desarrollada como hoy. El hecho de que Isadore lo introdujera en la obra de Perls y Goodman, la cual Jean-Marie no conocía, le dio pistas y libertad para pensar y poder encontrar su propia comprensión de la obra fundadora e incluso para ampliarla (Entrevista 4).

Todo el trabajo y el tiempo pasado con Isadore fueron sumamente estimulantes para Robine (Robine, 2006, p. 148), no sólo por las ricas discusiones teóricas sino también por la intimidad compartida. A propósito, entre sus recuerdos está una velada en casa de From en Nueva York, en la cual Hunt, su compañero, se sentó al piano para cantar canciones escritas por Goodman y desconocidas por todos o casi todos (Entrevista, 2008). Jean-

Marie recuerda distintos momentos emocionantes en los que compartió con personas que en ese tiempo de su trayectoria representaban auténticos mitos y que le parecían inaccesibles (y al escribir esto pienso en mi propia experiencia con las personas a las que me he atrevido a entrevistar para este trabajo y, en especial, con Robine). Fueron significativos también los pocos días que pasaron Isadore From o los Polster en su casa. En esta tónica, aunque bajo otras circunstancias, está presente una velada con Laura Perls, de quien sabemos escribió dos capítulos de *Yo, hambre y agresión* (Entrevista 4); ya muy mayor, Laura se sentó al piano para interpretar a los presentes una sonata con una "intensidad en su presencia que hacía olvidar que su motricidad ya no estaba a la altura de sus pretensiones" (Entrevista, 2008).

Isadore From, quien decía que desde el primer minuto el objetivo del terapeuta ha de ser *desaparecer* como tal (Apuntes personales 9), tuvo como aporte mostrar y enseñar el libro de Perls y Goodman casi palabra a palabra y ayudarnos a reflexionar con él.

> Isadore From nunca escribió. Las personas que en realidad hicieron la contribución más importante a nivel teórico son, desde mi opinión, gente que trabajó con Isadore From. Hay terapeutas Gestalt que escribieron con base en Perls y Goodman, que trabajaron mucho sobre esto, sin contacto alguno con Isadore From y que hicieron contrasentidos en la comprensión de Perls y Goodman. Pienso en alguien como Gordon Wheeler (que, por otro lado, es amigo mío), quien, al describir una Gestalt tan reconsiderada a partir de su lectura de Perls y Goodman, critica la teoría de la resistencia. Y critica las cuestiones de proyección, introyección, etcétera. Pero Perls y Goodman nunca consideraron la introyección, la proyección, etc., como resistencias. Esa es la teoría de los Polster y de Cleveland. Gordon Wheeler, con base en Cleveland, proyectó esta noción de resistencia sobre el PHG, una noción que no está ahí. (Entrevista 4)

En 1991 Jean-Marie viajó a Nueva York pues varios años atrás había descubierto la gran importancia de Paul Goodman en la Terapia Gestalt y fuera de ella, y deseaba dar a conocer mejor a los terapeutas gestálticos franceses la vida y la obra de Goodman en relación con la Terapia Gestalt. *Tomó su bastón de peregrino* (Entrevista, 2008) y fue tras sus huellas logrando concretar una serie de reuniones con su mujer, su terapeuta, sus amigos y otras personas que lo conocieron, con el fin de recoger su testimonio[41] (Robine, 1992). Así elaboró el número 3 de la revista *Gestalt*, que contribuyó a recuperar cierto interés en Goodman, incluso en Estados Unidos. Nuestro teórico coincide con Goodman, para quien el *self* es solamente un pequeño factor del campo, y aprecia su visión de la frontera-contacto como estimulante. Considera revolucionarios ambos elementos (Robine, 2006, p. 148).

En reiteradas ocasiones Jean-Marie comparte cómo Erving Polster atrajo su atención sobre la concepción goodmaniana del tiempo, lo cual muestra lo significativo que ha resultado para él esta idea: "Hay varias cosas esenciales que me han quedado [de Paul Goodman], que *él* presentaba de una manera peculiar, y una de ellas tenía que ver con el lugar de la infancia en la vida de una persona. Como *él* tenía el hábito de decir, ser adulto no es reemplazar la infancia, es un plus añadido a la infancia", lo cual implica *una lógica de "al mismo tiempo que" y no una lógica de "en lugar de"*. De ahí que, tener una edad, 50 por ejemplo, significa tener *al mismo tiempo* todas las edades anteriores (40, 30, 20, 10, cinco o dos años). Por tanto, todas nuestras edades se incorporan y funcionan simultáneamente (Robine, 2002).

Durante nuestra entrevista en Valencia compartí con Jean-Marie que, cada vez más, tengo la sensación de que son más fundadores de la Gestalt Laura Perls, Paul Goodman e Isadore From, que Perls, a quien ubico en cuarto lugar. A lo que él comentó que también pensó eso durante algún tiempo, sobre todo cuando descubrió la obra de Goodman. Sólo que después de haber trabajado mucho sobre el libro de Perls y Goodman, incluso después de haber hecho la traducción al francés —lo que significa que leyó palabra por palabra—, volvió a leer el primer libro de Perls, *Yo, hambre y agresión*, y se sorprendió mucho al constatar que algunas de las poderosas ideas del PHG ya estaban más o menos presentes de forma intuitiva, muy caótica y desordenada en *Yo, hambre y agresión*. Robine, más moderado y mucho más fundamentado que yo, añadió: "Por supuesto que Goodman ha aportado muchas de sus propias ideas, pero no hay que quitarle importancia a la aportación de Perls. Como de hecho dijo Laura Perls, si no hubiera Paul

---

[41] Robine, J.M. (1992), "Un album d'entretiens à propos de Paul Goodman", en *Gestalt*, núm. 3, Automne 1992.

Goodman para organizar las ideas de Perls, probablemente Perls hubiera desaparecido y la Terapia Gestalt habría sido olvidada. Goodman fue el arquitecto con los materiales de Perls y sus propios materiales" (Entrevista 4).

Y, entonces… ¿qué Gestalt?

Parte del cambio que vivió Robine dentro de la Gestalt implicó que, al reconocer en la obra fundadora compuesta de dos partes, que la segunda (teórica) es por completo de P. Goodman, se refiera en sus escritos a este texto, mencionando al autor verdadero: P. Goodman y no F. Perls (Robine, 2005, p. 41).

La Terapia Gestalt se considera un sistema teórico y metodológico completo que se origina a partir del psicoanálisis, de la Psicología Gestalt y de la fenomenología, incluso, en algunos aspectos del lado de los existencialismos. Para Robine, estos componentes se han conjuntado *en una configuración nueva* que puede percibirse como una Gestalt clara y coherente (Robine, 2005, p. 1).

De acuerdo con Jean-Marie, la Terapia Gestalt trabaja simultáneamente en tres niveles:

4. La *identidad* del cliente. Hay todo un trabajo de construcción que da un lugar específico a la función *ello* y evita quedarnos encerrados en la función personalidad.

5. *Otredad*. El cliente puede descubrir o volver a descubrir qué es el otro. La existencia del otro. En el trabajo terapéutico descubrimos hasta qué punto la existencia del otro es conflictiva. La importancia de la perspectiva de campo. En la perspectiva de campo el otro tiene que ver con lo que estoy sintiendo, no así en el trabajo intrapsíquico. Una función principal de la implicación del terapeuta es existir enfrente de su cliente como otro, obligarle a darse cuenta de que frente a él hay otro y que el que está enfrente es afectado por lo que dice o hace.

6. *Relación*. El nivel de relación implica que lo que pasa, pasa entre los dos. Somos una sociedad en la que tomo en cuenta: yo, el otro y lo que pasa entre nosotros (Apuntes personales 9).

Robine considera que la Terapia Gestalt se ubica entre las terapias experienciales (más que entre las humanistas y las existenciales) porque hace referencia a un concepto que está en el centro de la elaboración gestáltica, el de la experiencia (Cfr. Robine, 2012, p. 201). De hecho, la Terapia Gestalt es un trabajo de construcción de experiencias (Apuntes personales 9). Él mismo refiere que cuando se le pregunta de qué familia forma parte la Terapia Gestalt, no dice, como se manifestaba hace 20 años, que es una terapia humanista, pues, si bien es cierto que el humanismo fue algo muy importante en su propio desarrollo, hoy considera que es una de las últimas formas de un modelo individualista. Prefiere hablar de la Terapia Gestalt como una terapia experiencial, que parte de la persona y que trabaja sobre su experiencia.

> Claro que si nos centramos en la experiencia de las personas y también en su entorno, en su medio y tratamos de adaptarnos a ellos, podemos trabajar en cualquier tipo de contexto. Creo que un terapeuta es un poco como un etnólogo, siempre tiene que considerar que la persona con la que trabaja es un mundo distinto y tratar de entender el mundo de esta persona sin referirse a su propio mundo. Si quiero entender a una tribu africana o amazónica a partir de mis propias referencias culturales, no voy a entender nada. Soy yo quien ha de adaptarse al otro y no es el otro el que se ha de adaptar a mí. Y creo que hay formas de terapia en que el terapeuta, de forma implícita o explícita, pide al cliente que se adapte a él. (Entrevista 4).

Para él, el aporte específico, los cinco fundamentos de la psicoterapia Gestalt, son los siguientes:

1. *Contacto y Frontera de contacto.* Ya que toda la teoría de la psicoterapia Gestalt toma como base el contacto, que puede ser no sólo con una persona, también con los objetos, el entorno… por tanto, no hay reciprocidad en el contacto. De hecho, trabajar en el contacto es anterior a la psique. El concepto de Frontera Contacto es consecuencia del contacto. En este sentido, la relación sería la sedimentación de los contactos consecutivos.

   En la mayoría de las psicoterapias psicodinámicas se cree que es la consciencia la que hace la diferencia, mientras que en las psicoterapias sistémicas cognitivas se piensa que es el cambio lo que va a crear la consciencia. El problema para Robine es que la consciencia es atraída únicamente por la diferencia. En la confluencia no hay diferencia; por consiguiente, no hay figura y fondo. Lo primero que nuestra vista ubica es la diferencia. En consecuencia, el contacto se da en la diferencia (Apuntes personales 8). La teoría Gestalt es una teoría de contacto, algo que se crea y desaparece. El contactar, al que nos referimos en Terapia Gestalt, siempre es una acción. No hay contacto sin acción —movimiento— (Robine, 2012, p. 88), pero hay que recordar que nuestro objetivo no es el contacto sino restablecer la capacidad de ajuste creador (Apuntes personales 9).

2. *Sentido.* Cada experiencia parte de algo que está sentido (esta es la raíz de la experiencia). El punto de partida de cualquier experiencia está en el cuerpo. El terapeuta Gestalt insiste en llegar a la raíz de la experiencia, por lo que el *ello* es importante. La "Terapia Gestalt hace referencia a la unidad de la experiencia, su uso del trabajo a través de la consciencia inmediata, sus herramientas que le permiten articular la función personalidad en la experiencia vivida aquí-y-ahora, dándole un lugar al ello de la situación, etc., contribuyen a dar una fuerza particular a nuestro método" (Robine, 2010).

3. *Campo–situación.* Una de las especificidades de la Terapia Gestalt es que se sitúa claramente en una referencia a la teoría de campo (Robine, 2005, p. 179). Jean-Marie expresa que en y por nuestro libro fundador, estamos confrontados en dos paradigmas aparentemente —a veces de forma abierta— contradictorios: el modelo individualista que implica el pensamiento de lo "intrapsíquico", y el paradigma del campo privilegiando el contacto y la relación. En un lado está el modelo de la agresividad ponderada por Perls y en el otro, el del ajuste creador desarrollado por Goodman. En uno el sujeto es lo primero, en el otro es el campo (Robine, 2006, p. 45).

4. *Temporalidad.* Es importante recordar que el PHG no habla de ciclo de contacto sino de secuencia, ya que las cosas se suceden unas a otras. Además, nos interesa lo que viene después y no tanto lo que estuvo antes: aquí-ahora y lo que viene (Apuntes personales 7). Recordemos que en la teoría de la Terapia Gestalt está implícita la idea de que el desarrollo es una simultaneidad, no sólo una sucesión. Esto tiene como corolario el hecho de que, en este instante, pasado,

presente y proyecto forman parte de la presencia y de la experiencia (Robine, 2002).

5. *Forma.* Gestalt es la terapia de las formas. Forma es una palabra que no significa exactamente Gestalt, pero se acerca bastante. Gestaltung se refiere al proceso de la Gestalt. Lo que nosotros buscamos es el sentido de la forma formada, no en la forma misma sino la formación de la forma (Apuntes personales 9).

Como destacó Laura Perls, el terapeuta Gestalt se interesa más por la Gestaltung que por la Gestalt puesto que la palabra Gestaltung está asociada íntimamente al concepto de una cierta movilidad (Robine, 2008). Si nos referimos a un criterio fundamental de salud, este sería en términos de capacidad creadora, es decir, la aptitud de formar formas, gestalts. De esta manera, la psicoterapia es la terapia de la formación de formas, es decir, Terapia Gestalt, y la ética del psicoterapeuta se convierte así en una estética (Robine, 2008). La comprensión de la obra de arte se aleja de la interpretación psicoanalítica de los contenidos manifiestos y latentes y se orienta fenomenológicamente hacia el proceso: "Buscamos el sentido de cada forma formada en el acto de formación en sí mismo", escribía Prinzhorn. El filosofo Henri Maldiney,[42] en la parte de su obra dedicada al arte, siguió el mismo método (citados en Robine, 2009).

Según Robine, estos cinco puntos son la definición del self, aunque confiesa que tiene cierto problema con el concepto del self porque no forma parte de su lengua, no se puede traducir al francés ni al español, no es igual al SÍ MISMO y, al no tener la historia idiomática de este concepto, se vuelve una abstracción de segundo o tercer grado. Estos cinco, son conceptos propios de la Gestalt que no están contenidos en otras corrientes terapéuticas. Son cinco maneras de decir lo mismo (Apuntes personales 9).

En la Terapia Gestalt lo que nos interesa es la singularidad de la experiencia de cada persona, la visión clínica de diagnóstico y sus etiquetas no nos funcionan. Cada paciente nos obliga a re-hacer la psicopatología pues, como decía O. Rank: "Cada paciente es *único* y original" (Apuntes personales 7). Por tanto, la psicopatología gestáltica debe permitir la comprensión de la

---

[42] Maldiney, H., *Art et existence,* Klincksieck, París, 1985.

experiencia singular del cliente y, por esta razón, proporcionar al terapeuta un aparato conceptual y metodológico específico (Robine, 2005, p. 106).

Si bien es cierto que para algunos conocimientos indispensables —o que al menos así se consideran— para el ejercicio de la psicoterapia, será necesario acudir a otras disciplinas y ubicar su contribución con la especificidad de la nuestra (Robine, 2005, p. 3), algunos terapeutas Gestalt o algunas corrientes de la Gestalt han hecho —en opinión de Robine—, demasiadas rupturas de la obra fundadora uniéndolas con otros sistemas de referencia que para él no siempre son coherentes con ella. No es que tenga inconveniente en que existan otras formas de pensar pero —insiste—, si no respetan algunos principios fundamentales, entonces el método es otro. Es como si un psicoanalista dijera: "Soy psicoanalista, pero no creo en el inconsciente ni en la transferencia". Se puede trabajar sin el inconsciente ni la transferencia, pero entonces ya no se llama psicoanálisis (Entrevista 4).

Por otra parte, también es consciente, y a él mismo le ha pasado, de que cuando se adquiere cierta familiaridad con nuestra obra fundadora, pueden surgir, después de algún tiempo, algunas inconformidades (Robine, 2005, p. 256).

Hoy por hoy, una de las cosas que parecen interesarle más es atraer nuestra atención hacia un cambio de paradigma (Apuntes personales 8), con los riesgos que esto implique, según escribía hace unos años:

> Una cosa me resulta cierta en el momento en que escribo estas líneas: ¡TENGO MIEDO! Presiento que las reflexiones desordenadas de estos últimos tiempos que me han hecho escribir, si las planteara en su radicalidad, podrían llevarme a tal ruptura epistemológica que me encontraría aún más solo.[43] (Robine, 2005, p. 254)

Terapeuta Gestalt

El fundamento de la teoría de Robine es su experiencia; por eso, acercándonos a lo que expresa del terapeuta Gestalt, podemos presumir que nos acercamos a su práctica como gestaltista.

---

[43] *La névrose de champ*, Conferencia para las Jornadas de estudio dedicadas a "La Transferencia en Terapia Gestalt", publicado en 1989.

En su artículo *Implicaciones sociales de la Terapia Gestalt*, Jean-Marie recupera un párrafo de Christopher Lasch, extraído de su estudio "La cultura del narcisismo".[44] "Los principales aliados [del hombre psicológico del siglo XX], en su lucha por lograr un equilibrio personal, no son ni los sacerdotes, ni los defensores de la autonomía, ni los modelos de *éxito* de tipo capitanías de industria: son los terapeutas" (Robine, 2010). Eso es cierto, aunque, al parecer, estos profesionales no estamos dando un aporte muy valioso que digamos si tomamos en cuenta la expresión de James Hillman, un psicoanalista jungiano, que impresionó, seguramente no sólo a Robine, con su publicación de 1992, *We've had a hundred years of psychotherapy, and the world's getting worse*, traducido por algunos como "Hemos tenido cien años de terapia, y el mundo ha empeorado."[45] Según nuestro teórico, esto sugiere que no sólo la Terapia Gestalt ha ejercido un impacto limitado, sino que ¡el título de este libro podría incluso indicar que tiene un impacto negativo, si establecemos una relación causa-efecto! Tal vez sea demasiado decir que el mundo es peor debido a la psicoterapia; lo cierto es que Jean-Marie considera que, en efecto, "la terapia puede contribuir a introducir algunos efectos perversos, en particular el egotismo, la separación, la desresponsabilización" (Robine, 2010).

Refiriéndose a la persona del terapeuta, plantea también la hipótesis de que no tiene los mismos efectos una experiencia psicoterapéutica con enfoque lacaniano, jungiano o con un análisis bioenergético, que una experiencia terapéutica vivida mediante la Terapia Gestalt, lo cual no implica que sea mejor o peor, pero sí diferente. Y también es posible comprobar grandes variaciones en relación con la persona del terapeuta, su sistema de valores, su concepción del ser humano y su propia historia (Robine, 2010). Por otra parte, Yalom[46] considera que «Más que ninguna otra característica, es la naturaleza y el grado de exposición de uno mismo lo que diferencia las escuelas de psicoterapia» (Robine, 2007).

Jean-Marie nos recuerda que el terapeuta es invitado, con su presencia, a colocarse no como experto, sino como una persona curiosa, interesada y expuesta dialógicamente a la subjetividad de la persona que está enfrente

---

[44] Lasch, C. (1979), *La culture du narcissisme*, Champs-Flammarion, París, 2006, p. 41.

[45] Hillman, J. y M. Ventura, *We've had a hundred years of psychotherapy, and the world's getting worse*, Harper San Francisco, 1992, traducido al francés en 1998 con el título *Malgré un siècle de pssychothérapie, le monde va de plus en plus mal*, Ulmus Company, Londres.

[46] Yalom, I.D. (1985), *The theory and practice of group psychotherapy*, Basic Books, Nueva York.

(Robine, 2006, p. 44). Él es el entorno "privilegiado" del paciente y se ve continuamente remitido a su capacidad de autonomía y a su necesidad de ser percibido y hasta reconocido, a ser creado por el otro (Robine, 2005, p. 22). De ahí que la atención del terapeuta a los momentos de presencia abra el acceso a lo que es realmente vivido, *más allá de las representaciones, fijaciones, ideas y otras introyecciones* (Robine, 2010).

Aún más, desde una perspectiva de campo, cada terapeuta sabe experiencialmente que la forma que toma la relación con su cliente es una co-creación, de manera que no está determinada sólo por él mismo y sus características, ni sólo por el cliente (Robine, 2005, p. 192). Por tanto, es el contexto relacional y situacional, e incluso la personalidad del terapeuta, lo que favorece una puesta en forma más que otra (Robine, 2009).

A partir de una perspectiva de campo, sabemos que todo lo que está presente impacta en el contacto, incluyendo elementos dispersos no tomados en cuenta. En consecuencia, el hecho de que el terapeuta reconozca explícitamente su parte consciente de influencia, sus posibles proyecciones o defensas, así como sus implicaciones o no-implicaciones, favorece una dinámica de responsabilidad ligada a la situación, en cada instante (Robine, 2010). Y es la experiencia inmediata que tiene el terapeuta de la situación lo que orienta su compromiso mientras va construyendo con su cliente al que acompaña. Es por eso que su presencia no puede ser neutra pues existe frente a su paciente, el cual está en su campo de experiencia. A veces pareciera más o menos fácil *comprometerse*, pero, como recalca Robine, la verdadera exigencia consiste en mantener ese compromiso (Robine, 2006, p. 257).

El terapeuta Gestalt está presente ante su cliente de una manera que lo lleva a ubicarlo como un otro y con ello, a preocuparse por la alteridad, y así posibilita el aprendizaje de la igualdad y la diferenciación, *de la alteridad radical del otro* (Robine, 2010). Simultáneamente, el cliente (visto como un otro) le dice y muestra al terapeuta quién es él (el terapeuta). Para Paul Goodman, como para quienes nos decimos terapeutas Gestalt, la subjetividad no se puede definir más que con la presencia de otra subjetividad (Robine, 2008).

Al referirse al quehacer del terapeuta, Robine menciona que este tiene una función reflejadora, bien sea puesta en palabras y/o corporeizada de lo que quiere o entiende del otro (Robine, 2006, p. 252). Sin embargo, de la misma manera que el espejo es solamente un reflejo parcial de la "realidad", también lo que refleja el terapeuta contiene una escisión de la experiencia, de cierta forma una distorsión pues siempre será una selección. Esto implica que, sin importar cuál sea el reflejo que realice el terapeuta, será inevitable que insista en un componente de la experiencia más que en otro. Y siempre, la elección de lo que pone como figura el terapeuta surgirá tanto de su sensibilidad como de su sistema teórico de referencia (Robine, 2006, p. 253).

Con sus capacidades, el terapeuta interfiere siempre con el proceso del paciente. Se trata, entonces, al mismo tiempo, de crear su arte y servirse del arte para crear (Robine, 2005, p. 26). Si pensamos en el material que aporta el cliente como, en cierta manera, objeto de reparaciones o "zurcidos",[47] un poco al estilo de las abuelas de antaño (Robine, 2008) y recordamos las palabras de Laura Perls: "El principal móvil del artista es intentar organizar una multitud de experiencias a primera vista disparatadas e incompatibles, que amenazan la integridad del individuo o de la sociedad y que por tanto son percibidas como feas en un primer momento. El artista intentará integrarlas en un todo significativo, en una unidad que, desde ese momento, podrá ser percibida como bella", podríamos quizá ver en ellas una definición de la función del psicoterapeuta (Robine, 2008).

Robine sostiene que, como terapeutas, estamos invitados a una estética que se va desarrollando a partir de la organización percibida y sentida de la experiencia. Y es, en sí mismo, el encuentro terapéutico y su formación de formas, lo que va generando sus referencias estéticas para la "buena" forma. Como terapeutas gestálticos apelamos al potencial creador de nuestros pacientes empleando distintas modalidades de trabajo en las que es posible utilizar materiales para la expresión. Podemos, entonces, tener el privilegio de colaborar en la reconciliación del autor con su propia creación, incluso si fuera necesario, promoviendo choques e impulsando el coraje de transgredir lo que es dado (Robine, 2008).

Nuestra visión psicoterapéutica implica una forma de diagnóstico que se hace a cada momento. Se va diagnosticando lo que sucede mientras sucede, la experiencia específica en cada momento dado, y no con un prediagnóstico base (Apuntes personales 7). El terapeuta Gestalt acompañará

---

[47] La noción francesa *reprise*, extraída de Merleau-Ponty, se ha traducido en algunos textos en castellano como "reparación".

a su paciente en la construcción de sentido a partir de la formación de sus formas cotidianas de contacto (Robine, 2009); lo ayudará a sostener el instante presente a fin de que se oriente más fácilmente hacia lo que sigue y no hacia el pasado (Robine, 2012, p. 93), y hará que surjan otros materiales del fondo para que nazcan y se construya la figura fuerte y el sentido (Robine, 2005, p. 23).

Jean-Marie llama nuestra atención como terapeutas Gestalt a tomar en cuenta que las emociones presentes, las del cliente y las propias, constituyen una de las formas posibles de la organización de la experiencia actual (Robine, 2009). De ahí la importancia de nuestro foco en lo sentido, de nuestra intención en que lo que in-siste pueda ex-sistir; esta sería la marca de nuestra atención a lo que pasa, a afrontar como acontecimiento todo lo que llega (Robine, 2012, p. 166) y considerar, en palabras de Merleau-Ponty, que "Todo sucede como si la intención del otro habitara en mí y mi intención habitara en el otro" (Apuntes personales 8). Por eso, cuando un terapeuta habla de uno de sus clientes, en realidad habla de cómo él contacta y cómo se vive contactado (Robine, 2005, p. 205).

Me parece fuerte, contundente y acertado que Robine se refiera como "una extraña ceguera" al hecho de que algunos psicoterapeutas todavía crean en el "silencio de su silencio", en su bondadosa neutralidad o en que son una pantalla blanca para la proyección de sus pacientes (Robine, 2007).

Es gracias al otro que puedo revelarme. Contar lo que estoy experimentando contribuye a ir clarificando el proceso que acontece en el aquí y ahora, entre tú y yo (Robine, 2012, p. 94). Esto es distinto en la psicoterapia de un trabajo intrapsíquico. En la perspectiva individualista la ansiedad podría ubicarse en el cliente y la ternura en el terapeuta (a priori). Pero en la perspectiva de campo se trata de aceptar que la persona que está frente a mí me va a confrontar con mi agresividad. Todo es incierto. Intentamos trabajar lo menos posible con "a priori", aunque la dificultad es cómo mantener la F. personalidad lo más alejada posible. Porque la F. personalidad tiene la tendencia a precipitarse y cerrar novedades (Apuntes personales 8). En este caso, la agresividad es la mejor herramienta que tenemos para hacer la diferenciación y crear la individualización. En opinión de nuestro teórico, la agresividad (ir hacia) siempre es sana, distinguiéndola de la violencia y de la destrucción, para poner límites (Apuntes personales 10).

En distintos espacios de sus escritos Robine insiste en que la pertinencia de la revelación del terapeuta depende de distintos elementos: su contenido, las razones de ese descubrimiento, la personalidad del paciente, además de la situación y las circunstancias. Para mí este es un tema significativo como terapeuta y como paciente, pues coincido en que la revelación del terapeuta puede tener consecuencias tanto positivas como negativas. Me parece que, en efecto, puede implicar cierta complacencia narcisista del terapeuta en la narración de su experiencia personal (y, más allá de la buena intención, no puedo evitar cuestionarme en este sentido por la intencionalidad de algunas de mis intervenciones y sentir un fuerte llamado a estar más atenta al respecto). Puede tener que ver también con calmar su ansiedad, mostrar su conocimiento o experiencia, o cualquier otra motivación. Lo que importa en tal caso es recordar quién está al servicio de quién (Robine, 2007).

Vale recordar que la intimidad en la relación no es el fin de la terapia, es un medio para lo que nos importa (Apuntes personales 9) y es el conocimiento de sí mismo del terapeuta, que le posibilita su propia terapia y la supervisión, lo que le permite clarificar algunos componentes de la resonancia que pueden hacerse presentes durante el proceso (Robine, 2006, p. 125). El terapeuta puede llevar a su cliente a reexaminar sus relaciones sociales y a reestructurarlas, sólo que es importante no confundir el campo, tal y como se va constituyendo en la relación terapéutica, con los múltiples campos a los que cada uno pertenece (Robine, 2005, p. 204).

Algunos aspectos de su práctica

Michael Vicent Miller dice que cuando Robine emprende una sesión terapéutica espera tener el menor número de prejuicios posibles y estar abierto a lo que pueda pasar. La inocencia fenomenológica (poner entre paréntesis las suposiciones), cuyas raíces están puestas firmemente en la teoría clásica de la Terapia Gestalt, es su punto de partida (Prólogo en Robine, 2006, p. 21).

> […] pienso que (he sido) un hombre con dificultades de contacto. Para mí no es evidente entrar en contacto con alguien. En mi caso, cuando la relación existe, puedo ir muy lejos en la manifestación, en la proximidad, en la intimidad, el revelarse, etc., pero el contacto cotidiano, superficial, social, banal de la vida cotidiana con las gentes,

> para mí es muy difícil y me exige un gran esfuerzo. Y las situaciones
> sociales de fiestas, con gente desconocida, son horribles, difíciles,
> para mí. Pero cuando la relación existe, siento que es muy fácil ()
> ir profundamente en contacto [...] (Entrevista 5)

En referencia a su interés por la creación artística y el desarrollo estético, comenta que para él hay un antes y un después de Duchamp[48] y esto ha contribuido en gran manera a transformar su mirada como psicoterapeuta: *una mirada que cambia de sitio lo banal para erigirlo en obra* (Robine, 2008).

Robine dedica mucha atención y tiempo a la fase de Precontacto, según él, debido a la influencia de la época de Esalen en su formación (Robine, 2006, p. 155). En mis notas de uno de los talleres que facilitó Jean-Marie en el que trabajó con una compañera del Instituto, escribí: "Robine habla poco, lo percibo atento y cuidadoso, dice lo que le pasa y devuelve lo que percibe, establece diferencia de lo que le pasa a ella y lo que le pasa a él. Su presencia me parece cálida y cercana. Nombra la diferencia entre la respiración al principio y al final" (Apuntes personales 8). Y, pues sí, seguramente también está implicada mi propia experiencia y subjetividad del momento.

Para Jean-Marie, la participación del terapeuta ha de ser en voz media, la cual no se limita a la atención sino que es global e integra los distintos componentes de la experiencia: sensorial, motora, afectiva, entre otros (Robine, 2006, p. 256). Significa que es activo y pasivo a la vez, emisor y receptor en la misma acción comunicativa, como un niño al jugar o un artista al crear. Este principio es el que está en juego tanto en el concepto de frontera-contacto, como en el de ajuste creador, pues este último implica que en una misma operación se es simultáneamente transformado y transformador (Robine, 2012, p. 240).

También la espontaneidad del terapeuta es un aspecto importante como ingrediente mayor en la constitución de la atmósfera de la situación que no tiene que ver con largas narraciones de su experiencia que con frecuencia se impone al paciente (Robine, 2006, p. 256). El encuentro en una situación sencilla, relajada, y a la vez creativa, que abre un espacio a dejar que suceda

---

[48] "Marcel Duchamp introdujo en un museo un urinario ofrecido como escultura a la mirada de los visitantes, y con ello nos interroga acerca de la raíz misma de nuestra mirada y nos fuerza a considerar la forma en que podemos contextualizar nuestra apreciación de una obra" (Cfr. Robine, 2008).

cualquier cosa, es la que nos acerca a los poderes creadores del niño (Robine, 2012, p. 240).

En distintos momentos podemos ver que Robine mantiene una actitud crítica sobre sus intervenciones como cuando menciona recordando uno de sus trabajos: "Mi propia insistencia comienza a darme problemas pues temo generar vergüenza en Esther" (Robine, 2007). Atento, además, a aquellos aspectos de su historia que, de forma consciente o no, pueden hacerse presentes también con sus pacientes:

> [...] comprendo de otra forma por qué mis relaciones de intimidad son siempre más fáciles con el segundo o los segundos de la fratría... mis hijos. Los dos primeros son niños ¿cómo habré transferido eventualmente, en particular con mi segundo hijo, algo de la relación que yo no tuve con Philippe? (Robine, 2005, p. 221)

Revisando sus elecciones a partir de su propia experiencia como paciente, como psicoterapeuta supervisado, como supervisor y como formador (Robine, 2007).

Como dice Robine, aunque los profesionales se vivan frustrados al intentar explicar el fenómeno, no es un producto del azar que recibamos algunos pacientes en lugar de otros, y que estos aborden una temática en lugar de otra, en cierto momento y no en otro (Robine, 2005, p. 233)

Corporalidad

Cuando hablamos de cuerpo —dice Jean-Marie— es para evocar "la carne", la unidad del ser, lo que me permite percibir y moverme, desear y sufrir. El cuerpo es tanto consciencia como acción; por tanto, al principio de toda experiencia está el cuerpo, lo experienciado corporalmente. Cuando Robine habla del cuerpo, se refiere continuamente a Merleau-Ponty, a quien considera que deberíamos leer de forma muy atenta para enriquecer nuestra referencia a Reich (Robine, 2009). Merleau-Ponty afirma que cualquier significado y cualquier acto de la palabra tienen su raíz en la intencionalidad corporal, de ahí que no puede haber pensamiento fuera de las sensaciones corporales (Robine, 2006, p. 122 y 124), el cuerpo "no es solamente un espacio expresivo entre los demás, sino el origen mismo de todos los otros, el movimiento mismo de expresión… donde lo expresado no existe aparte de la expresión".[49]

Merleau-Ponty[50] sostiene que la comunicación o la comprensión de los gestos se obtienen a partir de la reciprocidad de mis intenciones y de los gestos del otro, de mis gestos y de las intenciones evidentes en el comportamiento del otro (Robine, 2012, p. 49), y Robine añade que la significación anima el cuerpo de la misma manera que anima la palabra naciente. Por tanto, intencionalidad y corporeidad se estimulan mutuamente. De tal forma que "la acogida por mi parte de la intencionalidad del otro no es un pensamiento reflexivo, una consciencia reflexiva y explícita, sino una cierta modalidad de mi existencia según el modo de 'ser afectado por'" (Robine, 2006, p. 136). Por su parte, Merleau-Ponty subraya, con su concepto de "carne",[51] la relación que el cuerpo tiene con el mundo especialmente por el acto perceptivo y por su motricidad, de la cual surge el sentido (Robine, 2008-a). Sartre afirma: "No puedo ser azorado por mi propio cuerpo ya que existo en *él*. Es mi cuerpo tal y como es para otro lo que me azora". En la experiencia hay una ilusión de que se trata del propio cuerpo mientras que se trata de lo que Sartre llama "el cuerpo-para-el otro" (Robine, 2012, p. 128). De esta forma la corporalidad dice también del campo.

El campo del cual nos hablan Perls y Goodman se llama "campo organismo/entorno". Usan el término "organismo" y no el de "persona" o "sujeto" porque implica que pasamos por el cuerpo para definir este campo. El entorno alcanza sentido sólo por el cuerpo de quien lo siente en su carne, ya sea por un contacto puntual o continuado. Justo por eso podemos decir que la experiencia está hecha en primer lugar de carne y hueso, expresión muy apreciada por Robine (Robine, 2009). Cualquier experiencia es, por ende y en primer lugar, *una experiencia vivida en el cuerpo en forma de sensación, de vivencia pre-emocional* (Robine, 2012, p. 127).

Puesto que el cuerpo está en el centro de toda experiencia, pretender reemplazar el concepto de cuerpo por el de sujeto o de persona limita lo que deseamos significar. De igual forma que intentar cambiar el concepto de entorno por el de prójimo —aunque casi siempre sea este la figura de

---

49 Merleau-Ponty, M. (1945), *Phenomenologie de la Perception*, Gallimard, París.
50 Ídem.
51 Ver en particular Merleau-Ponty, M. (1964), *Le visible et l'invible*, Gallimard, París.

interés en el entorno vivido— resulta un sesgo en menoscabo de una comprensión plena del principio. El término "organismo" y no el de "persona" involucra el paso por el cuerpo para definir su campo y se distancia de una concepción mentalista del campo para ubicarse en una posición encarnada. De esta forma, cualquier entorno cobra sentido sólo a través del cuerpo, en la carne, mediante un contacto continuado (Robine, 2008-a).

El campo organismo/entorno es específico para cada organismo, de ahí que no pueda haber un campo común (Robine, 2009). Por consiguiente, la inclusión de nuestra práctica en una referencia a la perspectiva de campo nos exige ajustar nuestra atención respecto al cuerpo, sobre todo en cuanto a las sensaciones (propiocepciones), las percepciones y los movimientos (Robine, 2008-a). Todo sale desde el cuerpo. La sensación corporal va a encontrar un cierto número de expresiones, es decir que le va a dar una forma. Cuando Robine habla de la sensación se refiere a algo que está antes de la emoción, antes de la significación. Implica que lo que experimentamos corporalmente se convertirá lentamente en una emoción, una imagen. Y puesto que la sensación está antes del significado, la emoción no es un fenómeno primario sino secundario (Apuntes personales 9). Tanto lo mental como lo emocional tiene su raíz en las sensaciones, es decir en lo corporal (Apuntes personales 8).

Para ejemplificar que lo vivido corporalmente por un sujeto pocas veces es independiente de la intencionalidad que comporta, Robine propone el ejercicio de tocar alternadamente el índice derecho con el izquierdo, poniendo atención a la sensación de tocar y de ser tocado. Cuando el tocado se vuelve "tocante", lo que organiza la diferencia proviene de la particularidad de la intencionalidad y no de cualquier factor objetivable (Robine, 2006, p. 137).

Si afirmamos que el cuerpo está en el fondo de toda experiencia, sobre todo el *cuerpo deseante*, esto significa que la experiencia es básicamente cuerpo, lo que, a su vez, implica que el pensamiento, la emoción o el sentimiento, la creación artística, el comportamiento, la cognición, e incluso el inconsciente, son declinaciones de la sensación corporal (Robine, 2009). De ahí que, estos deseos, pulsiones o apetitos "no pueden ex-sistir si no se experimentan corporalmente sus formas de sensación, las cuales, poco a poco, van a devenir en una dirección de sentido" (Robine, 2008-a).

Robine afirma que el inconsciente sólo tiene sentido como adjetivo; como sustantivo no lo necesitamos en Terapia Gestalt, pues lo que los psicoanalistas llaman inconsciente él lo llamaría cuerpo (Apuntes personales 8).

Una palabra sobre la respiración: es una metáfora de nuestra relación con el mundo, pues en ella tomamos —inhalamos— y le damos algo al mundo —exhalamos—, y al final tiene que ver con modalidades de contacto con el mundo (Apuntes personales 7).

UNA MIRADA A LA PSICOTERAPIA

Robine cita a Christopher Lasch,[52] quien escribió:

> La terapia se ha establecido como la sucesora del individualismo arisco y de la religión: [...] porque la sociedad moderna "no tiene porvenir", y, por tanto, no presta ninguna atención a lo que no tenga que ver con sus necesidades inmediatas [...] Aunque los terapeutas hablan de la necesidad de "amor" y de "significación" o de "sentido", definen estas nociones en términos de satisfacción de necesidades afectivas del paciente [...] Liberar a la humanidad de nociones tan atrasadas como el amor y el deber es la misión de las terapias postfreudianas, y en particular de sus discípulos y divulgadores, para quienes la salud mental significa la supresión de las inhibiciones y la gratificación inmediata de las pulsiones. (Robine, 2010)

Para hablar de psicoterapia, lo primero que hay que hacer es pensarla como sucesos de intersección, como entre-campos (Robine, 2006, p. 51). En la psicoterapia hay uno que se ocupa del otro, uno que ejerce una cierta forma de responsabilidad hacia el otro. Una persona que es para otra, lo que implica que no hay una ética de la psicoterapia, sino que la psicoterapia es una ética, ya que es una de las declinaciones del ser para el otro (Robine, 2006, pp. 86s). A Jean-Marie le interesa expresar que la psicoterapia no puede existir sin premisas ni prejuicios porque, sea como sea, parte del principio de que algo puede o debe ser de un modo distinto (Robine, 2005, p. 26) y él mismo se siente y se quiere lejos de lo que algunos consideran "neutralidad bienintencionada" (Robine, 2006, p. 166).

---

52 Op. Cit.

Por otra parte, para Robine, "diagnosticar" en términos de regresión (lo mismo que hablar de "polaridades", de "objetos internos", etc.) va en contra del principio mismo de la terapia[53] (Robine, 2002) y coincide más bien con Dan Bloom, para quien diagnóstico y terapia son idénticos (Robine, 2012, p. 120).

El campo organismo/entorno de cualquiera, puede estar oculto de forma parcial y puede ser enriquecido o ampliado a través de diversas modalidades, una de las cuales es el trabajo terapéutico. Y es con el otro con quien esto sucede. La psicoterapia es, por tanto, la posibilidad de deconstruir cierta seguridad en favor de una apertura a lo desconocido del ahora, es decir, tomar en cuenta los parámetros del ahora "percibidos pero no sabidos" (Robine, 2008-a). De esta manera, la tarea terapéutica puede ubicarse como construcción de nuevas formas y destrucción de formas fijadas en provecho de otras formas, de ser posible, más fluidas y meta-estables, más económicas, más aptas a la situación y más eficientes en su función (Robine, 2009).

> Escribir la psicoterapia, es escribir el encuentro, la atmósfera, los afectos y los resentimientos, las palabras elegidas y no elegidas, los gestos y las mímicas, las variaciones respiratorias y los matices vocales. (Robine, 2006, p. 166)

Para Jean-Marie, la experiencia psicoterapéutica es una experiencia del borde, de la orilla, y es justo a partir del borde como se da la reconstrucción (Robine, 2012, p. 169). Es hacia las flexiones de la experiencia que se orientará el acto terapéutico (Robine, 2009). Si partimos del hecho de que el individuo *consiste* en relaciones y no existe otra realidad que la que construimos *en la relación* (Robine, 2006, p. 42), entonces cualquier diferencia entre "lo interno" y "lo externo" es sólo una distinción relativa, ya que lo que está fuera del individuo puede pasar al interior, y lo que está dentro puede salir al exterior (Robine, 2012, p. 30).

Cuando Robine pone el acento en la co-construcción de sentido en la relación y vuelve a dar una importancia central a las situaciones conversacionales —y con ello, a la relación, al vínculo—, por alguna razón evoco al

---

[53] Cfr. J.M. Robine (2002), "Du champ à la situation", en *Cahiers de Gestalt-thérapie*, núm. 11, Printemps 2002 y J.M. Robine (2002), "L'intentionnalité, en chair et en os", en C*ahiers de Gestalt-thérapie*, núm. 12, Automne 2002.

joven que aprende el sentido comunitario y solidario en su participación con los *Boy Scouts*.

> Darle importancia [...] a la solidaridad, a la comunidad, en oposición a lo que ofrece el paradigma individualista en términos de autonomía y de responsabilidad personal. Si perdemos la independencia ganamos la interdependencia. Estamos centrados en el cómo de las experiencias mucho más que en su porqué [...]. "Aquí- ahora y después", y ya no "aquí-ahora porque ayer". (Robine, 2006, p. 44)

No evito sentir placer cuando Jean-Marie claramente expresa que la psicoterapia se enfrenta a una alternativa en la que es preciso elegir: seguir el modelo de una psicología para una persona que pone al terapeuta en cierto tipo de presencia y de función o asumir una psicología de dos personas en la que el terapeuta ya no podrá ser extraño al campo de la experiencia (Robine, 2006, p. 93).

Un convidado que... ya estaba

Un día cualquiera sucede que "hay alguien frente a un paciente y, en un acto consciente o no, una intencionalidad enfoca y lo afecta" (Robine, 2006, p. 137). Existen otros ingredientes que van desde el espacio al marco, de la estructura a la vestimenta, de lo verbal a lo no-verbal, de lo corporal a lo imaginado (Robine, 2005, p. 195). El dispositivo, elegido y presentado por el terapeuta, es un tercer extremo de la relación, que estructura y ordena, limita y contiene, organiza las elecciones y, por todo ello, sirve para influir en la relación (Robine, 2012, p. 268).

Goodman, para quien "la fe es saber, más allá de la simple consciencia inmediata, que si se da un paso más, seguirá habiendo un suelo bajo nuestros pies" (Robine, 2012, p. 139), sugiere que el terapeuta Gestalt está invitado a actuar, mucho más al estilo de un crítico de arte o de literatura que de un médico (Robine, 2012, p. 121). En palabras de Robine, la fe del terapeuta está en la autorregulación de su cliente en y para el contacto (Robine, 2012, p. 140).

Como terapeutas nos encargamos de los temas mayores de la experiencia humana y es con ellos con los que podemos trabajar (Apuntes personales

7). Eso implica reconocer y tomar en cuenta que cada paciente existe en un contexto de vida que le es propio; en otras palabras, existe un campo constituido para este paciente y su entorno. El terapeuta no es el testigo de su experiencia, sino que tan sólo percibe algunas de sus particularidades de estructuración durante el encuentro terapéutico y con ello infiere algunas otras fuera de la situación actual, a partir de su narración y de la mutua afectación (Robine, 2008-a).

El terapeuta Gestalt tendrá como tarea acompañar a su paciente para que, con los elementos disgregados de su experiencia, encuentre una unidad y pueda construir una Gestalt fuerte, clara y que se imponga. En esta delicada fase se ponen en movimiento las cualidades estéticas del terapeuta y para ello con frecuencia su trabajo será frenar más que acelerar el proceso (Apuntes personales 9). Para ese momento de co-construcción, la participación del terapeuta es activa y, a veces, será oportuno en esta tarea utilizar materiales extraídos de su propia experiencia, siempre cuidando que esté al servicio de la figura que se va construyendo y no convertirse en la figura que llama la atención de su cliente (Robine, 2007).

Es significativo para el paciente que el psicoterapeuta rara vez esté allí donde se le espera, como el artista creador tampoco; y es que la misión del terapeuta es desfasar la situación pues es probable que el paciente busque "manipular" a partir de su propia situación (Apuntes personales 8). Tanto por su presencia como por sus intervenciones, el psicoterapeuta introduce continuamente un desequilibrio de la representación de la experiencia (Robine, 2008). El terapeuta elegirá, a partir de su compromiso en la situación, asociado a su ética y a su experiencia clínica, los materiales que va a retener y a utilizar en la situación, los cuales nunca serán neutros (Robine, 2007). Pero es importante que no trasmita valores en la terapia sino que promueva que el cliente interpele sus propios valores y eventualmente los del terapeuta. Por desgracia, muchos terapeutas no toleran la confusión del cliente ni la propia (Apuntes personales 8).

Robine considera que en la Terapia Gestalt prestamos mucha más atención a los procesos que a los contenidos de la experiencia —al, menos eso tendríamos que hacer, me parece—, ya que a nosotros nos corresponde poner más atención al "cómo", a la manera como cada persona dice lo que dice o hace lo que hace (Robine, 2009). La atención que el terapeuta Gestalt aporta a la experiencia, instante tras instante, toma sentido. Y es la experiencia corporal el punto de partida de la experiencia vivida también cuando se origina en la situación (Robine, 2008-a). Aun así, hay cosas en las que no ponemos atención pero colaboran en la creación de "la atmósfera" (Apuntes personales 8).

La revelación del terapeuta tiene que ver con aquí y ahora. El "aquí y ahora" es un hilo conductor del terapeuta, no del cliente. Para el terapeuta, sólo el "aquí y ahora" existe. Es el choque entre mi arraigo en el "aquí y ahora" y la ida y venida del cliente lo que permite la confrontación del relato, del presente y pasado (Apuntes personales 8). El descubrimiento del terapeuta es un instrumento significativo en el que pone en palabras lo que identifica de su experiencia actual en cuanto impacto y, por tanto, de la interacción con su cliente, de la manera como está contactando y del modo como la situación está contactada, por él mismo y por el otro. Con discreción, el terapeuta se sirve de lo que podría estar sintiendo como uno de los materiales al servicio de la construcción de la figura que se está formando (Robine, 2012, p. 95). La revelación del sí mismo del psicoterapeuta se limita al aquí y ahora de la situación (Robine, 2005, p. 289) y no es un fin en sí mismo. Para Robine, ni siquiera es un principio necesario sino sólo una herramienta de trabajo, una de las posibles formas del compromiso del terapeuta Gestalt con la situación (Robine, 2007).

Sin embargo, el lenguaje empleado es una de las dificultades más grandes de esta forma de manifestación de sí mismo, ya que puede hacer que el paciente se responsabilice de los sentimientos del terapeuta y sentirse avergonzado por ello, provocando una mayor retrorreflexión o complacencia (Robine, 2007). Por lo general, será importante que el terapeuta saque a la luz la conflictividad abortada, abra la crisis y ofrezca un apoyo suficiente para permitir la creación y la construcción de un contacto con la novedad (Robine, 2005, p. 196).

> […] el terapeuta […] abre a su paciente el acceso a su rencor, sin saber a dónde lo llevará su expresión, pero con el deseo de que el conocimiento del impacto sobre el otro promueva que la expresión del paciente sea integrada como uno de los parámetros de la experiencia […] Así, la revelación del psicoterapeuta toma todo su sentido: no es tanto para revelar los elementos de su

> historia y de su experiencia, ni tampoco para evocar su camino profesional y su supervisión como es el caso a menudo; sino para ilustrarle cómo el otro es afectado, casi un «otro generalizado» incluso si no se trata de perder su propia especificidad, y por ese medio restaurar a su paciente al «estar con él». (Robine, 2007)

Siguiendo a Jean-Marie, la psicoterapia puede definirse como un encuentro que permite "aparecerse con motivo del otro" o "aparecerse en lo abierto de una situación", lo que significa una operación de apertura activa y receptora al mismo tiempo; en otras palabras, una acción de modo medio (Robine, 2005, p. 294). Robine resalta continuamente que no hay que olvidar que existen algunas condiciones para que la situación esté abierta a fin de que el campo sea creador de formas: 1. Desistir del poder del terapeuta, de la posición de "ser quien sabe"; 2. Dejar a un lado la creencia de que la psicoterapia sea una ciencia; 3. Estar atentos a que las teorías que nos ayudan a pensar no nos impidan ver lo que está ante nuestros ojos (Robine, 2005, pp. 288-289). Cuando en la relación terapéutica renunciamos a la posición de poder y de dominación de quien sabe o se supone que sabe, posibilitamos que nuestros pacientes hagan a un lado la vergüenza de no saber y de ser manejados por impulsos escondidos o verdades desconocidas. "¡Es cosa de cada uno decidir si estas pérdidas deben ser tema de lamentación o regocijo!" (Robine, 2005, p. 263 y Robine, 2006, p. 44).

El acto de estar frente a otro en el encuentro terapéutico implica una responsabilidad del terapeuta. Cada pregunta planteada o frase pronunciada da información sobre sus valores, sus convicciones y sus estructuras (Cfr. Robine, 2012, p. 195). Por eso nuestra responsabilidad incluye tanto la elección de las palabras como las representaciones que manejamos en la relación con nuestros pacientes, y también la elección de la lógica que organiza nuestro pensamiento y nuestra respuesta, aun cuando sea tácita (Robine, 2012, p. 238).

Robine cita bellamente a Maldiney para decir que, como terapeutas, "Somos susceptibles a lo imprevisible. La transpasibilidad es esa capacidad infinita de apertura, de quien está ahí 'esperando, esperando, esperando nada'"[54] (Robine, 2006, p. 90).

---

[54] Maldiney, 1991, p. 419.

Alguien llega, entre el temor, la necesidad y el deseo

Desde que un individuo decide involucrarse en un proceso terapéutico es porque existe un sentimiento de inadecuación y de alguna manera está la petición de ser alguien distinto del que es. Es así como viene a hacer su entrada en la presencia del terapeuta. Desde el primer momento el paciente debe ajustarse a los requerimientos tanto teóricos como metodológicos de su psicoterapeuta (Robine, 2012, p. 147) y, por la misma dinámica del encuentro, se le invita a "exponerse" en sus debilidades y fragilidades a ese otro que está enfrente, con la esperanza de que sea discreto pero que, de cualquier manera, le va a ver (Robine, 2012, p. 145).

En la dinámica terapéutica, en un primer momento suele haber periodos de mucho introyecto del paciente (de manera explícita o implícita), pues con frecuencia imagina que si introyecta el deseo del otro (el terapeuta) será amado, pero al mismo tiempo será tragado por este deseo del otro (Apuntes personales 7). El sujeto tiene una experiencia corporal rústica (la sensación, lo sentido, el afecto) y busca confirmarse en las representaciones que tiene de sí mismo, reproduciendo lo que sabe hacer (Robine, 2009). Simultáneamente, el cliente está en un campo de posibilidades y en un campo de resistencias (Robine, 2006, p. 104).

Quien llega a terapia suele narrar sus experiencias como un sufrimiento intrapsíquico, que puede ser: vergüenza, culpabilidad, odio, abandono, rechazo, rabia, conflicto, o cualquier otra.

Sin embargo, es el terapeuta quien tiene que tomar en cuenta esas experiencias como experiencias de contacto. Cuando se les considera y trata como sucesos de la frontera-contacto la perspectiva cambia y tiene un potente impacto terapéutico (Robine, 2012, p. 79). Las palabras que usa el paciente reflejan lo que para él es realidad. Pero, para nuestro teórico, en la Terapia Gestalt, con ayuda de la perspectiva de campo, consideramos que esas palabras *también* hablan de la situación del aquí-ahora, y por eso dan testimonio tanto del que habla como de su destinatario, de ahí que evitamos atribuirlas inmediatamente, de manera individual. Robine está convencido de que la autonomía solamente tiene sentido en la vinculación y *el individualismo es un efecto perverso del desarrollo del individuo*, un fracaso terapéutico (Robine, 2012, p. 239).

A partir de su experiencia, Robine nos sugiere escuchar a cada paciente, enfocando los verbos de su narración, pues a través de ellos se describen los procesos, las acciones, según las características que con frecuencia pueden ser consideradas su experiencia como tal (Robine, 2012, p. 78).

En algún momento del proceso, solemos toparnos con una fase en la que los pacientes suelen tener la sensación (dolorosa) de ya no saber nada de ellos mismos, no saber qué desean y qué sienten, qué son en realidad ni cómo actuar para ser lo que se espera de ellos. Esta es una fase pesada y de mucha depresión, por la que necesariamente tendrán que pasar para lograr una construcción que sea "completamente yo, con mis deseos y sentimientos" (Apuntes personales 7). Minkowsky llamó "disyunción" cuando lo que debería permanecer unido se encuentra separado y "enlace", que en su caso une o vincula lo que debería permanecer separado, en ocasiones de manera abusiva (Robine, 2003, p. 16).

En esta fase también pueden estar presentes lo que Robine llama "lo vago y lo confuso", que hacen posible el extravío, el desvío y la distracción, resultando incluso ansiogénicos, y obligando al sujeto a realizar diferenciaciones apresuradas que, a su vez, pueden llegar a una forma fija inmovilizada (Robine, 2003, p. 18).

A veces pasa que, como el tema está fundado en una falta de percepción de su sensación, la persona se puede volver prepotente, optimista o actuar como poderosa, en un intento de buscar el reconocimiento que le hace falta. Pero, al mismo tiempo, como él sabe —y sólo él— que es una "mierda", se encuentra incapacitado para recibir ese reconocimiento. Por otro lado, y de forma simultánea, considera al otro como un "pendejo" pues al final se deja engañar por él (Apuntes personales 7).

> El síntoma constituye algo inevitable con respecto a la cuestión del objetivo intencional, que debe unir lo que es consciente y lo que es no consciente en la experiencia, para que sean desplegados con vista a hacerse explícitos [...] mientras una intencionalidad no se haga evidente, lo que no necesariamente implica hacerla consciente, y mientras no se elaboren otras modalidades para alcanzar este objetivo esencial, el síntoma resistirá, en búsqueda de reconocimiento. (Robine, 2003, p. 14)

El síntoma tiene una doble función ya que sirve para indicar que existe un problema, que simultáneamente oculta y que, a través de esta forma, intenta resolver (Robine, 2009).

Durante el trabajo terapéutico, el paciente va a localizar la "emoción" en su cuerpo, en lo más profundo de sus tripas. Recordemos que emoción viene del latín "ex-movere", que significa "poner en movimiento" y que contiene el prefijo "ex", que indica la exteriorización de ese poner en movimiento (dentro del cuerpo), lo cual es, únicamente y en primer lugar, algo experimentado, vivido, una experiencia "pre" verbal (Robine, 2012, p. 183).

Gracias al trabajo con un terapeuta, el paciente tiene la posibilidad de volverse una clase de artista, creador de su existencia, de formas consistentes, flexibles, ajustadas y creativas, significativas y limitadas, coherentes y articuladas (Robine, 2009). Para Robine, la psicoterapia exitosa es aquella en la que los clientes cambian sus premisas, su discurso, su forma de comunicar de sí, cambian de paradigma. Y esta transformación acontece cuando un psicoterapeuta le ofrece las condiciones para esta posibilidad, puesto que él mismo va a sufrir esta mutación y de este modo estará presente en los encuentros (Robine, 2012, p. 244).

Un encuentro y una relación que se va construyendo

El encuentro terapéutico es un encuentro de dos campos organismo/entorno, en el que cada uno es parte del entorno del otro, muy posiblemente una parte privilegiada, integrando el conocimiento que va generándose en el contacto con el otro. En cuanto dos seres humanos están presentes, uno frente a otro, tratarán de afectarse mutuamente. En esta situación, cada uno buscará construir la totalidad de su campo ampliando su experiencia como organismo (Robine, 2005, p. 194). Siempre estamos intentando afectar al otro —o no ser afectados— aun en medio de la pseudoneutralidad (Apuntes personales 8). De hecho, no existe la neutralidad puesto que desde el momento en que hay dos personas, una frente a otra, tiene lugar un proceso de influencia recíproca (Robine, 2012, p. 241).

Podemos imaginar la experiencia psicoterapéutica como una experiencia de centralidad (Robine, 2008). Si pensamos en nuestras abuelas, quienes partían de los bordes para zurcir, podemos usar esta comparación para decir que es a partir de los bordes de lo que existe, los márgenes, los restos, las cosas escritas con letras pequeñas e imperceptibles, lo dicho entre líneas, todo aquello que no ha encontrado su lugar en el texto de la experiencia, podrá ser objeto de zurcidos y convertirse en el cuerpo de un nuevo texto (Robine, 2008).

La psicoterapia constituye entonces, un entrenamiento para ampliar el campo de la consciencia en cuanto a las sensaciones, emociones y sentimientos, desarrollando gestos y comportamientos, pensamientos y recuerdos, acrecentando las propias representaciones y fantasías, así como nuestras percepciones del entorno (Robine, 2006, p. 124).

El acto de creación implica la diferenciación, la individuación en un contexto (Robine, 2008). Pero no se trata de estar en contacto con la persona que "en verdad se es", sino lograr flexibilidad en las distintas formas de expresión que usamos cada día para decirnos (Robine, 2006, p. 67). Paul Goodman con regularidad empleaba la expresión "descubrir-e-inventar", evidenciando de esta manera la posibilidad de una doble dirección en el trabajo terapéutico (Robine, 2012, p. 43).

Con la habilidad que le caracteriza de extraer conceptos significativos de otros teóricos, Jean-Marie recupera la expresión de Michel Tournier:

> Existir, ¿qué quiere decir eso? Quiere decir estar fuera, *sistere ex.* Lo que está fuera existe. Lo que está dentro no existe [...] Lo que no existe in-siste. Insiste para existir. Todo este pequeño mundo empuja la puerta grande del mundo verdadero. Y es el otro quien tiene la llave. (Robine, 2006, p. 64)

En este contexto recordamos también lo que Merleau-Ponty llama "la palabra parlante", refiriéndose a palabra animada de una intención significativa de manera naciente, que intenta "expresar en palabras un cierto silencio" que la antecede (Robine, 2006, p. 135).

Cuando se trata de nombrar lo que sucede en el encuentro terapéutico, Robine prefiere no usar la palabra proceso pues considera que no se puede tener experiencia de un proceso. Sólo se puede expresar como tal cuando ha terminado, al mirar hacia atrás y tratar de entender lo que ha sucedido. De esta manera, en una secuencia siempre podría decir dónde estoy, pero es difícil saberlo en un proceso (Robine, 2006, p. 156). De hecho, el análisis de los procesos utilizados en la construcción de las Gestalts opera en un ir y venir, mientras que el análisis de secuencias que están sucediendo "aquí y ahora" ofrece una luz posible sobre las secuencias de otros lugares y/o de otros momentos; de igual manera, los procesos del pasado o de otros lugares permiten dar sentido a algunos procesos co-creados en la sesión con el terapeuta (Robine, 2008-a).

Los neurofisiólogos han descubierto que tenemos neuronas que, en la interacción con el otro, se activan. Por ejemplo: activo neuronas para realizar las acciones que hago frente al otro y simultáneamente se activa en el otro la misma red neuronal, excepto que no transforma esto en acto (Apuntes personales 8).

Es posible que de alguna manera este aspecto intervenga en el aquí y ahora donde puede operar lo esencial del trabajo transformacional de la terapia (Robine, 2008-a).

Un aspecto que la Terapia Gestalt no niega es la transferencia, sólo que no trata de ubicar estos fenómenos en la neurosis de la transferencia, sino que cada vez que veamos fenómenos que nos hablan de transferencia, trataremos de hacerlos conscientes y destransferenciarlos. Lo que importa es constatar que están lo que llamamos las 3 "R". REPETICIÓN: Mi padre era violento conmigo y yo voy a repetirlo, ser violento con otros. REPRODUCCIÓN: Establecer un sistema de pareja como vi que lo hacían mis padres. REPARACIÓN: Encaminado a reparar lo que no funcionó o no ayudó en las relaciones (Apuntes personales 10).

Algo más: la problemática de la vergüenza, que puede estar presente de diferentes maneras en el encuentro terapéutico, crea una ocasión especial de actuar desde la perspectiva de campo. Refiriéndose a la vergüenza en el terapeuta y a sus diferentes implicaciones, Robine expresa algo que imagino compartido por muchos de nosotros: "Resulta claro que el paciente que me dice que ya no avanza me hace cosquillas en mi propia vergüenza... No es menos claro que cualquier medio va a ser bueno para evitar sentir la vergüenza de mis carencias, de mi incompetencia... (Como puede ser) deshacerme de ella metiendo al otro en la vergüenza, asegurando... ilusoriamente mi superioridad y mi capacidad" (Robine, 2012, p. 244).

El campo, o espacio de vida, lo define Lewin como el entorno psicológico total en el que una persona tiene la experiencia subjetiva. Lo acota en cinco principios fundamentales: de organización, de contemporaneidad, de singularidad, de proceso cambiante y de pertinencia posible. Dado que la experiencia conflictiva del orden/desorden está en el centro de las relaciones humanas y del contacto organismo-entorno (Robine, 2005, p. 188), con una perspectiva de campo, es el encuentro terapéutico el instrumento de elaboración de una posible patología de la experiencia. Y, también entonces, el psicoterapeuta tendrá que admitir el impacto de su presencia en la constitución de la narración (Robine, 2002).

De la misma manera que la realidad no es un dato, la realidad en la situación terapéutica tampoco lo es. La realidad, por tanto, se construye. Es una construcción social y relacional y no de un individuo aislado (Robine, 2012, p. 237). Tomando esto en cuenta, la Terapia Gestalt acentúa las habilidades transformativas, y, en consecuencia, lo que está por venir, haciéndose indispensable la postura fenomenológica de poner entre paréntesis las preconcepciones, y abriéndose a lo explícito, el despliegue del instante. El instante presente es encuentro: *estoy producido por ti y tú estás producido por mí* (Robine, 2012, p. 119)

Como psicoterapeutas es preciso que tengamos en cuenta que la experiencia de los fenómenos inherentes a la relación terapéutica son un espacio de experimentación del vínculo y de la pertenencia, los cuales son muy deficientes en nuestro contexto social.

Por su parte, la sucesión de contactos establecidos entre el terapeuta y su cliente y la forma como van organizándose en una relación, contribuye a modelar las relaciones sociales y la inserción de cada cliente en el tejido social (Robine, 2010). Quizá los poderes públicos lo han comprendido demasiado bien, y buscan sacarnos de nuestro margen para hacer de nosotros policías de la salud mental (Robine, 2008).

> Hay que rebatir todo desde una perspectiva de campo, repensar la terapia como situación, la práctica como encuentro, la expresión como efecto del campo, antes de ser la manifestación de una psique que genera, en lugar de una en la que es la consecuencia. (Robine, 2012, p. 51)

Terapia como estética

Para hablar de lo vago y lo confuso en la situación terapéutica, Robine cita a Minkowsky: "En la confusión, las cosas que deberían destacarse se empujan las unas a las otras, entran las unas en las otras, es decir, se confunden" y pone la confluencia como ejemplo de experiencias aglomeradas, amalgamadas, o entremezcladas. Y se refiere a lo vago cuando "los contornos, los límites, las fronteras de encuentros comprometidos, están borrados en parte, se desgastan, les falta precisión… lo borroso pertenece al objeto mismo". Por consiguiente, lo confuso reside más en el nivel de lo sentido y de lo vivido, mientras que, para nuestro teórico, lo vago empieza a limitar, extraer y juntarse en una figura (Robine, 2006, p. 133). Tomando esto en cuenta, entendemos que la "eficacia" del trabajo terapéutico dependa del trabajo de precontacto (Apuntes personales 9) pues toca al terapeuta contribuir a la separación y diferenciación de las mezclas y enlazamientos. Su trabajo consistirá en introducir movimiento, de manera que la experiencia que se va originando pueda armonizar los materiales disponibles y accesibles en configuraciones creativas y renovadas.

Es una verdadera función estética a la que el terapeuta está invitado en esta fase de la experiencia: él acompaña la formación, la *gestaltung* (Robine, 2006, p. 134).

Como terapeutas estamos invitados a una estética del desarrollo en tanto que organización *sentida y percibida* de la experiencia (Robine, 2012, p. 163). Cada secuencia se ordena en una danza de figuras y fondos, en el que la relación figura-fondo es intencionalidad, dirección de sentido, excitación hacia (Robine, 2006, p. 130). Al respecto, Michael V. Miller explica que para Isadore From, es el cliente —y no el terapeuta— el artista que importa cuando se refiere a que el objetivo de la psicoterapia es ayudar a cada cliente a transformar su palabra en poesía, su caminar en danza (Robine, 2008).

Para hablar de la terapia como estética, Jean-Marie recupera de Baumgarten la que para él es una de las más bellas definiciones de la estética: «El arte de pensar con belleza». El arte es también una de las actividades que permite a la estética ponerse en acto. Y, a su vez, "estética" implica dos significados distintos: uno en relación con el arte y otro con la sensorialidad (Robine, 2008).

Uno de los textos a los que Robine, como Carmen Vázquez, hacen referencia es al último que Laura Perls escribió sobre el *Compromiso*, en el que dice: «El hombre… aceptando hacer frente a lo que es, transforma y trasciende la situación y accede a la verdadera libertad». Esto es lo que podemos llamar estética del compromiso, y ella la resume en: «Vivir la incertidumbre sin angustia».

La estética del compromiso de la que Laura Perls, Michael Vicent Miller y Dan Bloom han hablado ampliamente se desprende de la estética de la situación (Robine, 2008).

La noción de estética tiene sentido en Gestalt cuando la forma construida tiene una fuerza en sí. Podemos decir que llegamos al contacto final en el momento en que el paciente encuentra sentido a lo que está buscando. La figura ha podido juntar los elementos que estaban dispersos y toman forma para dar lugar a una figura nítida, brillante. Es posible, entonces hablar más que de *contacto final,* de *contacto pleno* (Apuntes personales 9).

…EXPERIENCIA…

La primera palabra del texto fundador de la Terapia Gestalt es "Experiencia" (Robine, 2012, p. 201). Para Erwin Strauss "Experiencia es sinónimo de 'experiencia-del-mundo' o, dicho de otra manera, de 'experiencia-de-uno-mismo-en-el-mundo'. Está orientada en dirección al otro; pero no se tiene experiencia del otro más que en relación con uno mismo, y viceversa… no es un compuesto de dos partes, Yo y el Mundo, sino que 'sólo existe como un todo" (Robine, 2005, p. 277).

Según lo expresado por Michael Vicent Miller, en Robine la investigación de la experiencia siempre ha reclamado una atención especial, tanto a la manera sobre cómo se crea, como a la forma que se le da a la experiencia en el acto mismo de experienciar (Prólogo en Robine, 2006, p. 19).

> Creo —es un artículo de fe— que es más bien sobre el concepto de experiencia donde se construye la Terapia Gestalt, y en base a esto, el sentido es sólo otro de los constituyentes de la experiencia. (Robine, 2005, p. 276)

Lo primero es la experiencia y hablar del "organismo" y el "entorno", son abstracciones de ella (Robine, 2005, p. 306). Para Strauss "la experiencia inmediata es inefable; no se conoce por sí misma, no porque sea inconsciente, sino porque no es reflejada" (Robine, 2005, p. 276).

Por eso, para Robine, la experiencia vivenciada (*Erlebnis*) que indica el aspecto subjetivo de un acontecimiento, tal y como es captado por el sujeto con un significado personal, individual y específico, es el único concepto que organiza la subjetividad y la diferenciación en el campo (Robine, 2006, p. 73). Además, experienciar junta en el instante presente tanto el espesor y la consistencia de la experiencia adquirida, como la novedad (Robine, 2012, p. 209).

Experienciar en la situación actual implica abrirse al momento presente, al encuentro de lo no conocido (Robine, 2012, p. 269).

En la experiencia está siempre la incontrovertible permanencia del otro (Robine, 2006, p. 61). Cada persona hace lo que puede con sus referencias, con su historia y es justamente para Robine el espacio de la experiencia lo que favorece la aceptación del otro, tal cual (Entrevista 5).

Para Jean-Marie, el reto en psicoterapia está en ubicar la manera de trabajar, a fin de que sea la experiencia como tal la que nos lleve a intentar construir juntos, con la certeza de que la experiencia del cliente no va a ser la del terapeuta porque no existe la experiencia común (Robine, 2012, p. 199).

El terapeuta deberá implicarse totalmente en la situación, lo cual significa colocarse en los pliegues de la experiencia del otro: Im-plicarse:"Si no me implico, ex-plico" (Robine, 2006, p. 258). Ya que la terapia se emprende como terapia del proceso de construcción/deconstrucción de gestalts, los protagonistas, tanto el paciente como el terapeuta, se van a centrar en el "cómo" de la experiencia, y no tanto en el "qué" y menos aun en el "porqué" (Robine, 2012, p. 179).

Cualquier situación interpersonal moviliza en cada participante una intencionalidad (Robine, 2006, p. 122) y, puesto que el sentido de una experiencia se construye en relación con lo que sigue y no con lo que va antes (Robine, 2006, p. 261), el poner y volver a poner en movimiento la experiencia vivida permite la creación de nuevos significados (Robine, 2012, p. 269).

Si vamos a poner el acento en la co-construcción dialogal de la experiencia, suponemos, no al experto, sino al terapeuta colocado como arquitecto del cambio (Robine, 2005, p. 275).

Vergüenza, un intruso permanentemente incómodo

No puedo dejar de hacer un apartado sobre la vergüenza, principalmente porque es un tema que forma parte de las preocupaciones más importantes para Jean-Marie Robine y que comenzó a introducir desde 1990 (Robine, 2012, p. 16). Y, en segundo lugar, porque es un tema sumamente familiar para mí; de hecho, puedo narrar ejemplos de cada una de las modalidades o aspectos descritos por Jean-Marie y por otros teóricos. Diferente caso es el de la venganza, un tema poco trabajado en psicoterapia y que Robine teme explorar y profundizar en sus motivaciones inconscientes, incluida la realidad de ser psicoterapeuta que, sospecha, puede ser una forma subliminal de venganza (Apuntes personales 10).

En 1991 publicó un primer estudio muy teórico —demasiado teórico según refiere— sobre la vergüenza. La vergüenza que describe Robine, se orienta hacia un derecho a la existencia, "al reconocimiento que recibo o no recibo de lo que soy, a la posibilidad y a la legitimidad de ser lo que soy, de sentir lo que siento y de desear como deseo" (Robine, 2005, p. 254).

> Cuanto más profundizaba en mi trabajo con las personalidades limítrofes o con las personalidades que presentaban perturbaciones de narcisismo, más me lo preguntaba yo, indirectamente. Nunca en mis terapias personales y supervisiones había abordado ese tema y, bien entendido, yo estaba lleno de él. Mi vergüenza, no consciente y no trabajada, tomaba la forma que podía tomar una temática así cuando no se ha asumido: la proyectaba […] (Robine, 2005, p. 254)

Por eso la vergüenza afecta la manera en que somos y como hemos —o no— sido acogidos, aceptados y reconocidos por nuestro entorno específico. Tiene que ver con una vivencia de indignidad, de fragilidad, de impotencia, de no ser adecuado, de dependencia, de flaqueza, de ser incoherente ante la mirada de otra persona. La vergüenza es, por tanto, falta de reconocimiento y ruptura del vínculo (Robine, 2012, p. 126), exclusión de la comunidad. Para quien se siente avergonzado, la manera como es, le hace indigno de pertenecer a la comunidad de humanos. Y, debido a que la experiencia solamente es validada si está conformada a las normas y exigencias del grupo social de pertenencia, la experiencia que no lo está, que no es validada ni acogida, se vuelve vergonzosa (Robine, 2012, p. 130).

También hay otras formas a las que se puede llamar vergüenza esencial o vergüenza de existir. En ese caso, el sujeto se llama a sí mismo tímido, antipático, introvertido, asocial, apocado, o de cualquier manera que le ayude a evitar enfrentarse a la vergüenza, ahorrándose así la vergüenza de tener vergüenza (Robine, 2012, p. 132)

Para León Wurmser, citado por Robine, existen tres modalidades de vergüenza: 1. La experiencia directa de la vergüenza, vivida como afecto, emoción específica; 2. La angustia de la vergüenza, anticipación de la vergüenza como un peligro inmediato, activa las defensas de la evitación; 3. Vergüenza como potencial, la crea un estilo que lleva a evitar una vergüenza posible, por ejemplo ser expresando una grandiosidad defensiva o también escondiendo o acentuando las diferencias (Robine, 2012, p. 145).

La máxima desnudez, según Jean-Marie, y por ende, la máxima fragilidad, se vive cuando estoy expuesto deseando al otro (Robine, 2012, p. 131). En cuanto hay vergüenza es que hay deseo y esta interviene como un regulador de la excitación del deseo. A veces tenemos vergüenza de tener vergüenza, y es preciso deshacernos de esta vergüenza de la vergüenza para trabajar con ella.

Durante una sesión del curso que impartió Robine en Valencia y en el que participé con el pretexto de la entrevista que me interesaba hacerle, Jean-Marie pudo observar mi comportamiento en el grupo y, entre otras cosas, me reflejó cómo mi vergüenza sirve como regulador de la excitación. Hay un deseo de ser vista y me muestro ante los demás, entonces regulo la excitación de ser vista sintiendo vergüenza (Apuntes personales 10). Una comprensión bastante clara y significativa para mí de un aspecto de mi vivencia, en muchos momentos incómoda.

La vergüenza detona el sentimiento de falta de armonía entre la vivencia de sí mismo y la vivencia del mundo exterior. Por eso decimos que la vergüenza corta, aísla de tal manera que el avergonzado olvida la existencia de

su avergonzador. Es muy importante no olvidar que la creación y reactiva-
ción del sentimiento de la vergüenza necesita la existencia de otro, que pone
al sujeto en vergüenza (Robine, 2012, p. 129).

Mientras que en la culpabilidad (asociada con el acto), el otro está presente casi siempre porque es justo el otro quien ha sido herido, la vergüenza
(asociada con el ser) puede llevarnos a pensar que el otro no tiene que ver
con mi experiencia. Pero no es así, porque es justo su mirada la generadora
de vergüenza, su mirada y sus palabras. Como quien conoce la experiencia,
Imre Herman escribió en 1943 para referirse a esta situación "el fuego que
arde en la mirada del otro y que provoca el enrojecimiento de los avergonza-
dos…" y Sartre, también en 1943, la detalló sensiblemente: "levanto la cabeza:
alguien estaba aquí y me ha visto… el otro es el mediador indispensable entre
yo y yo mismo: siento vergüenza de mí según me muestro al otro" (Robine,
2012, p. 128). Es pues, el vínculo con el otro, incluso su simple mirada, lo
que puede bastar para despertar o generar vergüenza. Sobre todo cuando
hay una relación investida, como puede ser con los padres, los profesores,
los formadores, los psicoterapeutas y, por supuesto, los supervisores (Robine,
2012, p. 144).

El sujeto avergonzado se da cuenta de que ha dejado ver también lo que
habría preferido no mostrar: a sí mismo deseando. Quien la ha experimentado sabe que la vergüenza es una vivencia muy dolorosa de atravesar; más
aún cuando está redoblada por la vergüenza de tener vergüenza; en ese caso,
todos los medios son buenos para evitarla, escondiéndola en otros afectos
como la rabia, la indiferencia, la negación (Robine, 2012, p. 127).

Hemos dicho que la vergüenza es lo que siento cuando creo que no soy
lo que tengo que ser. Por tanto, la situación terapéutica implica la vergüenza
(Apuntes personales 8) y, paradójicamente, no es un sitio fácil para quien
quiere librarse de ella. Si la vergüenza está relacionada con el sentimiento de
no ser como al cliente le gustaría o debería ser y, además, esta experiencia
es vivida bajo la mirada del otro, la situación terapéutica cumple todas las
condiciones para activar o crear la vergüenza en el paciente. El paradigma
individualista ha tenido tendencia a atribuir la mayor competencia y buena
voluntad al terapeuta, y al cliente, todas las resistencias, los bloqueos y las in-
capacidades (Robine, 2012, p. 133). Pero, para otros terapeutas, la vergüenza
constituye una ocasión especial para actuar desde la perspectiva de campo,

implica reencuadrar interactivamente lo que se ha vivido, abusiva o prematuramente, como personal, íntimo, intrapsíquico (Robine, 2012, p. 243).

Cada vez que el terapeuta le muestra a un paciente, aunque sea mínimamente, que desearía que fuera de otra manera (es decir, que una vez más no es quien debería ser/es inadecuado) lo que hace es incrementar la vergüenza. Todo terapeuta tendría que trabajar mucho su vergüenza, para no tener vergüenza de su vergüenza y como defensa, devolvérsela al paciente. Si como terapeuta puedo abrir mi vergüenza frente al paciente, le facilito que abra la suya. La terapia de la vergüenza es la solidaridad, la comunidad, el campo (Apuntes personales 7).

El tema de la vergüenza nos exige pensar en el tema del apoyo, de la solidaridad y del vínculo, y es preciso que nos lleve a integrar estos componentes en nuestra entrada a la presencia del psicoterapeuta, de los didactas, de los supervisores (Robine, 2012, p. 143).

Para Lynne Jacobs "El impedimento más serio para atravesar el impasse terapéutico… reside en las dificultades del terapeuta con respecto a su propia vergüenza" (Robine, 2012, p. 134) y Robine añade que una de las mayores dificultades se encuentra en que el psicoterapeuta ignora, desconoce o niega su propia vergüenza en la relación con su paciente o, en su caso, el supervisor en la relación con los colegas que supervisa (Robine, 2012, p. 152). Y si bien es cierto que trabajar con la vergüenza en la situación terapéutica no es fácil, tampoco suele serlo en la situación de formación y de supervisión de psicoterapeutas, que son muchas veces generadoras o activadoras de vergüenza puesto que el estudiante o el profesional está en posición de ser visto en las limitaciones de sus conocimientos y competencias (Robine, 2012, p. 134).

Robine, con lo que me parece una exquisita honestidad y realismo, menciona su preocupación como formador y supervisor que le llevó a trabajar este tema a nivel personal, sin saber si llegará un día en que lo dé por terminado. Este trabajo le ha llevado a concretar la importancia que para él tiene el tema del soporte, del apoyo. Por mi parte, siento una agradable consonancia cuando expresa:

> Después de mucho tiempo, tomé consciencia de mi irritación ante la proposición de Perls de permitir, gracias a la terapia, el paso del apoyo del entorno al autoapoyo, proposición que me caía mal ya

que la interpreto como una invitación al egotismo… Hoy… he
podido encontrar, buscar y aceptar diversas formas de apoyo. Sin
duda, también el grave accidente de automóvil que viví hace poco
más de un año, en el que me enfrenté durante unos instantes a la
probabilidad de una muerte inminente, ha contribuido a modificar
mi visión y mi contacto con el mundo de una manera tal, que la
aceptación de los riesgos ya no la siento igual. (Robine, 2005, p.
256)

Las reticencias anteriores de Jean-Marie para abrirse a dar apoyo o a recibir-
lo, se articulan con angustias de intrusión, de ser afectado por intromisiones
o de ser intrusivo, así como con angustias de dependencia, en cuanto a
depender de alguien o que alguien dependiera de él (Robine, 2006, p. 37).

SIENDO CON OTROS

Fundador

Cuando Robine terminó su trabajo como director del Centro de Guía Infantil, institución en la que no tenía mucho interés porque se convirtió en
una entidad muy burocrática y la burocracia no le interesaba mucho (Entrevista 5), y, puesto que en el seno del IRAE proponía cada vez más sesiones
con la denominación "Gestalt", sus amigos del IRAE le empujaron y apoyaron
en la creación del Instituto de Gestalt para diferenciar mejor las actividades
y las referencias (Entrevista, 2008). Tiempo después, practicó el movimiento
del trabajo de expresión en la formación de educadores. Ha sido un aspecto
tan importante que aún hoy sigue fiel a este movimiento (Entrevista 4).

Los estatutos se registraron a comienzos de 1980, aun cuando la actividad existía antes. En medio del campo en el Entre-deux-mers en lo que en
la región se llamaba presuntuosamente "castillo" pero que era un caserón
tipo escuela rural, Jean-Marie construyó una sala de grupos en el granero,
y allí comenzaron las primeras actividades, grupos o terapias individuales.
Cecilia, esposa de Robine en aquel entonces, que estaba formándose con el
equipo quebequés de Ernest Godin, se inició también allí (Entrevista, 2008).

Prácticamente desde el principio comenzaron a trabajar juntos Jean-Marie Robine y Jean-Marie Delacroix. El Instituto de Burdeos acababa de ser creado cuando se conocieron durante un congreso de psicodrama en Burdeos. Rápidamente trabaron una amistad más allá de lo que se convirtió en un compañerismo profesional. Tras la primera experiencia de co-animación de una sesión de terapia en Burdeos, decidieron proponer juntos el primer programa franco-francés de formación en Terapia Gestalt. Jean-Marie Delacroix dejó Quebec y se instaló en Grenoble donde fundó su Instituto. Los estudiantes iban y venían entre Burdeos y Grenoble durante toda su formación (Entrevista, 2008).

Todavía quedan hoy, entre las relaciones significativas de Robine de ese tiempo, algunos amigos con quienes actualmente se encuentran por algún rato. Fue tiempo de relaciones afectivas importantes con las mujeres que fueron sus esposas y también con sus hijos. Y, por supuesto, en este caminar ha quedado el buen recuerdo de algunas relaciones profesionales (Entrevista 5).

Formador

Para Jean-Marie Robine la cualidad específica de su escuela es que desde el principio se intenta buscar la Terapia Gestalt en el contexto cultural que les es propio, sobre todo en la dirección de la fenomenología y de la perspectiva de campo (Robine, 2006, p. 152). Hablando de fenomenología como un método, una manera de reflexionar y, por tanto, una postura en el mundo (Robine, 2006, p. 153).

Robine, como formador, tiene presente que los maestros de los futuros terapeutas también proporcionan introyectos (Apuntes personales 8). En su equipo de formadores, desde que comenzaron a radicalizar la referencia a la perspectiva de campo, presintieron y después observaron con rapidez, algunos posibles efectos perversos en la formación de terapeutas. Y es que consideraban que si la perspectiva de campo era tomada como alternativa a la perspectiva intrapsíquica, podía generar una atenuación de la responsabilidad personal en provecho de la de la situación o del contexto (Robine, 2010).

Para Jean-Marie el trabajo de un formador es, sobre todo y al igual que el de un terapeuta, abrir. Esto no quiere decir que haya que abrir pistas explícitas, pues en ese caso, si son importantes, las menciona. En particular se trata de ayudar a las personas a tener un pensamiento en movimiento. A menudo Jean-Marie cita una frase que puso en algún libro a manera de titulo el filósofo francés Alain del siglo XX: "las ideas, incluso las justas, se convierten en erróneas en el momento en que nos contentamos con ellas".

Por eso, cuando lanza ideas es para plantear temas de reflexión que van a abrir posibilidades y no a cerrarlas.

> Para mí es más importante tener preguntas que respuestas. Gente dispuesta a vendernos, a darnos respuestas, hay miles. Filósofos, políticos, religiosos, gurús, tienen respuestas y para mí las respuestas encierran. Lo importante para mí son las personas que tienen realmente preguntas. En las preguntas hay movimiento. No sé hacia dónde se dirige la Terapia Gestalt; seguramente va hacia la desaparición, al nacimiento de nuevas ideas, a otras cosas. Y está muy bien que sea así. (Entrevista 4)

He tenido la fortuna de estar en diferentes espacios de formación con Robine, y de manera especial me impactaron su calidez, su cercanía y eso que me pareció como una formación-atención "personalizada" a su grupo de estudiantes en el Instituto Gestalt de Valencia. A partir de entonces, tengo la sensación de que comparte sus aprendizajes con actitudes semejantes a las terapéuticas: con una participación alternada en el grupo, abriendo su experiencia en la misma calidad con la que invita a hacerlo a sus estudiantes, disponible para cada encuentro solicitado por cualquiera de ellos. Tuve la imagen recurrente de estar viendo a un maestro budista ayudando a crecer a su discípulo, y esto con cada uno de ellos, incluyéndome (Entrevista, 2008).

En su papel como formador, Jean-Marie tiene como el mejor saldo los encuentros fuertes y a menudo duraderos, tanto con estudiantes como con colegas formadores, franceses o extranjeros (Entrevista, 2008). De hecho, considera que son las preguntas de sus alumnos y de sus pacientes las que con frecuencia le han enseñado más que las respuestas de sus maestros (Robine, 2005, Dedicatoria). En esta tarea ha tenido también momentos difíciles, dolorosos, como todo ser humano en lo que sea que emprenda; entre ellos, la muerte de algunos estudiantes al principio del SIDA, ciertos golpes bajos o traiciones y experiencias angustiosas. Sin embargo, tiene bien presente que han sido bastante pocos los momentos dolorosos en comparación con las alegrías que la Terapia Gestalt le ha aportado (Entrevista, 2008).

Una de las tareas que ha emprendido como formador y teórico de la Gestalt es el Congreso Europeo de La Villette en 1992, cuando era presidente de la Sociedad Francesa de Gestalt y de la Asociación Europea de Terapia Gestalt. Quiso entonces aprovechar su mandato para sacar a la AETG de su feudo germánico del que parecía no salir y dio el primer paso llevando el evento a la Ciudad de las Ciencias y las Artes en París, Francia, lo cual por su costo implicó un riesgo angustioso. Como expresa Jean-Marie, fueron en verdad afortunados porque el déficit sólo ascendió a unos cientos de francos (Entrevista, 2008).

Me parece que leer los deseos que Jean-Marie expresaba en 2008 sobre el porvenir del instituto francés, nos da una idea de su calidad humana: ampliar y estructurar el fenómeno de equipo del IFTG y con los institutos regionales; intensificar las publicaciones en materia de Terapia Gestalt, especialmente su distribución, y avanzar en los trabajos del Taller Teórico-Clínico (Entrevista, 2008).

Jean-Marie creo «L'exprimerie», departamento de edición del IFGT, con la esperanza de que la Terapia Gestalt pueda estar más presente en las librerías. Le ha parecido tan importante para el futuro de la Terapia Gestalt que ha estado dispuesto a poner de su bolsillo (Entrevista, 2008). Además, tiempo atrás se había constituido un grupo para trabajar durante tres fines de semana al año. Hubo un periodo en el que incluso llegaron a trabajar en un encuentro cada dos años con los alemanes y los italianos para compartir sus investigaciones. Estos trabajos dieron lugar a varias publicaciones y contribuyeron a que el pensamiento gestaltista francés fuera considerado internacionalmente como uno de los más vivos e innovadores (Entrevista, 2008).

Jean-Marie está más interesado en apoyar las iniciativas creativas de otras personas o equipos a fin de diversificar las contribuciones que en aferrarse a sus propios asuntos, ya que está convencido de que la vida y el desarrollo de la Terapia Gestalt pasan por la presencia, la creación y el compromiso (Entrevista, 2008).

Si la comunidad de gestaltistas se queda como polluelos en sus nidos, esperando con la boca abierta la comida de sus padres, no

llegaremos muy lejos. Sin embargo, hay bastantes competencias diversificadas y dinamismo para que la Terapia Gestalt cambie de marcha así es que, arremanguémonos. (Entrevista, 2008)

Supervisor

En su más reciente publicación sobre el compromiso social en la Gestalt, Robine expresa que en su trabajo terapéutico de estos últimos años en cada sesión, en algún momento dado, el paciente, el estudiante o el supervisado encuentra la confusión, lo vago, lo confuso, la desestabilización, el caos (Robine, 2012, p. 193). Personalmente creo que el hecho de que Robine hable reiteradamente sobre la supervisión, evidencia su sensibilidad y la seriedad con la que asume su tarea formativa y acompañadora.

Jean-Marie hace continuamente una valoración importante de la supervisión, considerándola no sólo como un medio para que el terapeuta vea sus dificultades sino como una posibilidad para tener una mirada externa que le ayude a ver lo que sucede (Apuntes personales 10). Él mismo recuerda que como supervisado pudo ver que había una gran diferencia entre sus sentimientos hacia su cliente, más o menos conscientes y la realidad de sus sentimientos (Apuntes personales 10).

Es también muy crítico sobre los riesgos en la situación de supervisión pues, al supervisor, con razón o sin ella, se le confiere un estatus jerárquico de experto. Muchas veces, la búsqueda de excelencia establecida como principio de la mayoría de instituciones, se hace presente en nuestra esfera acompañada de un cotejo de efectos secundarios que pueden ser rechazos o represiones, emulación y competición, vergüenza y humillación, y más (Robine, 2012, p. 146).

La supervisión es también un espacio propicio para que la vergüenza haga su aparición. Lamentablemente, en ocasiones, el supervisor actúa como un superterapeuta que pasa alegremente por encima del terapeuta: piensa, habla y actúa como si él mismo fuera el terapeuta, y se olvida de la especificidad de la creación común de la situación. A veces, provocar vergüenza en sus supervisados es el recurso del supervisor para no evidenciar sus límites. ¿Qué pasa con la capacidad del supervisor si en algún momento expresa que no sabe?

Se ve descubierto en flagrante delito de incompetencia o de insuficiencia profesional. El procedimiento creado por el supervisor modela las respuestas implícitas del psicoterapeuta con respecto a sus pacientes cuando encuadre, a su vez, sus propios límites (Robine, 2012, p. 149). Por eso es necesaria una atmósfera afable y de apoyo, y el talante de la presencia del supervisor es un factor determinante en la formación de la confianza y la seguridad que se requieren para abrir espacios de fragilidad, de duda, de insuficiencias y de fracaso (Robine, 2012, p. 147).

Robine comparte que desde hace más de diez años tuvo un cambio significativo: dejó de trabajar como un experto. En 2006, se describía así:

> Probablemente estoy más implicado en la relación [...] utilizo lo que siento de una manera diferente... sobre todo para sostener al cliente, para que pueda ampliar su experiencia del campo en el aquí y ahora y haciendo también un ir y venir con su pasado. (Robine, 2006, p. 151)

Teórico de la Gestalt

En el prólogo de *Contacto y Relación* Marie Petit dice que Jean-Marie ha vuelto a las fuentes de la Terapia Gestalt proponiéndonos revisar los presupuestos teóricos que tenemos a fin de elaborar una teorización más sustancial (Robine, 2005, p. xiii).

Por su parte, Michael Vicent Miller escribió que para nuestro teórico, el peor crimen consiste en construir una teoría sobre los conceptos y pretender después que esa teoría presagie las "verdades" o describa la "realidad". Robine, según Miller, ha hecho una formulación que bien podría ser su contribución más importante a la relación entre la teoría y la práctica, tema de esta investigación (Prólogo en Robine, 2006, p. 20). A tal propósito, para Jean-Marie, el avance teórico y metodológico pocas veces avanza dejando de lado las adquisiciones anteriores; por el contrario, las retoma, reinterpretándolas, criticándolas, tomando en cuenta sus carencias, y recogiendo aquellas cosas que han quedado en el camino por quienes nos precedieron (Robine, 2005, p. 1). En este camino de recuperación, él mismo ha experimentado el miedo que inspira el salto a lo desconocido: "miedo a la soledad, a la pérdida de referencias seguras, a extraviarme, a la transgresión, al abandono" (Robine, 2005).

Sin embargo, es justo a partir de avanzar en esa dirección, colocando su propia experiencia como base en la elaboración teórica que hace, que ha podido expresar:

> [...] en lo que a mí respecta [...] el sentido de la forma, provisional, al que me he convertido hoy, de mis conclusiones, y sobre todo de mis preguntas, es buscar el proceso, en el camino que ha sido el mío y que me debo recordar sin complacencia. (Robine, 2006, p. 33)

El resultado es que se siente más coherente, más abierto y más vivo (Entrevista 4).

En la Terapia Gestalt, contamos con un enfoque teórico que Robine describe como abierto, integrativo y riguroso simultáneamente. Esto nos permite poner en práctica énfasis variados debido al estilo propio en el encuentro con la particularidad de nuestros clientes. Al mismo tiempo, tiene presente la invitación de Laura Perls a *vivir en la frontera*, es decir, a construir una reflexión y una práctica completas, a partir del contacto (Robine, 2005, pp. 281 y 282).

La sensibilidad social de Jean-Marie atisba reiteradamente en su elaboración teórica, como cuando afirma que para conceptualizar la relación terapéutica es preciso buscar sus instrumentos posiblemente más del lado de lo psicosociológico (teoría de campo, teoría de los sistemas y otras) que en el ámbito de lo psíquico (Robine, 2005, p. 200). Y, justamente, a partir de los principios fundamentales de la teoría del campo se ubican consecuencias importantes para la teoría y la práctica de la Terapia Gestalt (Robine, 2005, p. 191).

Si bien es cierto que la práctica se funda en la teoría y la teoría en la práctica, en ambos casos siempre hay una distancia. La práctica evidencia la teoría, explícita e implícita, mientras que la teoría intenta dar forma a la experiencia vivenciada en la práctica. Sin embargo, siempre hay algo pendiente que se escapa en la rendija de la separación. A partir de esto que podemos llamar incoherencia y que además es inevitable, se origina también el movimiento

(Robine, 2006, p. 251). Para Robine, esta interacción continua entre teoría y práctica le ha llevado a un cambio realizado de forma progresiva.

> Creo que, hablando de algunas maneras de teorizar y de practicar que yo podía presentir antes, no me atrevía demasiado a entrar en ellas. No me atrevía a visualizarlas. Sin duda por miedo al aislamiento y la soledad. Y después vi que merecía la pena tomar más riesgos. (Finalmente) era una idea, una fantasía (ya que) había personas que estaban interesadas en las nuevas direcciones que yo tomaba y no estuve solo. (Entrevista 4)

Hoy, después de 45 años de práctica de la psicoterapia, Robine es consciente de tener menos certezas que las que tenía al principio de su ejercicio profesional. Posiblemente a partir de esta experiencia, es que hoy forma parte de su *credo* el que algunas convicciones tienen que poder ser distintas con el paso de los años (Robine, 2012, p. 17).

En el momento presente en que nadie podrá evitar concluir que estamos frente a dos psicoterapias muy diferentes a las que llamamos "Terapia Gestalt" (Robine, 2006, p. 40), Robine ha elegido arriesgarse a trabajar cada vez más desde una perspectiva de campo (Entrevista 4).

Y, en medio de estos andares y quehaceres, relaciones significativas

La práctica profesional de Jean-Marie como psicólogo, terapeuta Gestalt, fundador, formador, supervisor y teórico ha estado entremezclada con su vida de afectos y rupturas, encuentros y desencuentros, fracasos y éxitos, como la de cada ser humano.

Como se mencionó, tuvo una galería de pintura que fue para él un gran fracaso comercial pero eso no le preocupa (aunque tal vez sí cuando lo vivió). Hoy sabe que eso sólo implica dinero y aunque es un problema de cada día, ahora no lo considera grave. Sin embargo, hay dos situaciones que ve como rupturas relacionales y que para Robine son fracasos. Una son sus divorcios y, a nivel profesional, la separación de Jean-Marie Delacroix.

> Para mí fue una experiencia muy dura, sobre todo en cuanto experiencia relacional. De no poder discutir de manera

suficientemente profunda para entender de manera conjunta, entender lo que pasaba, lo que está en juego y cosas así. Y también por el hecho de que no se resuelve con una relación que puede continuar incluso si tenemos una separación. Una separación no es obligatoriamente dejar de verse o de encontrarse [...]. (Entrevista 5)

El camino andado también le ha llevado a construir relaciones satisfactorias y, en ese sentido, cuando le pregunté al respecto, la primera persona que vino a su mente fue su esposa, Briggitte. Me gustó ver su entusiasmo y sencillez al expresar que en este caso le resulta una relación muy fácil porque siente que cada uno puede seguir al mismo tiempo aquello que es de su propio interés, cada uno sigue sus propias direcciones. Simultáneamente disfrutan de compartir, de hacer cosas juntos, de trabajar juntos o de forma separada, parece que las cosas entre ambos son muy fáciles. Jean-Marie no tiene presente que hayan vivido conflictos, ni crisis graves en 25 años. Como cualquier pareja, tienen desacuerdos algunas veces, pero no se convierten en una crisis, ni rabias o resentimientos. Entre ellos hay una forma de serenidad en la vida cotidiana y en la relación. No puedo evitar comentar la ternura y emoción que sentí cuando, durante la entrevista, me dijo, refiriéndose a su relación con Briggitte: "Todo es muy tranquilo y me siento amoroso como el primer día" (Entrevista 5).

No sé decir exactamente, es el sentimiento de construcción conjunta, de compartir a muchos niveles. No me siento en una relación simétrica, como gemelos. Somos muy diferentes y también muy complementarios, pero también con áreas que son comunes, que son similares. Y con valores [...] diferentes y hay mucho reconocimiento mutuo y mucho respeto de lo que cada uno puede ser. Como si... si estás aquí, yo lo acepto y no intento cambiarte. Ella no intenta cambiarme, es muy tranquilo. (Entrevista 5)

El accidente en coche fue sin duda una oportunidad para que, a partir de la fuerza de los mensajes y testimonios de afecto recibidos, constatara la riqueza de la amistad de personas cercanas y lejanas en la distancia (Entrevista, 2008).

Actualmente, nuestro teórico ubica como un núcleo afectivo central ser padre y abuelo. Dos de sus hijos están lejos y no les ve muy frecuentemente. Uno vive en la misma ciudad que Robine y se reúnen constantemente y también con su nieto.

> Para mí es un placer tener este tipo de relación sin tener la responsabilidad de un padre. Es *únicamente* placer sin los inconvenientes de la vida cotidiana, seguro. Y no puedo impedir pensar la importancia de la relación que tenía con mi abuelo, que era alguien muy valioso para mí. (Entrevista 5)

TODO DESDE UNA PERSPECTIVA DE CAMPO

Campo

El concepto, presente en nuestra obra fundadora, *Terapia Gestalt*, que Jean-Marie Robine considera la piedra angular de la edificación teórica de este enfoque, aun cuando por mucho tiempo pasó inadvertido, es el «ello de la situación». Con ese concepto, los autores nos llevan a la perspectiva de campo (Robine, 2007). Goodman se refiere a una realidad inicial: lo que existe es el campo, definido como "un organismo y su entorno". Entonces, el self designa los movimientos internos del campo: movimientos de integración y de diferenciación, de unificación y de individuación, de acción y de transformación u otros (Robine, 2005, p. 258). El self es una función del campo, el sistema de contactos a cada instante (Robine, 2005, p. 88). Sin embargo, comenta el editor de *Contacto y Relación* (Contraportada, Robine, 2005), esta apertura no siempre fue defendida por los autores, ni mucho menos por sus seguidores. Preguntarse si es defendible es la el cuestionamiento con que tropieza Robine desde que se familiarizó con la obra de Perls y Goodman.

Es justo de la lectura de Goodman que nació en Robine la preocupación por el campo y fue precisamente cuando empezó a reflexionar, a trabajar y a buscar a propósito del campo, que el miedo se hizo presente.

> Un verdadero vértigo ante el cuestionamiento que me hacía. La pérdida de seguridades duramente adquiridas […] Presentía que

la referencia al campo podía aislarme cada vez más, y me molestaba quedarme solo en mi camino, lo que me parecía, y aún me parece, imposible e incontemplable. (Robine, 2005, p. 253)

Para Goodman, la naturaleza es una fuerza poderosa y autorregulada de la que el ser humano forma parte, y llama "sabiduría ecológica" a la cooperación con esta naturaleza, aceptando sus influjos y pulsiones en vez de querer dominarla (Robine, 2005, p. 31).

La Terapia Gestalt enfoca al sujeto desde el punto de vista del campo organismo/entorno (Robine, 2005, p. 86), un campo en el cual interactúan los factores socioculturales, animales y físicos, por lo menos[55] (Robine, 2005, p. 168).

Para Goodman la emoción es una función del campo y Robine define la emoción como una modalidad de consciencia inmediata del campo. No hay emoción sin campo y en la situación terapéutica, la emoción es justamente el choque entre estos dos mundos, ella le pertenece a los dos (Apuntes personales 7). Las emociones son los medios de cognición. Lejos de ser obstáculos para el pensamiento, son los únicos mensajes sobre el estado del campo organismo/entorno" (Robine, 2006) y, por tanto, son irremplazables. "La emoción es la consciencia inmediata e integradora de la relación entre el organismo y el entorno" (Robine, 2012, p. 47).

La situación psicológica sólo puede estar constituida por la interacción del organismo y del entorno y no el organismo y el entorno tomados por separado (Robine, 2012, p. 33) Cierto que el individuo tiende al crecimiento y, por consiguiente, al ajuste creativo para las situaciones siempre nuevas en el campo, estas experiencias transforman simultáneamente el entorno y al individuo (Robine, 2005, p. 86).

La fenomenología nos ha enseñado que es imposible separar las cosas de su forma de aparecer a cualquiera […] Muy lejos de deplorar la presencia de mi subjetividad, he comprendido en ella lo que pueda tener de determinante en la organización del campo, yo reivindico mi "estar afectado" como útil para la comprensión del otro […] La situación terapéutica es una situación de dar forma, de construcción y deconstrucción de formas (gestalts) en y a través

---

[55] PHG, II, 1, 2.

del encuentro, que puede ser conflictivo, de dos intencionalidades. (Robine, 2006, p. 138)

Consecuentemente, lo que una persona siente en presencia de otra es un indicador de lo que hay en el campo. De hecho, como expresa Robine, otra persona me afecta desde el momento en que estoy en su presencia, provoca en mí sensaciones, pensamientos, inferencias, experimento corporal y emocionalmente. Hasta la dudosa neutralidad, o la indiferencia, no son sólo el producto de mi voluntad o de mis elecciones. Todo lo que experimento es vínculo y está relacionado con mi intencionalidad, claro, pero también con la presencia del otro y con su propia intención (Robine, 2006, p. 127). La acogida en mí de la intencionalidad del otro no es un pensamiento reflexivo o una consciencia reflexiva y explícita, es una modalidad de mi existencia en el modo de *"el ser afectado"* (Robine, 2012, p. 49).

De acuerdo con Deleuze, "Es necesario comprender que el otro no es una estructura entre otras en el campo de la percepción. Es la estructura que condiciona el conjunto del campo, y el funcionamiento de este conjunto".[56] Siempre hay algo del otro en la emoción, sea humano o no humano. Y, puesto que algunas emociones acercan y otras alejan, según la manera propia de cada persona, debido al otro, presente o interiorizado, algunas emociones signan la satisfacción o la insatisfacción personal (Robine, 2012, p. 137). Es, por tanto, la interacción entre el individuo y la situación (campo dinámico) lo que provoca la experiencia y la construcción de las formas (Robine, 2012, p. 181).

De acuerdo con Goodman, "La definición de un animal implica su entorno: no tiene sentido definir a un hombre que respira sin referirse al aire; a un hombre que anda sin referirse a la gravedad y al suelo… la definición de un organismo es la definición de un campo organismo/entorno".[57] El entorno en cuestión no es un mundo, no es EL mundo sino MI mundo. Al respecto, Goodman creo y utilizó en ocasiones el término *econicho* que remite a este universo propio (Robine, 2005, p. 32).

Para nuestro teórico, una de las intuiciones fundamentales de Goodman es que no podemos comprender en qué puede consistir la realidad de un

---

[56] Citado en Robine, 2012, p. 50.

[57] PHG, II, III, 4.

individuo mientras no nos hayamos preocupado por la importancia de su relación con su entorno. El individuo tomado en cuenta de forma aislada es una realidad incompleta (Robine, 2006, p. 81). Es el contacto con mi entorno lo que me revela a mí mismo y actualiza algunas de mis potencialidades, simultáneamente dota a mi entorno de potencialidades quizá desconocidas hasta ese momento (Robine, 2006, p. 126).

¿Qué perspectiva? ¿Qué campo?

La palabra campo tiene muchas definiciones distintas. En el PHG y en Terapia Gestalt el campo del que se habla es el campo organismo/entorno, es decir es el campo de algo o de alguien. Es otras palabras: en cierta situación, el campo de un organismo. Cuando nos encontramos varias personas, en ese momento está mi campo, tu campo, su campo, el campo del otro... que son campos distintos. Cada uno es un organismo que forma parte del campo, cada uno es un organismo que estructura su campo (Entrevista 4).

Robine confiesa que le gustaría decir que lo que nos distingue como gestaltistas es el tener la perspectiva de campo como metodología y como acentuación, pero sabe bien que al hablar de campo no siempre nos estamos refiriendo a la misma concepción (Robine, 2006, p. 156). Cuando Jean-Marie habla de campo organismo/entorno, y del método que se deriva de él, se limita al campo construido por la sala de terapia, aun cuando en ella se convoquen, a través del imaginario, múltiples figuras o apariciones (Robine, 2005, p. 203).

El campo al que se refiere Robine contempla cinco principios fundamentales: del principio de *organización* se deriva la pertinencia de la atención del psicoterapeuta a los hechos y gestos, palabras y acontecimientos, que pudieran pasar desapercibidos por ser anecdóticos o atribuibles al azar. En el principio de *contemporaneidad* se encuentra fácilmente la insistencia de la Terapia Gestalt en el aquí-ahora, con la consciencia de que la referencia al pasado y la anticipación son acontecimientos que se despliegan en el momento presente, y que el cruce de estas líneas de tiempo conlleva significado en el campo actual. El principio de *singularidad* confirma la reticencia de la Terapia Gestalt a proceder a una generalización estructural a veces propuesta por algunas psicopatologías. A partir del principio del *proceso cambiante* el terapeuta gestaltista va a trabajar sobre el proceso siempre en movimiento. Por el principio de *relación pertinente*, nada debe descartarse *a priori* del interés del psicoterapeuta ya que cualquier elemento del campo forma parte de la situación total y es potencialmente significativo (Robine, 2005, pp. 191 y 192).

Cuando unos gestaltistas hablan del campo se refieren al entorno o al contexto (casado… hijos…); para Jean-Marie eso es contexto. Para otros, campo es lo que hay en común; tampoco en eso coincide. El PHG dice que campo es organismo/entorno, es decir, que cada organismo tiene un entorno. Cada organismo es *organizador* de su campo. Por tanto, no tenemos un mismo entorno. Incluso si tomamos el campo visual, no es igual para todos los presentes en el mismo sitio (Apuntes personales 9).

> (Contexto, campo, situación, ambiente terapéutico) a menudo son conceptos que se superponen parcialmente. Pero hay muchas concepciones distintas del campo y todas ellas son coherentes y lógicas pero hay que escoger una. Estoy de acuerdo en considerar que mi noción de campo no es una gran verdad, es una elección. (Entrevista 4)

Básicamente existen para nuestro teórico dos definiciones significativas de "perspectiva de campo" que no son compartidas por todos los terapeutas gestálticos. Una equivale al campo físico y la otra es más fenomenológica, es el campo de la experiencia (Robine, 2006, p. 149). La tentación de Robine sería decir que el campo físico es el contexto, aun cuando no es la definición exacta.

Cuando una persona se encuentra en el despacho de un periodista, podría decirse que está en el campo físico de ese periodista, pero lo que ocurre entre ambos, en un momento determinado, es un campo experiencial, diferente para uno y para otro (Robine, 2006, p. 150).

A la distancia, a partir de su experiencia y teniendo en cuenta las modalidades de su relación en la infancia (su padre representaba una figura de autoridad a quien se tenía que someter), Jean-Marie se ha preguntado por la formación de su campo y su relación con las figuras de autoridad con que se encuentra (Apuntes personales 10).

Mientras recupero la forma como Robine va explicando finamente lo que para él es perspectiva de campo, me voy dando cuenta de la forma como yo he pasado de una formulación a otra, de lo confuso a lo vago y de ahí a una conceptualización un poco más coherente y gestáltica.

Jean-Marie usa el concepto de campo con un significado fenomenológico. Desde este enfoque se habla del campo de la consciencia o de la experiencia. En esta perspectiva, que puede ser tenida como subjetiva o de experiencia, el campo es este "espacio" vivido de percepciones y de acciones, de sentimientos y de significados de un individuo cualquiera (Robine, 2012, p. 32). Por consiguiente, lo que haría el "campo" para un individuo será difícilmente vivenciado de la misma manera por otro, pudiendo acercarse sólo a través de la empatía, la intuición, la inferencia, o cualquier modalidad usada para encontrarse con la subjetividad de la experiencia del otro (Robine, 2006, p. 95).

Cuando hablamos de campo establecemos la diferencia entre la *Perspectiva individualista/intrapsíquica,* en la que el cliente es responsable de lo que le sucede y la *Perspectiva de campo,* desde la que nos planteamos: *"¿es lo que pasa en ti tu responsabilidad, la mía, o lo que pasa entre nosotros?".* Se trata, por tanto, de partir de una hipótesis de incertidumbre y de mirar juntos cómo hacemos para que las cosas sean como son. Si mi paradigma de referencia es el intrapsíquico, no puedo ampliar a la perspectiva de campo. La perspectiva de campo SÍ incluye a la perspectiva individualista (Apuntes personales 9).

El campo al que se refiere Robine es un campo *de experiencia* y está formado por todo lo que resulta pertinente para un sujeto en un momento dado. Cabe señalar que puede haber elementos o factores que no formen parte de su campo de consciencia pero sí de su campo de experiencia (Cfr. Robine, 2012, p. 266).

Teniendo en cuenta los postulados específicos de cada uno, el campo y el *self* perlsianos son, frecuentemente, objeto de cosificación; mientras que el campo y el *self* goodmanianos fácilmente serán considerados como un proceso en permanente elaboración (Robine, 2012, p. 31).

Cuando Robine habla de la perspectiva de campo se trata del paradigma para el terapeuta, que le sirve para orientar sus elecciones metodológicas y su trabajo. Para ver, en el espacio terapéutico, cómo construir juntos el encuentro, los parámetros que a utilizar, el dispositivo terapéutico, etc. (Entrevista 4).

EN LA SITUACIÓN

El concepto de situación no es igual a campo (Apuntes personales 9). Para Michael Vicent Miller, la transformación del *campo* en una *situación* concretamente terapéutica es un éxito sorprendente de Robine porque enraíza fenomenológicamente la teoría del campo en la práctica real de la psicoterapia (Prólogo en Robine, 2006, p. 23). En una psicoterapia —nos dice Jean-Marie— con una perspectiva de campo, la atención debe llevarse a la situación, de manera tal que cualquier sensación, sentimiento o acción, cualquier expresión y gesto han de poder ser considerados como pertenecientes a la situación, antes de atribuírsele a una de las personas presentes (Robine, 2012, p. 41). Cuando un individuo se sienta frente a otro, algo pasa: crean una situación y son, simultáneamente, creados por la situación (Robine, 2012, p. 39).

Toda situación es, por definición, efímera (Robine, 2008) y, quien soy, lo busco en el instante de la situación (Apuntes personales 9). Yo estoy hecho por la situación y también, junto con el otro, creo la situación (Robine, 2005, p. 302). Jean-Marie tiene la hipótesis de que la intuición se forma en situación, en una encrucijada de la percepción y de la resonancia (Robine, 2012, p. 45).

En el encuentro terapéutico, somos el uno para el otro, el elemento constitutivo esencial de la situación, sea de manera consciente o no consciente (Robine, 2006, p. 127).

Si bien la psicoterapia solamente se puede abordar como una disciplina entre dos personas, también el dispositivo terapéutico, cualquiera que sea, es un tipo de situación. Hacernos conscientes de cómo la situación tiene un impacto en nosotros es una manera de comprender mejor cómo hemos podido ser impactados por otras situaciones a lo largo de nuestra historia (Robine, 2006, p. 96).

Una tradición milenaria de hablar del otro como si existiera fuera de la mirada que se dirige hacia *él*, mirada contextualizada por la situación co-creeada, nos ha entrenado a abordar al otro como si pudiera revelárseme fuera de mí y de mi intención. (Robine, 2006, p. 118)

Cuando un paciente se sienta frente a mí y me dice que está ansioso puedo hacer la elección de tomar sus palabras no solamente como palabras pronunciadas en una cierta situación, sino también como las palabras de la situación, como si estas palabras pertenecieran a un campo indiferenciado que va a tratar de concretar y no al individuo que las pronuncia [...] ¿quizá se vuelve más ansioso por cómo le miro yo? ¿Por nuestro encuentro? ¿"Su" ansiedad no es otra cosa que la mía? ¿O es la atmósfera que se crea inmediatamente entre nosotros? (Robine, 2006, p. 100)

El compromiso en la situación del terapeuta Gestalt forma parte de la misma estructuración del campo. Afecta al otro y el otro le afecta. En referencia al pequeño cuento de Medard Boss[58] (en el que para cumplir el deseo de un anciano padre en el reparto de su herencia, es preciso contar con el camello de otro hombre que, cumplida la misión hereditaria, finalmente sobra y queda en manos de su dueño), el terapeuta tendrá que añadir su "camello" entre los datos de la situación, sin saber lo que va a ocurrir. Su intencionalidad simplemente será abrir condiciones de posibilidad. Las formas se crearán ahí (Robine, 2006, p. 139).

Parece una revelación de su experiencia bien conocida, como terapeuta, cuando Robine expresa:

En este proceso de individuación, hay momentos en los que yo soy yo y tú eres tú y en donde podemos encontrarnos [...] pero también hay momentos en los que yo soy tú y tú eres yo, otros en los que solamente existe uno, otros en los que existe un nosotros, incluso ilusorio, otros también en los que ¡No tengo idea de quién soy ni de quién eres tú! (Robine, 2006, p. 101)

Y es que tan pronto como dos seres humanos están en presencia uno del otro, la situación que crean y desarrollan es de contacto. Ante la presencia del otro

---

[58] Cfr. Robine, J.M. (2006), p. 117.

se crea en cada uno algo, que puede permanecer en el orden de lo implícito o de lo no-consciente, pero que anima el ser con el otro. Es más, Jean-Marie tiene la hipótesis de que, en toda situación de puesta en presencia, es creado el deseo de afectar al otro: «Mírame», «Reconóceme», «Déjame en paz, no me hables», «Expresa que me ves», «Ámame», «Deséame» o cualquier otra (Robine, 2007).

La revelación de la experiencia del psicoterapeuta, inscrita de manera estricta en el «aquí y ahora» de la situación y de lo efímero de ella, encuentra su plena justificación si tomamos en cuenta el desconocimiento del impacto de mi presencia sobre el otro, más allá de los creencias y de las supuestos que tengo respecto de mí. Y la única forma que tengo de acercarme a ello, es interrogar al otro sobre su forma de ser afectado por mí de instante en instante. Merleau-Ponty[59] lo ha expresado de una forma hermosa: «Todo pasa como si la intención del otro habitase mi cuerpo o como si mis intenciones habitaran el suyo» (Robine, 2007).

Para Robine el concepto más fundamental e insuperable de la teoría de la Terapia Gestalt, así como el más revolucionario porque es el que ha tenido mayor impacto en su teoría y en su práctica, provocando un cambio drástico en él, es el concepto del "ello de la situación" (Robine, 2006, p. 157).

En el PHG la palabra *situación* está más utilizada que la palabra *campo*. Para Goodman el *ello,* en lugar de estar en lo más profundo del sujeto, pertenece a la situación y nos ofrece así el *ello de la situación* entregándonos una recolocación del concepto con consecuencias significativas para el encuentro terapéutico.

> Cada vez más, trato de trabajar a partir de la situación o del campo indiferenciado, evitando una diferenciación prematura [...] y trabajando el proceso de diferenciación en el aquí y ahora de la situación. (Robine, 2006, p. 158)

Ya que no puede haber un campo común, el concepto de *ello de la situación* establece que el origen de los deseos, pulsiones, apetitos, direcciones de sentido hay que buscarlo en el aquí-y-ahora de la situación y no en lo más pro-

---

[59] Robine cita: Merlau-Ponty, M. (1945), *Phénoménologie de la Perception*, Gallimard, París, 1976, pp. 215-216.

fundo del ser humano. Esta deslocalización es coherente con el principio de contemporaneidad del campo (Robine, 2008-a). Además, el *ello* de la situación no puede ser lo mismo para el paciente que para el terapeuta tomando en cuenta que "*ser para*" es primero que "*ser con*". Si bien para Goodman en vez de estar en lo más profundo del ser humano, el *ello* nace de la situación y no es en absoluto independiente de la situación; nace de la situación creada por los dos, pero es diferente en cada uno. Es entonces necesario buscar la fuente del *ello* de la situación en la situación, no en las tripas de cada individuo. Cuando me siento frente a un paciente voy a estar deseando algo y también el paciente. Su deseo y el mío van a nacer de la situación, pero no es el mismo para ambos. El *ello* de la situación es reconocer que el *ello* se crea en un cierto contexto (Apuntes personales 8). Cada vez que aceptamos que nuestra experiencia personal "concreta" pertenece en primer lugar a la situación, estamos en la posibilidad de co-construir una diferenciación o una individualización continua (Robine, 2006, p. 159).

> Una vez más, la aproximación de los componentes somáticos de la experiencia será coherente con el principio de contemporaneidad, es decir, que la experiencia corporal será contemplada como producto de la situación Y productora de la situación. (Robine, 2008-a)

La psicoterapia es en primer lugar la construcción de una situación. Sin la introducción del otro, sin su generosidad, sin su don, la situación no tiene sentido. El otro es un indispensable que se convierte rápidamente en "dispensable". Así es la presencia del psicoterapeuta. Así es el devenir del encuentro terapéutico (Robine, 2006, p. 117) en el que mostrarse es dejar de ser transparente. Este centrarse en la situación para tratar de identificar los constituyentes, ha llevado a Robine a una gran sensibilidad a lo que hay ahí en lugar de a quien no está allí (Robine, 2012, p. 38).

La situación terapéutica define la presencia y la intención del psicoterapeuta, como define la presencia y la expresión del cliente (Robine, 2006, p. 119). La psicoterapia, entonces, "ya no es definida como la aplicación por parte de un experto de un saber constituido que se expresa mediante las interpretaciones u otros actos del especialista; es en primer lugar y sobre todo 'situación', la situación de contacto, aquí y ahora, 'realidad' al mismo tiempo que metáfora o metonimia del pasado, del futuro y de lo anterior" (Robine, 2012, p. 26).

La situación tiene una capacidad de control de la experiencia, no es un mero contenedor (Robine, 2006, p. 103). Decimos: "Soy creador de la situación en la cual estoy, al mismo tiempo que soy creado por esta situación; en consecuencia, no soy completamente libre porque soy creado por la situación". Llegar a ser libres sería, en el aquí y ahora de cada situación, participar por mi actuación en la libertad que ordena la situación (Robine, 2006, p. 82). Es *en* y *por* la situación que la forma adquiere sentido (Robine, 2009). Si soy mal terapeuta o formador no sólo depende de mí sino del grupo (Apuntes personales 9). Y es que, al definirse como inseparables organismo y entorno, toda situación se vuelve función de esta relación contextualizada, y no una alternativa (Robine, 2010).

> **La psicoterapia puede ser concebida como una situación de urgencia opuesta, que va a retomar parámetros mantenidos de la situación de urgencia cronificada pero que, en este nuevo contexto seguro y experimental, va a privar al paciente de sus respuestas obsoletas para favorecer la creación de respuestas nuevas ajustadas a la novedad de la situación. (Robine, 2006, p. 99)**

Robine cita a H. Joas para expresar que "Nosotros percibimos una situación sólo de acuerdo con nuestras capacidades y aptitudes actuales para actuar" (en Robine, 2005, p. 311) y tomando como base el término "to afford" que significa tener los medios para hacer algo, ha creado el concepto de "la afordancia" que indica la manera como percibimos el entorno en función de los medios que tenemos para intervenir en él (Robine, 2006, p. 105).

En su profundización continua, Robine revisa la palabra construir y se encuentra que en latín existe la raíz "truir" para referirse a disponer en capas o hacer una estructura, por lo que construir sería truir-con, es decir, construir implica a alguien más. De ahí establece la hipótesis de que co-construcción es más una defensa con respecto a la situación de poder que podría ser la nuestra en la relación terapéutica (Cfr. Robine, 2012, p. 190).

Jean-Marie se refiere también a la estética de la situación. Si los encuentros psicoterapéuticos son una sucesión de contactos y cada uno de estos encuentros constituye una situación, «nuestra existencia está encarnada en una sucesión de situaciones que se desarrollan y se transforman sin cesar y que se nos presentan de forma imprevisible. Estar situado, formar parte integrante de una situación, es lo mismo que existir como ser humano» (Buytendijk citado en Robine, 2008). Entonces, depende de la función y responsabilidad del psicoterapeuta ofrecer a la situación características que inviten a la estructuración estética de la experiencia. *L´affordance*, para Robine, es la idea de que el entorno presenta ciertas características que pueden atraerme a mí y, llevado al encuentro terapéutico "¿cómo puedo yo, en tanto que entorno de mi paciente, ofrecer formas que llaman, formas que invitan al movimiento, a la creación?" (Robine, 2008).

Otro concepto que introduce Robine en el encuentro terapéutico es el de la atmósfera, la cual está compartida por los copartícipes de la situación, envuelve y simultáneamente existe en el espacio entre ellos. Por esta razón constituye los significados que se elaboran, las cualidades del contacto, y la complejidad de la situación. Sin embargo, no se trata de reducir la situación a esta única atmósfera, pero es importante para él continuar mencionando algunas de las fuerzas del campo (Robine, 2006, p. 88).

Cuando hablamos de que la intencionalidad se "dirige hacia", decimos también que su sentido debe buscarse en el conjunto de la situación, en el campo entendido como "estructura de posibilidades" (Deleuze, citado por Miller en Robine, 2012, p. 44). Mostrarse en lo abierto de la situación es entonces una operación de apertura activa y al mismo tiempo receptiva, una acción en voz media, a decir de Perls y Goodman. En palabras de E. Strauss:

> En el acto de receptividad sensible, se despliega al mismo tiempo el acontecer del sujeto y el acontecimiento del mundo. Solamente cambio en la medida en que algo ocurre y solamente me ocurre algo en la medida en que cambio. (Citado en Robine, 2006, p. 89)

Finalmente, la incertidumbre no es la duda, es el carácter de lo que no es conocido de antemano. Mientras que la duda carcome la experiencia vivida, la incertidumbre puede abrir la situación. Parafraseando a Frank Staemmler: la incertidumbre debe ser cultivada, es decir cuidada y llena de cultura (citado en Robine, 2006, p. 86).

Ahora, con el pasado y el futuro incluidos

Para Robine, el tema del tiempo es decisivo para comprender el concepto del *self* en la Terapia Gestalt (Robine, 2006, p. 154), lo cual resulta fascinante para Michael Vicent Miller ya que supone otra ruptura radical con la tradición occidental dominante, que el *self* sea tenido como proceso temporal más que como una entidad cuasi-espacial. Es a partir de este significado de proceso temporal donde Robine establece su línea directriz (Prólogo en Robine, 2006, p. 18).

"Correcta o incorrectamente reconozco el mismo 'yo' en la persona que yo era hace unas décadas", escribía Jean-Marie en 2003. Pareciera que esta necesidad de estabilidad y continuidad impidiera el acceso a la novedad de las situaciones exponiéndonos a la repetición de las experiencias, incluyendo las más dolorosas (Robine, 2003, p. 7). Sin embargo, el tiempo está condensado en el instante presente. De cierta manera, no hay tiempo; el presente, el pasado y el futuro están íntimamente mezclados y condensados. Coexisten estratos y capas enredadas. Todo está contenido en el instante presente (Robine, 2012, p. 84).

Es así como, en palabras de Marie Petit, "Jean-Marie denuncia ya en liminar, un pensamiento solipsista que concebiría el Self como una entidad que se actualiza en el contacto, para introducir explícitamente la temporalidad en la estructura de la experiencia" (en Robine, 2005, p. xiv). Este acento sobre la temporalidad significa que la experiencia tiene una estructura fluctuante y en movimiento (Prólogo de Michael Vicent Miller en Robine, 2006, p. 19).

Si hablamos de la experiencia como algo que acontece en el instante presente, el terapeuta puede preguntarse "¿en qué trozo voy a tomar el momento presente? Si apenas he empezado a querer tomarlo ya ha desaparecido". Pero el instante presente puede ser considerado como el fruto del pasado, el resultado de una larga historia y es también el futuro el que da sentido al momento presente (Robine, 2012, p. 90).

De acuerdo con el Principio de contemporaneidad, no hay necesidad de buscar en el pasado, porque este está pasando aquí y ahora (Apuntes personales 9). De igual forma, cuando nombro mi instante presente se puede escuchar el instante presente como conteniendo a lo siguiente (Robine, 2012, p. 92).

> (Recuerdo) el accidente de coche con la posibilidad de que en algunos segundos pude estar muerto y pienso que para mí ha cambiado en este momento el sistema de relación con los otros con mucha menos retroflexión (Entrevista 5) [...] Fue realmente importante [...] porque pensé que en los segundos siguientes iba a morir, aunque, como ves, no ocurrió. Esto ha cambiado muchas cosas. Esto ha contribuido a cambiar mi jerarquía, los centros de interés de los valores que tengo sobre la vida, a hacer decisiones distintas. También ha contribuido a poder arriesgarme más y estar menos enterrado entre protecciones. (Entrevista 4)

En distintas ocasiones, Robine recuerda que la escuela de "Palo Alto" habla de los cambios de tipo 1 y 2. El tipo 1 *está en la continuidad* (más de lo mismo). Ejemplo: Un hombre muy controlado por su mujer se busca una amante, la mujer se entera y el hombre promete dejarla pero ella no le cree y lo controla aún más. El cambio tipo 2 es un *cambio de paradigma*: las referencias se cambiarán por completo. Tal sería el caso de un niño con retraso escolar, a quien, en lugar de ponerlo a trabajar más, considerar que es un problema de placer y motivación y voy a tratar de crear un modelo distinto. La Terapia Gestalt es un cambio de tipo 2, en relación con el psicoanálisis, porque es un cambio de paradigma (Apuntes personales 10). El accidente de Robine ha sido para él un cambio de tipo 2 (Entrevista 5).

Es en el ahora, el único *lugar* en el que hay novedad, en el que está lo desconocido (Robine, 2012, p. 193) y cuando desmenuzamos o desplegamos el momento presente, podemos comprender algo de la historia, de la génesis (Robine, 2012, p. 89).

> La psicoterapia ¡jamás ha cambiado el pasado! Lo que existe es sólo el presente del pasado [...] Y lo que quizá se puede cambiar es la representación presente que uno tiene de su pasado [...] Mi elección es la siguiente: si estamos en una perspectiva terapéutica, lo que se puede cambiar es lo que va a venir después. Nunca se cambia el pasado pero se puede orientar [...] el next [...] Next

> designa [...] lo que está próximo en el tiempo y en el espacio [...] lo siguiente [...] Mi hipótesis de trabajo y mi sugerencia serían [...] focalizar nuestro enfoque de preferencia en el "ahora y lo siguiente" [...] considerar cada instante como una tensión hacia el instante siguiente. (Robine, 2012, p. 91)

Y, para todas aquellas personas que tenemos un conocimiento incipiente del PHG, resulta una llamada de atención que Robine, para confirmar la concepción de tiempo de Goodman, ha leído nueve veces el libro *Terapia Gestalt* (Cfr. Robine, 2012, p. 84). De hecho, le es tan significativo este concepto que considera que si llevamos al centro de nuestras preocupaciones la temporalidad como historicidad y etiología, "nos volveremos más abiertos para considerarla en el nivel de los procesos, de la dinámica y de los procesos interpersonales y sociales que mantienen el sufrimiento y los síntomas" (Robine, 2006, p. 53).

Compromiso social

Hace varios años Robine inició una reflexión en el seno de la Sociedad Francesa de Gestalt bajo el título "El cambio social comienza con dos",[60] un artículo sobre el impacto social del trabajo desde la terapia Gestalt. Para Jean-Marie la Terapia Gestalt "es dialéctica, con todas sus fuerzas en tensión, puesto que la Terapia Gestalt original se quería explícitamente biopsicosocial. Aunque nuestra práctica se desarrolla esencialmente en el diálogo singular entre un terapeuta Gestalt y su cliente, el proyecto político, social y psicosocial de la Terapia Gestalt se puede encarnar en cada minuto de un trabajo en el que el contacto es el hilo conductor" (Robine, 2010).

La proliferación del pensamiento psicologizante ha favorecido reducir lo social a lo psicológico, pero eso parece bastante arrogante, pues implicaría que tuviéramos las claves de la compresión del mundo (Robine, 2010). Lo cierto es que los individuos construyen sus realidades, las realidades son sostenidas por la interacción social que, por su parte, confirma las creencias, las cuales son prácticamente de origen social (Robine, 2006, p. 57). Entonces ¿cómo resolver el dilema entre la espontaneidad del individuo y la estruc-

---

60 Robine, J.M., "Le changement social commence à deux", núm. 29, diciembre 2005.

turación social? ¿Será por ineptitud para actuar sobre lo social por lo que actuamos sobre el individuo? (Robine, 2005, p. 200).

Si tomamos en cuenta la perspectiva dialogal —como una ampliación de la perspectiva individualista— los dos individuos son primero. En la individual, el individuo es primero. En cambio, en la perspectiva de campo, el campo es primero (Apuntes personales 9).

La potencia excepcional de la Terapia Gestalt, que se practica en el marco del paradigma de campo, está en su capacidad para poner en práctica la combinación de tres ejes de trabajo con nuestros clientes: la construcción de la identidad, el acceso al mundo vivido de los demás y la relación intersubjetiva, vínculo, pertenencia. Es a través de estas tres direcciones de trabajo como se encarna el proyecto social de la Terapia Gestalt implicándolas sin que puedan ser disociadas. Y es, dependiendo del momento de la terapia y del proceso específico de cada encuentro terapéutico, como una u otra de estas modalidades será puesta en figura y privilegiada de manera temporal. Según Robine, elegir estas líneas de trabajo constituye en sí una elección de sociedad y una elección política (Robine, 2010).

Honneth, a quien cita Robine, dice que "al considerar que el reconocimiento social de los derechos legales encuentra su colorario psíquico en el desarrollo de la capacidad de relacionarse con uno mismo como una persona moralmente responsable",[61] es mediante este reconocimiento social como se es capaz de comprender los propios actos como una expresión, respetada por todos, de la propia autonomía. En este sentido, el reconocimiento jurídico es también el derecho a existir (Robine, 2010).

Jean-Marie, en su artículo "Implicaciones Sociales de la Terapia Gestalt", menciona el reconocimiento como un acto social esencial, con lo que estoy completamente de acuerdo.

> El vínculo de reconocimiento se construye con el amor, el derecho y la solidaridad. La confianza en sí se construye mediante el reconocimiento obtenido a través del amor. El respeto por sí mismo es construido mediante el reconocimiento a través del derecho, el reconocimiento jurídico. La autoestima, a su vez, se

---

[61] Honneth, A. (1992), *La lutte pour la reconnaissance,* Trad. Franc., Ed. Du Cerf, París, 2000.

construye mediante el reconocimiento que da la solidaridad social. (Robine, 2010)

Es precisamente por la vía de la solidaridad como se construye la autoestima. De nuevo en palabras de Honneth, "En la medida en que yo vele activamente para que consigan desarrollarse las cualidades propias del prójimo, aquellas que no son las mías, nuestros fines comunes se realizarán".[62] Hablamos de una comunidad de valores, donde la ética compartida está en el primer plano y su ausencia genera vergüenza, humillación y daños (Robine, 2010).

En la Terapia Gestalt y, sobre todo, a partir del paradigma de campo, toda nuestra filosofía, nuestra ética y nuestra metodología deben dirigirse al contacto entre el ser humano y el mundo. El propósito es que se continúe cotidianamente el sostén, la pertenencia y la solidaridad que han presidido la constitución de la relación terapéutica (Robine, 2010). A propósito, no hay psicología o psicoterapia del ser humano que no sea psicología del ser humano-en-el-Mundo; por tanto, la Terapia Gestalt debe pasar de una postura *egológica* a una postura *ecológica* (Robine, 2005, p. 17). Y sí, es válido soñar...

Este cambio social, que no se puede emprender incesantemente sin otro, y que es de dos o más, se puede construir en otros lugares, pero para Jean-Marie, puede y debe ser experimentado en el encuentro terapéutico (Robine, 2012, p. 239). Tomemos en cuenta que siempre hay consecuencias sociales de nuestra manera de practicar la psicoterapia, en la relación frente a frente, fundada en el compromiso del terapeuta, ya que genera una sociedad diferente de aquella que hace que el paciente se recueste en el diván (Apuntes personales 9).

> [...] yo he trabajado con los ricos. Por supuesto, también he trabajado en algunas ocasiones como terapeuta, como formador, de forma gratuita. Por ejemplo, durante cuatro años estuve yendo a Rusia cuando se abrió el telón de acero y formé la primera generación de terapeutas gestálticos y lo hacía de forma voluntaria. Y ahora hay (muchos) terapeutas gestálticos en Rusia que consideran que yo soy su abuelo. (Entrevista 4)

---

62 Íbid., p. 157.

En este momento de su vida, nuestro teórico no practica la psicoterapia semanal. Dejó de tomar pacientes nuevos cuando decidió jubilarse alrededor del año 2008, aunque continuaba atendiendo a los que ya tenía. En ocasiones se encuentra en los seminarios con personas, a menudo terapeutas, que quieren hacer un trabajo con él. Otros han tomado la decisión de pasar una semana en su casa para participar en una terapia intensiva de dos, tres o cuatro sesiones por día, durante cuatro, cinco o seis días. Esta modalidad es la única forma de terapia que practica ahora porque, debido a sus continuos viajes, no puede ver de forma regular semana a semana a los pacientes que lo necesitasen. Aun así, en septiembre de 2012 abrió un grupo de terapia destinado a terapeutas (Entrevista 4).

> Me gustaría también, aunque no sé muy bien cómo, intensificar la presencia del Instituto (o de la Terapia Gestalt en general) en el tejido comunitario. Es un proyecto difícil, porque no se puede estar en misa y repicando, pero creo que si queremos ser fieles al espíritu de la Terapia Gestalt y a su filosofía, tenemos que inventar formas de estar presentes en la ciudad, más allá de la consulta, más allá del encuentro dual, más allá incluso de la acción del multiplicador que puede constituir la formación. (Entrevista, 2008)

En este entusiasmo por inventar nuevas formas, Jean-Marie recuerda tres ejemplos muy adecuados: hace 25 o 30 años él hacía trabajo social en guetos de Nueva York y, en lugar de enviarles terapeutas familiares, decidieron tomar personas de esos guetos y darles herramientas de terapia familiar y sistémica para trabajar en su entorno (Entrevista 4).

> En otro ejemplo, la primera vez que fui a trabajar en México, fue en Guadalajara. Sergio Vázquez, que era director del Instituto en esa ciudad, me propuso a mediodía si quería comer en un restaurante occidental o, como lo hace la gente de ahí, en el mercado, por la calle. Y dije: "Por supuesto, prefiero comer como ustedes, en el mercado". Fuimos al mercado de Guadalajara, que es inmenso, con muchos pisos, en cada piso hay muchas cocinitas con dos o tres mesas. Fuimos a una cantina de estas pequeñitas y había ahí una gran matrona que tenía una cocina tradicional mexicana. Y Sergio le dijo a esta mujer: "Hola, te presento a Jean-Marie Robine". Y

la mujer dijo: "¡Ah, Jean-Marie Robine!" Ella me conocía. Yo no entendía y Sergio me explicó que a menudo venía a comer aquí y a fuerza de hablar con esta mujer, supo que dedicaba los fines de semana a hacer acción social con mujeres desfavorecidas, de forma altruista y espontánea. Y Sergio le propuso ir a tomar gratuitamente la formación en Terapia Gestalt en su centro para que pudiera proseguir con sus acciones con mayor eficacia y con herramientas. Ella había hecho estudios de Gestalt y seguía los fines de semana con su acción social sirviéndose de lo aprendido en Terapia Gestalt. Así conoció a Jean-Marie Robine a través de una teoría. (Entrevista 4)

El tercer ejemplo es de una persona de su equipo que fue a enseñar aspectos de la Gestalt en Ruanda a psicólogos que se ocupan de las víctimas del genocidio (Entrevista 4).

También bajo la perspectiva de la mejora del servicio a la comunidad —al menos a la gestáltica— se planteó el servicio de biblioteca y documentación, aprovechando los progresos de la tecnología informática (Entrevista, 2008).

En opinión de Robine, el compromiso social consiste en el modo de relacionarse con el otro y particularmente en las sesiones de terapia. Estar en la relación con el otro de tal manera que esta experiencia pueda ejercer gran influencia en el modo de relacionarse de las personas, unos con otros, en la sociedad.

Este es un germen fascinante, una clase de contaminación, que desea implantar (Entrevista 5).

Su aporte personal y el futuro de la Psicoterapia Gestalt

Entre aprendizajes, elecciones y cambios, quedan como saldo recuerdos nostálgicos de placer y de dificultad. En la mente de Jean-Marie están presentes las decenas de horas en autobús o en taxi-brouse que compartía con Jean-Marie Delacroix cuando iban juntos a enseñar Terapia Gestalt en Costa de Marfil, y todo porque Robine quería ver los puentes de lianas en la sabana lejana.

Un momento muy doloroso fue la ruptura en el seno de la Sociedad Francesa de Gestalt. En ese tiempo su proyecto personal consistía simplemente en retirarse de la situación de bloqueo como él percibía la de la SFG de entonces. Consideraba insoportables los juegos de poder que se imponían, y la relación de fuerzas basada en la rivalidad y competencia (Entrevista, 2008).

> El enfoque dialéctico implica el conflicto de las diferencias y no busca la integración a cualquier precio, menos aún la integración temprana. (Robine, 2005, p. 2)

Cuando Jean-Marie se disponía a partir, otros vivían lo mismo y se disponían también a retirarse. Entonces prefirió ser solidario con la dinámica del grupo que surgió en ese momento y colaborar para poner en marcha una institución que funcionara sobre bases más sanas y cooperativas: el Colegio.

Tocó entonces, hacer el duelo por la revista de la que se había encargado desde su origen, lo cual también fue doloroso pues de hecho no le había sido fácil que la SFG aceptara crearla aunque para él fue su primer objetivo al ser presidente de la SFG. Todo resultó mejor cuando se pudo crear otra revista, *Les Cahiers*, que permitió superar lo realizado en la revista Gestalt.

> Hoy encuentro la situación francesa y la división de las "dos Terapias Gestalt" mucho más sano, mucho más agradable de vivir, incluso siendo para mí difícil que ciertas personas a las que quiero y que estimo estén en el "otro bando". Pero las "lealtades", al menos las lealtades escogidas y conscientes, constituyen un valor importante para mí, y por tanto acepto la situación: me permite trabajar con colegas con los que se puede compartir fundamentos éticos, y eso es lo esencial. Si una violencia así, y una competencia por el poder como aquella se llegaran a desarrollar un día en el seno del Colegio, no esperaría tanto tiempo para irme con la música a otra parte […] (Entrevista, 2008)

Cuando Robine menciona los mayores éxitos en su vida evoca algunas relaciones y aspectos que son importantes en su cotidianeidad. Por ejemplo, el hecho de haber comprado una casa que estaba hecha una ruina, y que ha transformado en su mayor parte haciendo él mismo las obras. Ahora es un lugar de gran belleza con una hermosa vista. De hecho, lo que a él le interesaba comprar era justo ¡la vista! Para nuestro teórico, esa casa es muy bonita y le gusta tanto que la considera un gran éxito, además porque le da la posibilidad de acoger gente para estar algunos días con él y Briggitte (Entrevista 5).

En el ámbito profesional sabe que ha hecho cosas importantes, como los saberes que ha transmitido. Hay mucha gente que considera que Robine es el continuador de las obras de Goodman, en el sentido de continuar donde Goodman dejó su trabajo. Con cierta modestia no se asume de lleno como tal, aunque sabe bien que intenta hacer que la Terapia Gestalt pueda progresar. Otro aspecto que le enorgullece es todo el trabajo de publicación que realiza, porque cuando empezó las publicaciones en francés de Terapia Gestalt, había tal vez sólo dos o tres libros. A propósito ha creado dos diarios y dos revistas y ha publicado más o menos 25 libros. No todos son suyos, pero sí los ha traducido y ha animado a diferentes personas a escribir. Con una satisfacción que contagia, Robine cuenta que ha publicado cerca de 40 mil páginas sobre Terapia Gestalt y eso significa mucho trabajo de traducción, coedición, corrección, revisión de cada parte y hacerlo todo en el ordenador. Para mantener una revista así, no sólo le pide a las personas que escriban, sino que revisa lo escrito.

> […] Yo lo he hecho todo sobre mi computadora, las imágenes, la forma definitiva […] y me gusta […] es mi creación y para mí es quizás una de las más importantes contribuciones que he hecho por la comunidad. (Entrevista 5)

Además, añade:

> Creo que he contribuido a transmitir la comprensión de la teoría del self. Es una de las principales contribuciones que podría decir que he ofrecido a la Terapia Gestalt. En muchos países donde he enseñado, donde he formado, muchas personas no tenían la obra fundadora como referencia, desconocían el libro de Perls, Hefferline y Goodman. Era un poco extraño, algo que no se utilizaba en la práctica. Durante unos 30 años he impartido la formación en unos

veinte países para utilizarlo de manera práctica, de manera clínica. (Entrevista 4)

Robine sabe bien que el mundo de la Gestalt no está en absoluto unificado. Él mismo confiesa que hay muchos países en los que no tiene idea de dónde están. Sin embargo, considera que referirse al PHG es cada vez más importante, y que la referencia a la perspectiva de campo está tal vez más enraizada y valorada como importante. Su percepción —demasiado optimista, según yo— es que la perspectiva individualista e intrapsíquica está retrocediendo un poco, aunque no le queda claro si esto sucede en todo el mundo de la Terapia Gestalt o sólo en la parte del mundo de la Terapia Gestalt que él conoce y frecuenta (Entrevista 4). Lo cierto es que las personas que trabajan desde la perspectiva de Claudio Naranjo no lo invitan a colaborar con ellos (Entrevista 4).

En la entrevista que sostuvimos le cuestioné sobre las contradicciones que tiene el PHG y la dificultad que esto implica al hacer ciertas afirmaciones desde la perspectiva o preferencia de cada psicoterapeuta o estudiante. Su respuesta fue que muchos de los teóricos actuales que trabajan desde la perspectiva de campo han subrayado algunas contradicciones en el PHG que no le parecen graves.

> Yo también tengo mis propias contradicciones. Creo que en la búsqueda de la coherencia estamos siempre en proceso de alcanzarla. A veces digo cosas y al cabo de algún tiempo encuentro que no es totalmente coherente con algunos otros aspectos de los que hablo. Si fuera cien por ciento coherente estaría completamente inmovilizado. Se convertiría en una Gestalt fija. También es importante poder establecer una suerte de diálogo con el texto, y no recitarlo como la biblia, como un documento que contiene la verdad absoluta. (Entrevista 4)

A sus 68 años de edad, Robine está jubilado. Esto quiere decir que dejó de asumir la responsabilidad de llevar el Instituto Francés. Sigue trabajando como formador, especialmente en el extranjero, en los países de Europa del Este pero también en otras partes de Europa y, de vez en cuando, en América Latina. Vive en una zona rural con Briggitte y dedica mucho tiempo a ocuparse de su huerto, de su campo. Y también a escribir, a trabajar en casa y preparar sus seminarios (Entrevista 4).

Cada día se levanta, a las 6 o 7 de la mañana; la ventaja de estar en casa es que no necesita un despertador. En tiempo de frío cuando es temprano y está en su casa se ocupa de leer el correo, los textos. Después, trabaja en su huerto y por las tardes descansa, lee o escribe. La mitad de la semana se ocupa de cocinar porque Briggitte trabaja todo el día fuera y cuando regresa, a las 8 o 9 de la noche, todo está listo y pasan la velada juntos (Entrevista 4). Y, aunque no le gusta mucho viajar, lo considera importante para continuar contribuyendo a la enseñanza internacional ya que está convencido de la relevancia del "fondo común" para el desarrollo de la Terapia Gestalt (Entrevista, 2008).

Actualmente, la experiencia de ser padre y abuelo es diferente. Su hijo mayor tiene cuarenta y cuatro años, el segundo es un poco menor y la más pequeña tiene treinta y ocho. Hoy, como adultos, sobre todo con dos, la relación de nuevo es muy íntima y fuerte (Entrevista 5).

En *Contacto y Relación* Jean-Marie escribía que la terapia Gestalt es prototipo de la psicoterapia del mañana (Robine, 2005, p. 17). Sin embargo, a lo largo de su camino, sobre todo en los últimos años, ha tenido cambios significativos:

> Hace mucho tiempo que he pensado y enseñado que lo esencial de la psicoterapia residía en la construcción del sentido [...] actualmente tengo una visión diferente más amplia y estrecha a la vez [...] Es el concepto de experiencia —experiencia vivida en la situación actual— lo que considero crucial. (Robine, 2012, p. 268)

Y quizá, después de este placentero intento de acercamiento a la teoría elaborada por Jean-Marie Robine, queda la pregunta de ¿cuáles son los elementos de la postura actual de nuestro teórico? Al final de su última publicación, *El cambio social empieza entre dos,* él mismo nos los comparte: *1. Apertura a la experiencia del otro, a lo desconocido, a la diferencia, al contacto; 2. El no juicio,* que permite evitar colocar al cliente en la vergüenza; *3. En una perspectiva de campo,* pues es muy importante que el terapeuta, en tanto que entorno actual de su cliente, pueda citar la manera en la que es afectado por

JEAN-MARIE ROBINE ≼ 191

la presencia o los procesos implementados por su cliente; *4. La revelación* del terapeuta, que constituye un material que permite abordar las vivencias, la intencionalidad emergente del cliente en situación; *5. La ternura,* que establece un zócalo de acogida afectiva a la expresión de los afectos, incluyendo la agresividad y el odio que puede ser necesario explorar y expresar tanto en la transferencia como en la relación actual; *6. Acceso al ahora,* que implica el centramiento que le permite al terapeuta gestáltico mantener su atención en el proceso, en el contacto y sus variaciones; *7.* En el centro de su postura existe una *fe* como la describe Goodman; *8. Lograr una ética de Eros,* ser humano y aprender a estar con la belleza de lo que se es y no con lo que podría o habría podido ser (en palabras de John Riker, "Eros ama al mundo y venera su belleza. Quiere unirse o fundirse con la belleza de sus objetos, no consumirlos"); *9.* Jean-Marie cree en una *Terapia Gestalt como filosofía aplicada* y también como una *ética* (Robine, 2012, pp. 270-273).

> He aquí unas líneas de fuerza fundamentales de mi evolución personal y profesional de los últimos años. He querido esbozarlas porque las figuras que voy a desarrollar ahora tienen un fondo, un fondo tanto teórico como personal, y si hacer teoría no es otra cosa que tratar de dar sentido a su experiencia y quizás, hacerlas entrar en el orden de la generalización. Los desarrollos que quiero compartir con ustedes hablan sobre todo de mí, y deben ser objeto de un examen atento de su parte antes de pretender alguna forma de generalización. Pero si algo de ello puede entrar en resonancia con su experiencia y ayudarles a poner en forma la suya, no habré perdido el tiempo. (Robine, 2005, p. 256)

En la mía, sí.

5. RUELLA FRANK

CADA MOVIMIENTO ES UN FRACTAL DE LA EXPERIENCIA

Un aprendizaje muy elemental

Conocí a Ruella Frank cuando inicié el entrenamiento en Psicología del Desarrollo Somático, en noviembre de 2011. Antes había escuchado a compañeras y maestros del IHPG hablar de cuán impactante resultaba su trabajo con el movimiento corporal. Fue justo eso lo que me decidió a realizar el curso de cinco semanas durante dos años.

Cuando llegué al primer módulo tenía un poco de temor de encontrarme con temas y ejercicios de terapia corporal tradicional, que me habían resultado incómodos y hasta desagradables en algún momento. Sin embargo, en lo que le veía hacer a Ruella y sobre todo en la forma como explicaba la teoría, me surgía una expresión: "Esto también es Gestalt".

A medida que transcurrieron las diferentes sesiones de cinco días, fue significativo para mí lo que iba conociendo de mi cuerpo y de mis movimientos; poco a poco me percaté de que ponía atención en los movimientos, sobre todo en los micromovimientos, pero también en los macromovimientos de mis clientes, de una manera que no lo había hecho antes. Muy pocas veces trabajé en las sesiones como he visto a Ruella hacerlo en repetidas ocasiones.

Pero lo que ha permanecido es la atención a los movimientos de quien está frente a mí y a los míos. En mi práctica como psicoterapeuta no me enfoco conscientemente a observar ni trabajar los movimientos de mis pacientes; sin embargo, de una forma "desatendida y natural", percibo los movimientos como no lo hacía antes del curso con Ruella. Estoy convencida de que, de algún modo, sin poder explicar cómo, esta percepción afecta la terapia.

A partir de esa experiencia pensé en lo valioso que sería considerar la entrevista a Ruella Frank para esta investigación. Le envié un resumen de mi proyecto y ella accedió a participar con una disponibilidad que me satisfizo y me extrañó un poco, debido a que su presencia me resulta imponente y pone en juego una parte de mi inseguridad.

Y algo más: estoy absolutamente segura de lo muy alejada que me encuentro en mis habilidades para trabajar de una forma asertiva los micro y macro movimientos de mis pacientes, más allá de unos muy breves minutos. Por otra parte, en esta forma de trabajo he sentido que falta la perspectiva de campo, pues con frecuencia lo que veo es que se trabaja con lo que al cliente le pasa o hace. Desde mi experiencia y mis limitados conocimientos, me atrevo a suponer que la propuesta de Ruella sería mucho más rica y enriquecedora llevada a la práctica desde una perspectiva de campo.

Al llegar el momento de elaborar este capítulo tengo en mano una entrevista, mis apuntes sobre el curso y dos libros de Ruella. Si bien parece suficiente material, no me siento con la capacidad de hacer una adecuada selección de su teoría, ni mucho menos de relacionarla con su experiencia de vida. Además, deseo, sobre todo, mantener un total y absoluto respeto a las personas elegidas en mi investigación, a su experiencia de vida y a su elaboración teórica. Por ese motivo, tomo como únicos materiales para este breve —y para mí, significativo— capítulo, la entrevista realizada a Ruella Frank y algunas alusiones hechas por ella en distintos momentos del curso, en lo referente a los conceptos que he tomado como centrales en este trabajo. He aquí el resultado.

ALGUNOS HECHOS DE SU VIDA

Cuando le pregunté a Ruella sobre algunos momentos significativos de su historia, sus dos respuestas se relacionaban con el movimiento: una madre que no podía moverse y una joven mujer que no se movería, al menos como lo quería: bailando.

> Crecí con una madre que estuvo enferma casi toda su vida con esclerosis múltiple, estaba en una silla de ruedas cuando tenía 18 años […] Cuando me operaron la espalda para que pudiera seguir bailando yo sólo tenía 22 años. Cambió mi vida porque no pude seguir con la danza, estudié y estudié e hice representaciones e hice coreografías profesionales, pero no pude. No sé por qué pensé que con la operación podría bailar […] (Era) un problema de nacimiento porque faltaba un pedazo de hueso. Se llama karma, karma interesante porque estoy aquí, porque mi karma fue eso. (Entrevista 6)

Ruella habla también del impacto significativo de su madre en su vida:

> Tengo una foto de ella que me mandó cuando estaba en la universidad; decía: "Para mi hija más…" —no compasiva, pero era algo similar—; no es que era la más en la familia, aunque lo era, significaba que era tan compasiva, tan cariñosa, tan cuidadora. Eso lo aprendí con ella y también (de) la fragilidad en la vida porque nunca sabes cuándo vas a morir, si vas a morir. Fue un hermoso modelo para mí. (Entrevista 6).

LAURA, SU MAESTRA

Con una clara recuperación de su experiencia Ruella expresa: "Creo que mi vida me ha convertido en una terapeuta Gestalt", y es posible añadir que justo esta forma de terapeuta Gestalt pues, su espalda, después de la operación, quedó peor que antes. Eso la llevó a estudiar todas las distintas formas de movimiento (Entrevista 6).

> Mi terapeuta fue un terapeuta Gestalt, estaba en un grupo y uno de los otros clientes no podía sentir sus pies […] mi terapeuta sabía que yo era bailarina y que enseñaba movimientos y yo le ayudé a la otra persona a encontrar sus pies. Le ayudé a sentir su empuje sin saber qué era lo que estaba haciendo. Entonces mi terapeuta

empezó a enviarme gente e inicié una práctica nueva en algo que llamo terapia de movimiento y empecé a estudiar, estudiar, estudiar porque siempre estaba un paso adelante de mis clientes. Entonces me enviaron a enseñarle a un grupo de terapeutas Gestalt algo que hice en un taller como este y luego cuando vi a las personas haciendo prácticas de vida pensé "¡Ah, yo podría hacer eso!". Acababa de hacer mi maestría en educación de movimiento, después fui a estudiar a un Centro Gestalt. El año anterior vi a Laura Perls en una conferencia Gestalt, donde estaba enseñando movimientos ¡estos movimientos! Estos movimientos fundamentales los aprendí de Laura Perls con otra forma. (Entrevista 6)

La vi (a Laura) buscando enseñarle a alguien a intentar encontrar el piso y en ese momento (yo) ya sabía que se trataba de empujar, pero ella no tenía el lenguaje [...] y pensé '¿No sería maravilloso volverme terapeuta Gestalt? Y traer a la terapia Gestalt algo de esta terapia del movimiento'. No me interesa la bioenergética u otras terapias u otras formas de trabajar con el cuerpo en terapia. Porque creo que tengo otra manera de trabajar con el cuerpo que es más sutil y por eso quería estudiar Gestalt. (Entrevista 6)

De acuerdo con Ruella, fue Laura quien le enseñó de los apoyos para el contacto. El apoyo principal es el movimiento coordinado y la respiración (Apuntes personales 11, noviembre de 2009). Además, frecuentemente recuerda las palabras de Laura Perls: "Tanto apoyo como sea necesario, tan poco como sea posible" (Apuntes personales 11, noviembre de 2009).

TERAPEUTA GESTALT

Podemos acercarnos a la práctica de Ruella como terapeuta recuperando lo que dice al respecto. Por una parte, considera que, como terapeutas Gestalt, si nos quedamos en la superficie, con lo que está pasando entre nosotros (terapeuta-paciente), si nos quedamos con este *aquí y ahora*, vamos entrando en la profundidad de lo obvio (Apuntes personales 11, noviembre de 2011).

Como experta en movimiento valida el conocimiento sobre el desarrollo somático del terapeuta, no para que, mirando a su cliente adulto piense:

"Esto le pasó a los tres meses", sino porque, al conocer lo que ocurre en este tiempo, sabe algo de lo que hace en relación con él (Apuntes personales 11, noviembre de 2009). "Yo soy una entidad con fronteras. Me siento cuando te toco y cuando tú me tocas a mí. Mis oídos tocan el sonido. Cuando yo hago un sonido y tienes una reacción siento que te toco" (Apuntes personales 11, mayo de 2010).

El terapeuta, atento a los micro y macro movimientos de su cliente, sabe que cuando este baja los ojos, está regulando su excitación ante la mirada curiosa de quien está enfrente (Apuntes personales 11, noviembre de 2009). Y, al trabajar con los movimientos, el objetivo no es que haga algo diferente, sino que conozca lo que hace. Por otra parte, cuando un terapeuta da mucho apoyo, tendría que verificar qué apoyo está necesitando. Es importante que cada terapeuta conozca cómo se utiliza a sí mismo, cómo se ajusta, pues la terapia siempre implica coordinación entre terapeuta y paciente, en la que se da simultáneamente la interrregulación y la autorregulación. En cada contacto existe restricción y libertad. Al fin y al cabo, todo se organiza en la situación (Apuntes personales 11, mayo de 2011) y en cada movimiento reconocemos un fractal de la experiencia (Apuntes personales 11, mayo de 2010).

Podemos reconocer en la terapia los movimientos fundamentales que Ruella menciona en sus cursos, por ejemplo, ceder y empujar como parte de una experiencia conjunta, o alcanzar como una invitación (Apuntes personales 11, noviembre de 2009).

Un aspecto muy importante en la Terapia Gestalt es lo corporal. La terapia es un cuerpo vivido que resuena con otro cuerpo vivido; mi saber, entonces, cambia a un conocer corporalizado. Y es justamente por la resonancia kinésica que sentimos al otro, de ahí que la resonancia kinestésica es la intersubjetividad (Apuntes personales 11, mayo y noviembre de 2011). Por tanto, los gestos en terapia dicen más y expanden el contenido de lo pronunciado (Apuntes personales 11, mayo de 2010).

Todos tenemos un repertorio particular de movimiento —nos decía Ruella en el curso—, y en la terapia tratamos de encontrar el repertorio básico del cliente: dónde cede, empuja, alcanza, suelta y cómo eso le está ayudando en ese momento (Apuntes personales 11, noviembre de 2009).

Por las palabras de Ruella podemos reconocer que el trabajo con el movimiento en la práctica psicoterapéutica le ha resultado nutricia:

> Estar todos los días con mi yo, mi self más auténtico. Ser capaz de encontrarme con alguien y apreciar su perspectiva tanto como la mía es algo que aprendí como terapeuta. Hacer muchos menos juicios *éticos*. La compasión —incluso antes de ser terapeuta Gestalt—, el concepto de compasión siempre ha sido crucial para mí. He tenido una manera de experimentarlo y de vivir con más compasión, aunque creo que me falta mucho por recorrer. Soy un bebé en el mundo de entender la compasión. (Entrevista 6).

TEORIZANDO DESDE LA EXPERIENCIA

No existe lo físico sin lo psicológico – afirma Ruella- porque somos personas en relación. El cuerpo tiene una memoria en relación, por lo que la memoria está en el campo y este lo experimentamos en el cuerpo (Apuntes personales 11, noviembre de 2009); está aquí y ahora, creada en el ahora (Apuntes personales 11, mayo de 2010). Los movimientos fundamentales implican la relación:

Ceder	-	con
Empujar	-	contra
Alcanzar	-	hacia otro
Agarrarse	-	de
Jalar	-	hacia uno mismo
Soltarse	-	de

Para R. Frank, la función "ello" es una experiencia, una "resonancia kinética", es interacción, ya que nuestro cuerpo vivido siempre está en relación con el medio ambiente (Apuntes personales 11, noviembre de 2010). Ruella se apoya en la Teoría de los Sistemas Dinámicos para explicar el trabajo con el movimiento. Esa teoría tiene seis principios básicos:

1. Autorregulación
2. Desarrollo Indeterminado

3. Las pequeñas perturbaciones organizan cambios

4. Todos los aspectos de la situación están en interacción

5. La organización tiene periodos de estabilidad y flexibilidad

6. Limitación y libertad

> Mi interés en la teoría de sistemas dinámicos (es porque) puedo entenderla mejor que la teoría de campo. Sin embargo, me gusta cómo Jean-Marie trae el "ello de la situación" cuando estamos hablando del fenómeno que está surgiendo aquí y ahora. El campo es todo lo que está presente, pero la situación es lo que construimos juntos. Y entonces me encuentro en la teoría de sistemas dinámicos que habla de la situación que creamos juntos. No estoy haciendo de lado la teoría de campo, sino que yo entiendo mejor la de los sistemas dinámicos. En mi opinión, en la teoría de campo hay algo que es muy importante para la Gestalt, pero alguien tiene que ayudarme (para comprender mejor). (Entrevista 6)

También R. Frank expresa la importancia de la relación entre teoría y práctica, pues, según ella, la teoría sin práctica está vacía, y la práctica sin teoría es ciega (Apuntes personales 11, noviembre de 2010). En su experiencia, enseñar ayuda a darle forma a la teoría cuando se hace en diálogo continuo con el grupo, que no es lo mismo enseñar teniendo todas las respuestas. Y en esta elaboración continua sabe que se encuentra en un sitio muy afortunado porque tiene la oportunidad de enseñar con personas que verdaderamente admira, como Alan y Jean-Marie Robine (Entrevista 6).

> La Gestalt es una terapia tan maravillosa. Hay tantas maneras de ampliarla y apropiárnosla y esta es mi manera. Así que el mejor cumplido que pueden darme es decir que soy terapeuta Gestalt. (En una ocasión) estaba enseñando en Italia y llegó todo un grupo que estudió con Claudio Naranjo; fueron muy malos conmigo, lo que está bien. De hecho, Miriam estaba allí. Eran 65 personas y alguien dijo: "Creí que iba a ver el trabajo de Ruella Frank, pero este es el trabajo en Gestalt". Pensaban que era un insulto y a mí me pareció un cumplido. (Entrevista 6).

UNA ESPIRITUALIDAD PROPIA

Personalmente me emociona la manera en que Ruella describe una espiritualidad que yo percibo como concreta y encarnada, y no encuentro otra vía para presentarla que abusar de la extensión en la cita:

> Quizá nuestros conceptos de Dios son muy distintos. Pero sí creo en un tejido espiritual del Universo. Para mí, el trabajo que hago con la enseñanza —cuando realmente siento que estoy con alguien y tengo el don de ayudarles a descubrir algo sobre sí mismos—, es una experiencia muy espiritual, porque estoy tocando algo más grande que yo. Realmente sentir lo que surge entre nosotros, lo que emerge en este momento, no lo que sea sino en momentos particulares. Uno siente esa conexión con algo que es más que nosotros mismos.
>
> Sí, voy a ir al Gran Cañón el mes entrante y creo que voy a hablar con Dios. Eso es algo que realmente necesito. Una de las razones por las que quiero ir al Gran Cañón es porque tengo que digerir lo que ha pasado en mí en los últimos meses. No he logrado integrarlo porque he tenido mucho trabajo. Y te voy a decir que terminar este libro fue para mí muy difícil porque siempre es un desafío escribir con alguien que tiene un método distinto. Y cuando alguien dice "Me gusta tu libro", no tengo un sentimiento al respecto porque estoy pensando más bien en el proceso (así que) tengo que pensar más acerca de lo que sucedió en el proceso.
>
> En julio tengo que enseñar en una conferencia en Esalen y en este lugar ahí también voy a poder integrar mucho de lo que ha sucedido. Soy responsable de la conferencia, pero voy a tener momentos con el océano y en el mar.
>
> Hay muchos momentos significativos pequeños: Jean-Marie fue a mi entrenamiento en Nueva York y al final hubo un momento de mucho corazón, que fue muy sentido para nosotros. Creo que eso generó un cierto cambio que aún no conozco.

Creo que esa base espiritual de sentir que tenemos un propósito más grande que a veces conocemos y a veces no, es para mí casi siempre algo no verbal. Los momentos en que siento el tejido del universo como una especie de bondad que no puedo explicar, lo siento mientras enseño o hago terapia, pero también en momentos externos. Cuando termino cada taller, todos nos damos las manos y respiramos, aunque sea sólo tres segundos; para mí es una (forma de) gratitud al poder estar con otros de esta manera, es un honor. (Entrevista 6).

Su aporte a la Gestalt

Como gestaltista, sabe que su aporte teórico-práctico es muy específico y ofrece su habilidad con generosidad y sencillez, sin otras pretensiones que la utilidad que otras personas quieran darle.

Estoy intentando ampliar la teoría Gestalt desde un punto de vista del desarrollo, es algo sobre lo que pienso mucho […] Amo por completo enseñar porque aprendo mucho de todos. Y amo la estimulación y compartir ideas. Y amo la idea de que la gente se interese en mis ideas. Cuando enseño pienso que tengo algo más que estudiar, algo más que hacer.

[Mi aporte particular a la Gestalt] creo que tiene que ver con el desarrollo. No tenemos una teoría del desarrollo, es mi habilidad. Si tuviéramos una teoría del desarrollo tendría que ser fenomenológica, tendría que ser centrada en la persona. Tenemos que saber cómo el entonces está en el aquí de este momento y tiene que ser relacional. Mi contribución es lo que tiene que ver con el desarrollo fenomenológico, pero también, el ver las secuencias de contacto menos abstractas y más fenomenológicas.

No sé si esta teoría del desarrollo se incorpore a la teoría Gestalt […] hay que ver qué tanto interés tienen en este trabajo y qué deducen de ello. Laura Perls una vez dijo: "La Terapia Gestalt son los terapeutas Gestalt". No sé cómo va a usar esto otra gente

[...] hay otras personas como Robine que estamos ofreciendo acercamientos distintos, no sólo va a haber uno. Espero ofrecer algo para que la gente reflexione y para que lo incorpore en su trabajo; veamos qué pasa. [...] Sólo quiero que para mí esta pieza sea lo más clara posible con ayuda de Jacobs, Jean-Marie [...]. (Entrevista 6)

CAMBIO SOCIAL

Un aspecto que me interesa mucho explorar en las personas entrevistadas para esta investigación se relaciona con la dimensión social de la Terapia Gestalt. Al respecto, Ruella Frank comentó:

La terapia intrapsíquica no cambia el mundo, el trabajo relacional sí, aunque a (Robine) no le gusta esta palabra [...] La situación, cómo co-creeamos esa situación y saber cuál es nuestra parte, es la manera como resonamos cinéticamente. Para mí eso genera más el cambio social.

Si tú estás ahí sentada todo el tiempo (ante personas con un gran sufrimiento) y ves la totalidad de su experiencia, dónde están parados, dónde tienen que morir y saber dónde están y respiras con ellos, les estás prestando tu presencia completa. Influyes en esa situación, no tienes que hacer que jalen o empujen, etcétera. No se trata de hacer que alguien haga algo. En estos casos se trata de sentir todo tu ser porque estás ofreciendo tu cuerpo, tu ego corporal. Te estás prestando a ti misma en ese momento, lo que crea una emergencia segura para que puedan empezar a sentirse a sí mismos. No tienes que trabajar mucho [...] tienes que encontrarte a ti misma como tu propio apoyo [...] y encontrarás así la manera de acompañar [...] (Entrevista 6)

ALGUNAS REFLEXIONES FINALES (POR AHORA)

Al término de este trabajo considero importante incluir una palabra sobre la aplicación o, mejor aún, implicación, de los conceptos básicos en la investigación.

En cada uno de los contactos, a través de los talleres impartidos por quienes después entrevisté, sé que una pregunta recurrente, no explícita pero sí presente en alguna parte de mi consciencia, era "¿Qué habrá vivido que le llevó a decir o actuar de esta manera?" Y a la vez experimentaba la forma como a mí me afectaba lo que cada una de estas personas decía o hacía en el curso, justo a partir de mi propia experiencia. Este fue el motivo por el que elegí a estos cuatro teóricos de la Gestalt: "El contacto es la experiencia, el funcionamiento de la frontera entre el organismo y el entorno" (Robine, 2005, p. 36).

Una experiencia muy semejante implicaba el contacto con cada texto de su autoría, leídos y estudiados simultáneamente algunos antes de cada entrevista y otros, después. No obstante, en este caso aproveché recurrentemente la oportunidad de detenerme y *alentar* cada momento en que sentía deseos de detenerme a profundizar en sus palabras y en lo que, a partir de su experiencia como personas, psicoterapeutas y teóricos, habían plasmado y quizás a percibir entre líneas algún atisbo de esa experiencia. El texto en turno resultó en cada ocasión el pretexto para experimentarme en contacto profundo con quien lo escribió. La posible complejidad de lo que leía —mencionada por algunos colegas— quedó entonces de lado. En ese momento tenía un contacto personal a mi propio ritmo que posibilitaba la hondura de la experiencia. Contacto con la persona responsable de esas líneas, párrafos, páginas. Un contacto del que el autor no era consciente y yo sí. "El contacto puede ser no sólo con una persona, también con los objetos, el entorno [...] por tanto, no hay reciprocidad en el contacto" (Apuntes personales 9).

Cada entrevista fue semejante en las preguntas de que partía, en la atención a las respuestas de la persona que entrevistaba y a aquellos temas que tocaba y que tenían un cierto énfasis o resonancia importante para mí y sobre los que buscaba abundar más, a veces con la condescendencia de quien tenía enfrente, aunque no siempre. Experimentaba una tensión constante entre curiosidad, deseo y respeto. Mi vivencia previa con cada uno de los teóricos que entrevisté y la forma de comunicación sostenida, así como la peculiar forma como me impactaba cada presencia, hicieron que cada situación fuera diferente. "La frontera-contacto es, por decirlo así, el órgano de la toma de consciencia de la situación nueva..." (PHG, III, 4).

Con Jean-Marie Delacroix, sólo precedió a la entrevista mi presencia en uno de sus talleres, no existía ningún otro tipo de contacto previo. Considero que prácticamente concedió de manera inmediata una entrevista a una desconocida que la ocuparía para el trabajo de investigación de una maestría recién iniciada. "En Terapia Gestalt la palabra experiencia incluye lo que pasa para mí en el momento. Este es un sentido fenomenológico de la experiencia" (Apuntes personales 2).

Con Carmen Vázquez, con quien había tenido tres sesiones de terapia durante sus cursos, mantenía una comunicación cariñosa y ella recibía amorosamente mis confidencias comentándome sobre sus andanzas. Me concedió la entrevista con absoluta disponibilidad en un tiempo en que mi proyecto de investigación era fuertemente cuestionado. Durante todo el tiempo que duró la misma, su sonrisa y su mirada cariñosa me sirvieron de apoyo para sentirme completamente relajada y escuchar sus respuestas espontáneas, profundas y sinceras; me dejó con una sensación de validación y satisfacción por lo que estaba realizando. Tan llena estaba de esta vivencia que curiosamente no fue sino hasta transcribir la entrevista que me di cuenta de la profundidad que alcanzamos. "[...] cuando dos personas conversan o se relacionan con otra de alguna forma, algo pasa a formar parte de la experiencia que no es producto exclusivo de ninguna de ellas. Lo que ocurre entre ellos es una función de ambos juntos. Es una realidad co-creada" (Parlett, 1991).

Mi apreciación del momento de la entrevista a Ruella es que ella se la concedió a una de sus alumnas después de dos años de curso en los que había conocido mis muchas carencias y debilidades y algunas herramientas. Verdaderamente trataba de estar serena y formal mientras notaba lo que me parecía una intención de apertura y calidez para conmigo. Aun así, recuer-do mi nerviosismo intentando hacer la pregunta adecuada de la manera adecuada, con el consecuente fallo y, en dos ocasiones, escuchar "No estoy entendiendo tu pregunta". Lo que el otro "experimenta es suyo y lo que tú experimentas es tuyo" (PHG, 2006, p. 347).

Más tarde, si bien estaba decidida a conseguir la entrevista con Robine, fue realmente fácil a partir del apoyo recibido de mi asesora de tesis, quien estableció el primer contacto con él para informarle de mi trabajo, por lo cual estoy también profundamente agradecida. Nos encontramos en dos momentos; en el primero me sentía invadida por la emoción (mezcla de admiración, gratitud y deseos de abarcar al máximo sus saberes) de estar ante alguien especialmente significativo para mí como gestaltista. Dos veces participé en sus talleres y para el momento de la entrevista había degustado varios de sus artículos y libros. Después de las entrevistas me quedé con la sensación de haber sido bastante abrumadora con mis expresiones de afecto, admiración, reconocimiento y gratitud, que notaba no le eran cómodos pero toleraba y recibía con tranquilidad y condescendencia. Después de nuestros encuentros en Valencia, de la comunicación a la distancia, de su cercanía y atento cuidado, fui sintiendo que Robine *abrió una puerta para mí* de contacto con él. "La Terapia Gestalt postula el origen de la experiencia en el dominio de los sentidos: sentimientos, sensaciones, percepciones. Aquí, lo que se vuelve fundamental, es la intencionalidad que va a estar en el origen de estas formas efímeras de la experiencia" (Robine, 2008).

Fue importante mirarles, recibir su atención, sus silencios, los momentos en que la emoción les salía por el rostro, el cuerpo y las palabras. Así he podi-do constatar que en cada encuentro el campo experiencial diferenciado nos conecta y es condición de posibilidad para la situación co-creeada como el estar frente a frente con cada uno de mis entrevistados y, en algunos casos,[63] lo que implicó estar con un traductor también.

Un aspecto significativo es que en el Instituto Humanista de Psicoterapia Gestalt me reuní con tres de las personas elegidas para realizar las entrevistas

---

[63] En la entrevista con Ruella Frank y la primera entrevista con Jean-Marie Robine.

propuestas; para ello conté siempre con el importante apoyo de los directivos que, en ocasiones, me ofrecieron su propia oficina para realizar la entrevista. Esto provocó en mí una sensación de seguridad y soporte reveladoras. Diferente fue la entrevista realizada a Robine en Valencia, en una sala de su Instituto y en su oficina, donde la sensación fue de ser acogida, recibida.

> Me siento tentado a decir que el campo físico es el contexto, incluso sabiendo que esta no es la definición exacta; por ejemplo, aquí estoy en tu campo físico (tu despacho, etc.), pero lo que ocurre entre nosotros, exactamente ahora, es un campo experiencial, diferente para ti y para mí. (Robine, 2006, p. 150)

Entre las diferentes acepciones de campo me inclino más por la propuesta de Robine. Me parece que si consideramos un campo común nos referiremos más al campo físico o a la situación co-creeada. En este sentido, el campo físico no incluye el campo experiencial y el campo experiencial puede incluir o no el campo físico. Cierto que en la terapia principalmente, pero también en otros encuentros, los dos campos de las personas implicadas en algún momento se encuentran, incluso parecen sobreponerse hasta desdibujarse por instantes creando algo nuevo, impactante e incierto; implicando en las personas involucradas experiencias sin duda diferentes aunque en algún sentido parezcan semejantes.

Por tanto, si nos referimos a la psicoterapia Gestalt, podemos hablar de dos campos experienciales co-afectados en una situación terapéutica compartida, construida dinámicamente, temporal y cambiante; activa y simultáneamente interpersonal, intercorporal e intersubjetiva.

Más tarde, al transcribir cada entrevista, los énfasis percibidos en el audio evocaban gestos percibidos o sensaciones en mí durante cada encuentro. Y al tener la selección de textos de cada autor e irlos relacionando con sus experiencias compartidas y con lo que de cada gestaltista había experienciado en cada encuentro, no solamente en las entrevistas (sus talleres, la comunicación personal, comentarios en pasillos), me parecía percibir de cada persona aspectos presentes, aunque no nombrados, y que me sería imposible describir con exactitud.

Si elegimos trabajar con la disciplina Gestalt, encontramos las formas de pensar y de percibir que caracterizan el enfoque filtrándose a través de y en nuestras vidas y relaciones. Si vamos a actuar congruente y auténticamente como terapeutas, tenemos que reconocer que la forma como somos, el modo en el que vivimos, no puede estar separado, de ningún modo, de nuestro trabajo como terapeutas gestálticos profesionales. Cualquier cosa en nuestro campo fenomenológico se vuelve parte de la matriz desde la que nosotros co-creamos campos con los otros. (Parlett, 1991).

Considerando que la Gestalt tiene su base en la experiencia y esta es única en cada persona y situación, es obvio entonces que cada terapeuta Gestalt tendrá una manera propia de ser gestaltista pues lo es con base en su propia experiencia. Esta afirmación tiene sentido también en cuanto a la elaboración teórica. Los mismos conceptos han sido explicados de manera semejante pero no idéntica por los teóricos elegidos y es claro porque no existe una Gestalt supraterrestre que confirme sus formulaciones, sino que los conceptos de los que hablan resuenan en su experiencia vital desde la particularidad de cada una/o.

En varios casos (Delacroix, Robine, Carmen), el texto escrito por ellos en un tiempo y recuperado para una edición posterior tenía matices que, si bien mostraban el desarrollo de su pensamiento, evidenciaron también una reflexión reelaborada y actualizada con base en su experiencia. De hecho, reflexionar es ya un acto experiencial. Y es que cada afirmación, hipótesis o supuesto teórico será diferente a partir de quién la elabore o la formule y ante quién, cuándo y en qué contexto lo haga.

Cada teórico leyó lo que escribí. Se los di a leer temiendo que sintieran "manipulada" su historia y su teoría, pues sabía que acomodé los textos y las expresiones, coloqué los títulos de tal manera que los cambiaba cuando al escribir sentía que el anterior no reflejaba lo que contenía. Así que en ello va mi propia experiencia recogida, mi sentir y mi intuición, seguramente con una intencionalidad más confusa que consciente de fondo. "En el presente de la experiencia se convocan, pues, la historicidad del sujeto, su génesis personal e interactiva […] El aquí y ahora es una experiencia completa […]

que mira al organismo en su totalidad" (Robine, 1998). También desde el conjunto de su tiempo.

En octubre de 2009 realicé la primera entrevista y hasta diciembre de 2014, cuando termino este trabajo, han pasado cinco años. Con cierto temor me pregunto si aún será válida la información recibida desde entonces hasta hoy, incluyendo mi apreciación del momento en que la recibí. "Actualmente los científicos dicen que toda nuestra historia está inscrita en nosotros, en nuestro cuerpo, en nuestras células, en el ADN" (Delacroix, 2008 p. 104).

Sé muy bien que lo que escuché tuvo un sentido para mí en el momento en que me era compartida la experiencia, lo cual cambió al transcribir la entrevista, bien sea para prestar atención a algo que ya no recordaba o para acotar, ajustar, clarificar algún aspecto que permaneció como significativo en mi memoria sobre ese momento. También afectó el significado el texto transcrito, al relacionar la información recibida en la entrevista con la teoría y/o experiencia recibida en los libros, artículos y demás documentos que revisaba. De nuevo, mi apreciación fue enriquecida al leer el capítulo en turno al haberlo terminado. Y, más aún, después de meses y en ocasiones años, cuando al concluir esta investigación leí cada capítulo justo en el lugar en que lo coloqué, y enmarcado por lo que le precede y le sigue, vuelve a haber un sentido y una experiencia diferentes. "La historia y el futuro se depositan en el instante presente y la focalización del terapeuta —y no necesariamente del paciente— hacia el momento presente significa que no siempre hay que empeñarse en una indagación arqueológica" (Robine, 1998).

La experiencia no es "creada" de la nada, sino que surge de lo pasado y del futuro presente en esta situación. El texto es el mismo pero no es el mismo para mí, de igual forma que yo soy y no soy la misma que inició este trabajo. Ha habido una afectación continua con todos los implicados en mi tarea. De hecho, el primer título en que pensé era algo muy distinto y hace poco me preguntaba cómo llegué a esta formulación. Con sinceridad no sabría dar razón de eso. Lo que sé es que simultáneamente estuve en contacto con el documento que iba surgiendo en la computadora, con las personas entrevistadas, con los textos leídos y estudiados, y con mi experiencia presente continuamente actualizada. "[…] la posición fenomenológica exige la referencia paradigmática a la experiencia como sucesión de situaciones. Cada situación procede de una anterior" (Robine, 1998).

Me permito decir una obviedad más. Estoy convencida de que mi proceso experiencial descrito es muy diferente al de Delacroix, Vázquez, Frank y Robine.

Así como muy posiblemente el de cada uno de ellos fue diferente al de los demás durante la entrevista, al recibir la transcripción, al leer el capítulo completo, pudiera ser también que algunas de las cosas expresadas las dirían de otra manera (sobre sí mismos o sobre su teoría); quizá los hechos significativos compartidos serían los mismos o se enfocarían más en algo apenas expresado, o bien cambiarían algún aspecto por otro.

Recuerdo que tanto Ruella como Robine me dijeron que sentían mucha curiosidad de saber lo que haría con la entrevista que les realicé y sé que se referían al resultado final del capítulo. Por su parte, Carmen Vázquez identificó bien mi gran afecto por ella en la lectura final. Ahora la curiosidad es mía. Entre otras cosas, me pregunto cómo recibirán el conjunto de la investigación en la que su *vida y obra* es central. "La experiencia de contacto se vive en una temporalidad, en una duración [...] (Pinol Douriez) la experiencia es la historia del sujeto, conservada por él, representada gracias a diversos sistemas de intervención y disponible para nuevos compromisos" (Robine, 1998).

Esta investigación está limitada por una mirada parcial a partir de la perspectiva de campo. Como se ha expresado en diferentes momentos del presente trabajo, hay al menos otra modalidad de Gestalt basada en el trabajo intrapsíquico, la cual no está contemplada en la selección que realicé de teóricas y teóricos, ni en los conceptos priorizados. Por ende, no hay una referencia explícita a todos los conceptos de la Gestalt considerados por diferentes expresiones gestálticas como elementales. Sé bien que algunas ausencias pueden ser percibidas como imperdonables, aunque no desde mi experiencia e interés. He elegido campo, frontera-contacto, experiencia y temporalidad como conceptos centrales, lo cual no implica que otros no sean útiles o importantes; es sólo que para mí estos son los más significativos para abordar la teoría sobre la experiencia y para tomar en cuenta en los distintos momentos de la práctica psicoterapéutica. "Quizás más, el movimiento de la mujer y los derechos civiles han demostrado que el cambiar el lenguaje es un paso para cambiar la fenomenología compartida, es un acto político" (Parlett, 1997).

Por otra parte, para la aplicación en la práctica terapéutica, cada persona realiza su propia síntesis/selección teórica, con mayor o menor énfasis en algunos elementos; de ahí la importancia de la elaboración teórica.

UNA GESTALT PARA ASUMIR LA PARTE DE RESPONSABILIDAD QUE ME CORRESPONDE

Tomando en cuenta que la perspectiva intrapsíquica prioriza el análisis de la forma en que la experiencia se encuentra sedimentada en la persona, en cuanto a la organización de los afectos, de las acciones y demás, precisamos afirmar que la perspectiva individualista y la perspectiva de campo incluyen la perspectiva intrapsíquica.[64] Sin embargo, la perspectiva individualista da prioridad al individuo, casi como si estuviera aislado del entorno, pero en cualquier caso separado y distinto. Por eso, en este caso, lo que ocurre en la psique es esencial, pues organiza la información sobre el entorno. Por otra parte, en la perspectiva de campo lo que ocurre en la psique está en segundo lugar, es el resultado del contacto con el entorno.

En su artículo "Implicaciones sociales de la Terapia Gestalt", Robine escribió: "La perspectiva de campo, si es tomada como alternativa a la perspectiva intrapsíquica, puede generar una atenuación de la responsabilidad personal en provecho de la situación, del contexto" (Robine, 2010).

Uno de los aspectos importantes en la perspectiva individualista es la responsabilización del cliente y atenuar este aspecto evidenciaría una carencia significativa en la secuencia terapéutica. En la perspectiva de campo se trata de matizar la responsabilidad.

Hemos recuperado numerosas afirmaciones y explicaciones de cómo, desde el paradigma de campo, afectamos y somos afectados por el entorno propio. Además, cada momento o instante en que estoy teniendo la particularidad de "esta" experiencia, esta acontece justo de tal manera gracias al momento anterior y al que sigue. Por tanto, la densidad de mi temporalidad afecta y da forma a la peculiaridad de cada instante experienciado en contacto con lo otro; de ahí que mi historicidad esté implicada en la manera como afectó al entorno. Cierto, hay situaciones vividas de las que no soy

---

[64] Robine, J. M. Comunicación personal, **17** de marzo de **2015**.

responsable, pero de lo que hago con ellas cuando se hacen presentes en una situación concreta, sí, esa es mi parte de responsabilidad.

La diferencia con el trabajo individualista es que ahí toda la responsabilidad se ubica en el cliente. Aún recuerdo las palabras de una colega: "Ahora sé que si mi paciente se encuentra mal conmigo es su problema y no tengo nada que ver en eso". Lo contrario y absurdo sería decir: "Si mi paciente se encuentra mal conmigo es mi responsabilidad y no la suya"; en consecuencia, igualmente desatinado sería afirmar que las incomodidades y malestares de quien llega a terapia son causados exclusivamente por lo que le rodea.

Desde la perspectiva de campo toca que cada persona asuma, solamente, únicamente y totalmente la parte que le toca, la cual no siempre se delimita con claridad en su relación con el entorno, más aún cuando ese entorno es su terapeuta o paciente, según el caso. Pero al menos requiere hacerme consciente de que en eso que sucede, sea cual sea la forma que tiene, hay una parte de responsabilidad que me corresponde.

PSICOTERAPIA CENTRADA EN LA EXPERIENCIA

La Gestalt es una psicoterapia de la experiencia, lo que, si bien se refiere a centrarse en la experiencia de las personas involucradas en la situación terapéutica (psicoterapeuta y paciente), implica también:

- La parte verbal de la formulación de esa experiencia. Es decir, la manera como la nombramos o explicamos, con sus variaciones y énfasis emanados de la situación en turno. Así, lo formulado de una manera en un proceso terapéutico muy posiblemente será diferente de la forma como se expresó meses o años atrás, dejando entrever al menos una parte del proceso experiencial vivido. Es decir, no se trata de la falsificación o distorsión de la información compartida, sino de la forma como se elabora en este momento a partir de la vivencia actual.

- El compartir en la formación, en la supervisión y en la elaboración teórica, la experiencia que tiene lugar en la situación terapéutica, ya que invariablemente algo de ello se hará presente, no necesariamente de forma verbal, en el encuentro psicoterapéutico ante el mismo cliente u otro distinto.

- La reelaboración de la experiencia a partir de la teoría leída y profundizada o de la práctica terapéutica asidua, lo cual va afectando la percepción sobre la propia experiencia, ya sea como paciente, fruto de la terapia, o como terapeuta, a partir de la supervisión e incluso, y más aún, como terapeuta ante cada uno de sus pacientes.

- La socialización y la recuperación de la experiencia tenida de manera especial —aunque no única— en la situación terapéutica, a partir de la reflexión teórica posibilitada en los debates, seminarios y diálogos sobre teoría y práctica gestálticas.

Por consiguiente, la Psicoterapia Gestalt es una teoría en continua elaboración a partir de la riqueza de cada experiencia que cuestiona, afirma, corrige, confirma, afina, aclara, matiza y/o enriquece lo expresado a partir de la elaboración teórica de quienes han profundizado en la teoría existente con base en su experiencia.

Un ¿dilema? (o simplemente una situación) actual

Desde sus inicios, la Terapia Gestalt se ha visto afectada por diferentes énfasis u orientaciones y hoy nos encontramos con una orientación más perlsliana y otra más goodmaniana, así como un sinnúmero de variantes. Esto implica que con el mero nombre de Terapia Gestalt es imposible saber a qué Gestalt se refiere el terapeuta común.

> [se formaron] dos corrientes, muy diferentes, dentro de la Terapia Gestalt: la de la Costa Oeste, conocida como Gestalt y que hace más hincapié en el crecimiento personal, aboga por la falta de teoría y es individualista e intrapsíquica, y está entroncada con la Psicología Humanista; y la de la Costa Este que, basándose en el libro fundador, está más estructurada, tiene una orientación mucho más clínica, se fundamenta en una teoría y construye su modelo en la teoría de campo. (Vázquez, 2008, p. 225)

> [...] las diferencias entre los terapeutas Gestalt no escasean [...] Las distintas corrientes se han ido multiplicando y acentuando con el paso del tiempo, esto nos viene de lejos. En tiempos algo remotos,

las diferencias se identificaron con la implantación geográfica de los personajes más sobresalientes: costa oeste por referencia a Fritz Perls, a Simkin y a Claudio Naranjo; costa este por Laura Perls, Paul Goodman e Isadore From. Luego, el Instituto de Cleveland y algunos de sus pioneros —los Polster— abrieron una vía media, entre lo que se pudo caracterizar como rigor teórico o, como algunos dijeron, rigidez, de Nueva York y lo que se definió como espontaneismo teatral de Esalen [...]

En el transcurso de los casi 60 años de existencia de la Terapia Gestalt, aparecieron otras direcciones. Cada una de ellas ha aislado o acentuado una u otra intuición genial de nuestros fundadores [...] contenidos en el libro-manifiesto de 1951: modelo individualista e intrapsíquico versus referencia a la perspectiva de campo y de la situación [...] prisioneros sin duda de lo que Freud llamaba: "el narcisismo de las pequeñas diferencias". (Robine, 2009)

Con mucha claridad Carmen Vázquez[65] explica cómo la Terapia Gestalt individualista y la de campo son dos paradigmas totalmente diferentes; ya que cuando hablamos de paradigmas nos referimos a dos concepciones distintas, dos modos diferentes de ver al ser humano y su sufrimiento. Tanto Carmen como Robine coinciden en que en el modelo individualista el ser humano es considerado de manera aislado, mientras que en el paradigma de campo, nuestra "unidad de medida" es la frontera-contacto, el "entre". Por eso no es posible encontrar puntos en común, ya que ello implicaría intentar reconciliar de un modo falso algo que no se puede armonizar.

Trabajar desde el paradigma individualista integrando algunos elementos del campo (ambiente, contexto...), no puede considerarse Psicoterapia Gestalt con perspectiva de campo, ya que esta implica una postura metodológica concreta, como se observó en los capítulos anteriores.

Habría que decir que cada una de las dos perspectivas mencionadas tiene su propio valor. Seguramente la experiencia, nuestros temores y certezas, nos llevarán a elegir "esta Gestalt", "la verdadera" para cada persona. Tristemente, con frecuencia, esto implica cierto desprecio o indiferencia ante la otra

---

[65] Vázquez, C., Comunicación personal, 17 de marzo de 2015.

que "no es la verdadera Gestalt". En cualquier caso, tocaría que cada cual se preguntase con la mayor honestidad y profundidad posible qué le lleva a elegir tal o cual teoría y práctica. Considero lamentable asumir determinadas técnicas o metodologías sin revisar desde dónde —qué parte de mí— y cómo las asumo, transmito o practico. Lo importante es identificar mis elecciones y matices personales, no porque así es la Gestalt, sino porque así es como yo soy gestaltista.

Esta investigación está elaborada desde la perspectiva de campo, esta es su límite y su riqueza. Y es que, justo desde mi experiencia, elijo trabajar con perspectiva de campo y sentirme viva compartiendo la responsabilidad con mi entorno en todas las dimensiones de mi vida, en lo que toca al acontecer político, social, ambiental, cósmico. Desde esta opción considero la importancia de atender continuamente cuatro aspectos fundamentales en nuestra práctica: la perspectiva de campo, el trabajo en la frontera- contacto, la dinámica provisional y temporal de la experiencia, así como las formas presentes de esta y las que vamos construyendo.

Intentando sintetizar algunos aprendizajes...

A partir del trabajo realizado y tomando en cuenta la centralidad de la experiencia en Terapia Gestalt, considero lo siguiente:

- La teoría Gestalt más seria, sólida y fundamentada es aquella que se elabora a partir y con base en la experiencia, una y otra vez actualizada.

- Cada concepto, elemento, hipótesis y/o presupuesto teórico en Gestalt requiere una descripción fenomenológica de la experiencia en cuestión.

- Cada gestaltista implicado en la elaboración teórica se ofrece a sí mismo y su experienciación en el mundo para colaborar en el dinamismo que implica la construcción continua de la teoría Gestalt.

- El principal elemento para la investigación en Gestalt es la experiencia de quien investiga e implica la mayor apertura/consciencia/revisión posible de la afectación en la sucesión de situaciones durante el proceso de investigación.

- Ubicarnos en un campo experiencial durante el encuentro terapéutico implica un ritmo lento generado por el compromiso en la situación.

- Aceptar como terapeutas o teóricos gestaltistas la centralidad de la experiencia conlleva reconocer que sólo contamos con lo denso y efímero del momento presente para construir el siguiente. Y, por tanto, lo temporal, provisional y transitorio de nuestras certezas.

REFERENCIAS BIBLIOGRÁFICAS

Alvira, F. (s/f), *La Entrevista Cualitativa* (versión electrónica), Universidad Complutense de Madrid. Recuperado el 7 de diciembre del 2009 de: www.ucm.es/info/socivmyt/paginas/.../La_entrevista_cualitativa.ppt

Biografías y vidas (2010), Wilhelm Dilthey (versión electrónica). Recuperado el 7 de enero de 2010 de: http://www.biografiasyvidas.com/biografia/d/dilthey.htm

Blasco, T. y L. Otero (2008), *Técnicas conversacionales para la recogida de datos en investigación cualitativa: La entrevista (I)* (versión electrónica), Centro Nacional de Medicina Tropical, Instituto de Salud Carlos III, Nure Investigación, núm. 33, marzo-abril de 2008. Recuperado el 7 de diciembre de 2009 de: http://www.nureinvestigacion.es/FICHEROS_ADMINISTRADOR/F_METODOLOGICA/form et_332622008133517.pdf

Briones, G. (2002), *Epistemología de las Ciencias Sociales* (versión electrónica), Instituto Colombiano para el Fomento de la Educación Superior. Recuperado el 15 de diciembre de 2007 de: http://contrasentido.yukei.net/wp-content/uploads/2007/2008/modulo1.pdf

Cavaleri, P.A. (2002), "Del campo a la frontera de contacto", en M. Spagnuolo, *Psicoterapia de la Gestalt hermenéutica y clínica*, Gedisa, Barcelona.

Delacroix, J.M. (1990), *La experimentación en psicoterapia gestáltica*. Traducción de Carmen Vázquez Bandín en 1996 (CTP), del original *L'expérimentation en psychothérapie Gestaltiste*, publicado en *Revista Gestalt* de la Sociedad Francesa de Gestalt, núm. 1, pp. 125-134.

_____ (1991), *A propósito del vacío*. Traducción de Carmen Vázquez Bandín en 1996 (CTP. Documento 27), del original "A propus du vide", publicado en la *Revista Gestalt* de la Sociedad Francesa de Gestalt, núm. 2, pp. 47-58.

_____ (2004), "Maravillarse. La irrupción de lo inesperado", *Revista Figura Fondo,* 16, pp. 5-22.

_____ (2005), "Anoche soñé por el grupo. El sueño como fenómeno de campo", *Revista Figura Fondo,* 17.

_____ (2006), "No está tan loco como parece", *Revista Figura Fondo,* 20.

_____ (2008), *Encuentro con la Psicoterapia,* Cuatro Vientos, Santiago de Chile.

Díaz, G. y R. Ortiz (2005), *La Entrevista Cualitativa* (versión electrónica), Universidad Mesoamericana. Recuperado el 7 de diciembre del 2009 de: http://www.geiuma-oax.net/cursos/entrevistacualitativa.pdf.

Flores Núñez, Elba, Apuntes personales 1, tomados en el taller *Paciente-terapeuta: la co-construcción de una relación que* cura, impartido por Jean-Marie Delacroix del 13 al 15 de marzo de 2009, IHPG, Coyoacán, México.

_____, Apuntes personales 2, tomados en el taller *La respuesta corporal del terapeuta y su influencia en la relación*, impartido por Jean-Marie Delacroix del 15 al 17 de febrero de 2011, IHPG, Coyoacán, México.

_____, Apuntes personales 3, tomados en el taller *Terapia Gestalt: una relación igualitaria*, impartido por Carmen Vázquez del 20 al 22 de octubre de 2006, IHPG, Coyoacán, México.

_____, Apuntes personales 4, tomados en el taller *Las heridas del alma*, impartido por Carmen Vázquez del 19 al 21 de octubre de 2007, IHPG, Coyoacán, México.

_____, Apuntes personales 5, tomados en el taller *Hagamos teoría de la teoría Gestalt*, impartido por Carmen Vázquez del 24 al 26 de octubre de 2008, IHPG, Coyoacán, México.

_____, Apuntes personales 6, tomados en el taller *Te espero en el cielo*, impartido por Carmen Vázquez del 22 al 24 de octubre de 2010, IHPG, Coyoacán, México.

_____, Apuntes personales 8, tomados en el taller *La dinámica de lo provisional*, impartido por Jean-Marie Robine del 9 al 11 de febrero de 2007, IHPG, Coyoacán, México.

_____, Apuntes personales 9, tomados en el taller *Los cinco fundamentos de la Psicoterapia Gestalt*, impartido por Jean-Marie Robine del 19 al 21 de febrero de 2010, IHPG, Coyoacán, México.

_____, Apuntes personales 10, tomados en el taller *Transferencia y contratransferencia*, impartido por Jean-Marie Robine del 30 de marzo al 1 de abril de 2012, en el Instituto de Psicoterapia Gestalt de Valencia, España.

_____, Apuntes personales 11, tomados en el Curso *Psicología del Desarrollo Somático*, impartido por Ruella Frank de noviembre de 2009 a noviembre de 2011, IHPG, Coyoacán, México.

_____, Apuntes personales 12, Taller Lynne Jacobs, enero de 2012, IHPG-Coyoacán, México.

Entrevista (2008), "*Yo soy yo y mi circunstancia* - Jean-Marie Robine. Una entrevista a Jean-Marie Robine" por Richard Wallstein del *British Gestalt Journal*, lunes, 10 de noviembre de 2008. Publicado en la página web del Institut Français de Gestalt Therapie. Original en francés en http://www.gestalt- ifgt.com/francais/institut/association/histoire.html, Historia del Instituto Francés de Terapia Gestalt. Recuperado el 30 de enero 2013 de: http://gestaltnet.net/fondo/articulos/una-historia-del-instituto.

Lewin K. (1936), *Principles of Topological Psychology*, McGraw-Hill Book Company, Nueva York y Londres.

_____ (1952), *Field Theory in Social Science*, Tavistock, Londres, p. 150.

Margain, Mónica, Apuntes personales 7, tomados en el taller *Cómo comprender la Psicopatología en Terapia Gestalt*, impartido por Jean-Marie Robine en abril de 2003, IHPG, Coyoacán, México.

Marrow (1969), *Kurt Lewin, su vida y su obra*, traducción del francés, ESF, París.

Merleau-Ponty, M. (1945), *Phenomenologie de a Perception*, Gallimard, París.

Paloma, A. (2003), *Dilthey, Psicología y Hermenéutica* (versión electrónica), Cátedra Epistemología, Facultad de Psicología, Universidad Nacional de Rosario. Recuperado el 7 de enero de 2010 de: http://www.franjamorada-psico.com.ar/publicaciones/dilthey_psicologia_y_hermeneutica.doc

Parlett, M. (1991), "El campo unificado en la práctica", *The British Gestalt Journal*. Recuperado el 30 de abril de 2010 de: http://Gestaltnet.net/fondo/articulos/el-campo-unificado- en-la-practica/view?searchterm=None

_____ (1997), "El campo unificado en la práctica", *Gestalt Review*, 1 (1), pp. 16-33. Recuperado en español de: http://gestaltnet.net/fondo/articu-los/el-campo-unificado-en-la-practica/view?searchterm=None

Perls, F., R. Hefferline y P. Goodman (2006) (citado en el texto como PHG), tercera edición, *Terapia Gestalt: Excitación y crecimiento de la personali-dad humana*, Los Libros del CTP-4, España.

Perrés, J., *Memoria y Temporalidad: Encuentros y desencuentros entre la Psi-cología y la Epistemología Genéticas y el Psicoanálisis*. Recuperado el 30 de abril de 2010 de http://www.cartapsi.org/mexico/memtem2.htm.

PHG (Véase Perls, F., R. Hefferline y P. Goodman.)

Reyes, I. (2008), *Método de recolección de datos* (versión electrónica), Univer-sidad de Carabobo, Área de Estudios de Postgrado, Maestría en Gerencia de los Servicios de Salud y Enfermería. Recuperado el 7 de diciembre de 2009 de: http://www.monografias.com/trabajos16/recoleccion-datos/recoleccion-datos.shtml.

Robine, J.M. (1998), "Cómo pensar la psicopatología en la Terapia Gestalt", Documento 87, CTP, Madrid. Traducido de *Quaderni di Gestalt. Revis-ta semestrali di Psicotrapisdella Gestalt*, V, núm. 8/9, enero-diciembre de 1989, pp. 65-76.

_____ (2002), "Las líneas del tiempo", artículo publicado en la *Revista Gestalt*, 23, diciembre de 2002, pp. 13-20. Traducido del original francés por María Cruz García de Enterría en octubre de 2003. Recuperado el 29 de noviembre de 2010 de: http://gestaltnet.net/fondo/articulos/las-lineas-del-tiempo/?searchterm=None

_____ (2003), "La Intencionalidad en carne y hueso: Hacia una psicopatología del precontacto", *Revista Figura Fondo*, núm. 14, otoño de 2003, México, IHPG.

_____ (2005), *Contacto y relación en psicoterapia*, segunda edición, Editorial Cuatro Vientos, Santiago de Chile.

_____ (2006). *Manifestarse gracias al otro*, Los libros del CTP, Madrid, España.

_____ (2007), "Sobre la Revelación de Sí Mismo del Terapeuta Gestalt", *Revista Figura Fondo*, México, núm. 22, 2007. Publicado con el título "¿Qué figura desvelar?" por la *Revista Gestalt* de la Sociedad Francesa de Gestalt, núm. 33 en 2006. Recuperado el 29 de noviembre de 2010 de: http://gestaltnet.net/fondo/articulos/sobre-la-revelacion-del-si-mismo-del-terapeuta

_____ (2008), "La psicoterapia como estética", artículo publicado el 28 de abril de 2008. Recuperado el 29 de noviembre de 2010 de http://gestaltnet.net/fondo/articulos/la-psicoterapia-como-estetica/?searchterm=None

_____ (2008-a), "El Fondo del Campo", primera versión publicada en *Cahiers de Gestalt-Thérapie L. Exprimerie*, núm. 22, marzo de 2008. Recuperado el 29 de noviembre de 2010 de: http://gestaltnet.net/fondo/articulos/el-fondo-del-campo.

_____ (2009), *Una terapia de las formas de la* experiencia, conferencia de clausura en el XI Congreso Internacional de Terapia Gestalt, Madrid, mayo de 2009. Recuperado el 2 de marzo de 2010 de: http://gestaltnet.net/fondo/articulos/una-terapia-de-las-formas-de-la-experiencia/?searchterm=None

_____ (2010), "Implicaciones sociales de la Terapia Gestalt", publicado en *Cahiers de Gestalt-Thérapie*, núm. 26. Recuperado el 30 de junio de 2011 de: http://gestaltnet.net/fondo/articulos/implicaciones-sociales-de-la-terapia-gestalt-1

_____ (2012), *El cambio social empieza entre dos*, Madrid, España, Los Libros del CTP.

Schoch, S. (1996), "La presencia, una forma de apoyo en Terapia Gestalt", artículo publicado con el título "La présense, une forme de soutien en Gestalt-thérapie" en la revista *Cahiers de Gestalt-Thérapie*, núm. 0, pp. 83-104 del Collége de Gestalt-thérapie, Tarbes. Traducido por Carmen Vázquez Bardín del CTP en 1997, Documento 110.

Spagnuolo, M. (2002), *Psicoterapia de la Gestalt hermenéutica y clínica. Del Campo a la frontera de contacto*, Gedisa, Barcelona.

Vázquez, C. (2005), *Hermano Amor, Hermana Vida*, segunda edición, Madrid, España.

_____ (2008), *Buscando las palabras para decir. Reflexiones sobre la teoría y la práctica de la Terapia Gestalt*, Los libros del CTP, Madrid, España.

_____ (2010), *Borradores para la vida*, Los libros del CTP, Madrid, España.

Woldt, A.L. y S. Toman (2007), *Terapia Gestalt, historia, teoría y práctica*, Manual Moderno, México.

Entrevistas realizadas para esta obra

Entrevista 1. Realizada a Jean-Marie Delacroix por Elba Flores Núñez el 14 de octubre de 2009 en el IHPG, Coyoacán, México.

Entrevista 2. Realizada a Jean-Marie Delacroix por Elba Flores Núñez el 16 de febrero de 2011 en el IHPG, Coyoacán, México.

Entrevista 3. Realizada a Carmen Vázquez por Elba Flores Núñez el 22 de octubre de 2010 en el IHPG, Coyoacán, México.

Entrevista 4. Realizada a Jean-Marie Robine por Elba Flores Núñez el 30 de marzo de 2012, Valencia, España.

Entrevista 5. Realizada a Jean-Marie Robine por Elba Flores Núñez el 1 de abril de 2012, Valencia, España.

Entrevista 6. Realizada a Ruella Frank por Elba Flores Núñez el 15 de mayo de 2011 en el IHPG, Coyoacán, México.

Esta obra se terminó de imprimir
en octubre de 2018, en los Talleres de

IREMA, S.A. de C.V.
Oculistas No. 43, Col. Sifón
09400, Iztapalapa, D.F.